N.C.E.R.T. के नवीनतम पाठ्यक्रम पर आधारित

भूगोल

(संघ लोक सेवा आयोग, राज्य लोक सेवा आयोग, कर्मचारी चयन आयोग (SSC), रेलवे भर्ती बोर्ड (RRB), संयुक्त रक्षा सेवा (CDS), राष्ट्रीय ग्रामीण छात्रवृत्ति, राष्ट्रीय प्रतिभा खोज एवं सभी प्रतियोगी परीक्षाओं के लिए एक उपयोगी पुस्तक)

I0104411

डी.एस. तिवारी

वी एण्ड एस पब्लिशर्स

प्रकाशक

वी एण्ड एस पब्लिशर्स

F-2/16, अंसारी रोड, दरियागंज, नई दिल्ली-110002
☎ 23240026, 23240027 • फैक्स: 011-23240028
E-mail: info@vspublishers.com • *Website:* www.vspublishers.com

क्षेत्रीय कार्यालय : हैदराबाद
5-1-707/1, ब्रिज भवन (सेन्ट्रल बैंक ऑफ इण्डिया लेन के पास)
बैंक स्ट्रीट, कोटी, हैदराबाद-500 095
☎ 040-24737290
E-mail: vspublishershyd@gmail.com

शाखा : मुम्बई
जयवंत इंडस्ट्रिअल इस्टेट, 1st फ्लोर-108, तारदेव रोड
अपोजिट सोबो सेन्ट्रल, मुम्बई - 400 034
☎ 022-23510736
E-mail: vspublishersmum@gmail.com

फ़ॉलो करें:

ISBN 978-93-579415-1-8

संस्करण 2018

मुद्रक: रेप्रो नॉलेजकास्ट लिमीटेड, ठाणे

प्रकाशकीय

वी एण्ड एस पब्लिशर्स पिछले अनेकों वर्षों से जनरुचि एवं शिक्षा सम्बन्धी पुस्तकें प्रकाशित करते आ रहे हैं। जनमानस सम्बन्धी पुस्तकों में पाठकों द्वारा भरपूर सराहना पाने के बाद हमारे संपादक मंडल द्वारा बाजार में सामान्य ज्ञान के प्रत्येक विषय में अलग-अलग खण्डों पर आधारित एक उत्कृष्ट पुस्तक की कमी महसूस की गई। इसकी पूर्ति हेतु हम अपनी नवीनतम पुस्तक **'सामान्य ज्ञान भूगोल'** आपके समक्ष प्रस्तुत करते हैं।

पुस्तक को अधिक से अधिक उपयोगी बनाने के लिए सामान्य ज्ञान में विज्ञान विषय के अंतर्गत आने वाले भारत का भूगोल तथा विश्व भूगोल का सावधानीपूर्वक चयन किया गया है। इन विषय को अलग-अलग खण्डों में विभाजित किया गया है। पुस्तक के संकलन के दौरान हमारे संपादक मंडल ने इस बात का विशेष ध्यान रखा है कि सभी परीक्षार्थियों को इस विषयं के अध्ययन के दौरान किसी दूसरी पुस्तक की आवश्यकता महसूस नहीं हो। उनकी सुविधा हेतु प्रत्येक विषय से सम्बन्धित आँकड़ों को दर्शाने हेतु तालिकाओं का उपयोग किया गया है, जिससे छात्रों को इसे पढ़कर आत्मसात करने में आसानी हो।

प्रस्तुत पुस्तक **सामान्य ज्ञान भूगोल** में कोई भी त्रुटि शेष न रहे इसका पूरा ध्यान रखा गया है। सभी छात्रों से अनुरोध है, यदि पुस्तक पठन या पाठन के दौरान पुस्तक में कहीं भी कोई त्रुटि मिले, तो वे हमें इससे अवश्य अवगत करायें।

हमें पूर्ण विश्वास है कि हमारी अन्य पुस्तकों की भाँति इस पुस्तक को भी आपका निरंतर सहयोग मिलता रहेगा।

विषय-सूची

भूगोल .... (1-120)

ब्रह्माण्ड ♦ सौरमंडल ♦ पृथ्वी की आंतरिक संरचना ♦ पृथ्वी की गतियाँ ♦ अक्षांश-देशान्तर एवं अन्तरराष्ट्रीय तिथि रेखा व समय ♦ स्थलमण्डल ♦ वायुमंडल ♦ जलमंडल ♦ विश्व के महाद्वीप ♦ पारिस्थितिकी ♦ प्रदूषण ♦ विश्व की प्रमुख फसलें ♦ विश्व के प्रमुख खनिज एवं उत्पादक देश ♦ विश्व के प्रमुख औद्योगिक नगर ♦ विश्व की प्रमुख प्रजातियाँ ♦ विश्व की प्रमुख वनस्पति ♦ विश्व के प्रमुख भौगोलिक उपनाम ♦ विश्व के प्रमुख स्थान ♦ विश्व की प्रमुख भौगोलिक खोजें ♦ विश्व के महासागर ♦ विश्व की प्रमुख नहरें ♦ विश्व की प्रमुख जलसन्धियाँ ♦ विश्व की प्रमुख नदियाँ ♦ नदियों के किनारे बसे विश्व के प्रमुख नगर ♦ विश्व की प्रमुख झीलें ♦ विश्व के प्रमुख जलप्रपात ♦ विश्व के प्रमुख द्वीप ♦ विश्व के प्रमुख पठार ♦ विश्व के प्रमुख पर्वत-शिखर ♦ विश्व के प्रमुख रेगिस्तान ♦ विश्व के प्रमुख जलडमरूमध्य ♦ विश्व के भू-आवेष्ठित देश ♦ विश्व के प्रमुख देशों की राजधानी एवं मुद्रा ♦ विश्व प्रसिद्ध स्थल।

भारत का भूगोल—सामान्य परिचय ♦ भारत का भौगोलिक स्वरूप ♦ भारत के द्वीप ♦ भारत में नदी प्रणाली ♦ भारत की प्रमुख झीलें ♦ भारत के प्रमुख जलप्रपात ♦ भारत की जलवायु ♦ भारत की मिट्टी ♦ भारत में कृषि ♦ भारत में सिंचाई ♦ भारत के खनिज संसाधन ♦ भारत के उद्योग ♦ भारत में परिवहन ♦ भारत की जनगणना-2011 ♦ भारत की प्रमुख बहुउद्देशीय नदी घाटी परियोजनाएँ ♦ नदियों के किनारे बसे नगर ♦ भारत के पर्वतीय नगर ♦ भारत के प्रमुख वन्य जीव अभयारण्य/राष्ट्रीय उद्यान ♦ भारत के प्रमुख भौगोलिक उपनाम ♦ भारतीय राज्यों एवं केन्द्रशासित प्रदेशों की राजधानी ♦ भारतीय जनजातियाँ।

भारत एवं विश्व का भूगोल

भूगोल

1. ब्रह्माण्ड (Universe)

1.	भूगोल का जनक	हिकेटियस
2.	वर्तमान भूगोल का जनक	अलेक्जेण्डर वॉन हम्बोल्ट
3.	व्यवस्थित भूगोल का जनक	इरैटॉस्थनीज
4.	ज्योग्रैफिका शब्द का प्रथम प्रस्तावक	इरैटॉस्थनीज
5.	भौतिक भूगोल का जनक	पोलीडोनियम
6.	सांस्कृतिक भूगोल का जनक	कार्ल-ओ-सावर
7.	गणितीय भूगोल के संस्थापक	थेल्स व एनेक्सीमीण्डर
8.	विश्व ग्लोब का निर्माता	मार्टिन बैहम
9.	विश्व मानचित्र के निर्माणकर्त्ता	अनेग्जी मेण्डर
10.	भौगोलिक विश्वकोश का रचनाकार	स्ट्राबो

- ब्रह्माण्ड (Universe) के तहत उन सभी आकाशीय पिण्डों, उल्काओं तथा समस्त सौर-परिवार, जिसमें सूर्य एवं चन्द्र आदि भी शामिल हैं, का अध्ययन किया जाता है। दूसरे शब्दों में, ब्रह्माण्ड उस अनंत आकाश को कहते हैं जिसमें अनंत तारे, ग्रह, चन्द्रमा एवं अन्य आकाशीय पिण्ड शामिल हैं।
- आधुनिक विचारधारा के अनुसार ब्रह्माण्ड के दो भाग हैं- (1) वायुमण्डल और (2) अंतरिक्ष।

ब्रह्माण्ड की उत्पत्ति से संबद्ध सिद्धान्त

1. बिग-बैंग सिद्धान्त (Big-Bang Theory)- जार्ज लैमेन्टर द्वारा प्रतिपादित।
2. साम्यावस्था सिद्धान्त (Steady State Theory)- थाम्स गोल्ड एवं हार्मन बॉण्डी द्वारा प्रतिपादित।
3. दोलन सिद्धान्त (Pulsating Theory)- डॉ. ऐलन संडेज द्वारा प्रतिपादित।

- ब्रह्माण्ड की उत्पत्ति से संबद्ध महाविस्फाट अर्थात् बिग-बैंग सिद्धान्त (Big-Bang Therory) सर्वाधिक मान्य सिद्धान्त है। इसका प्रतिपादन बेल्जियम के खगोलज्ञ एवं पादरी जार्ज लैमेन्टर ने 1960-1970 ई. में किया था।
- तारों का ऐसा समूह जो धुँधला-सा दिखायी पड़ता है तथा जो तारा निर्माण प्रक्रिया की शुरुआत का गैस पुंज है, मंदाकिनी (Galaxy) कहलाता है।
- ब्रह्माण्ड में असंख्य मंदाकिनियाँ हैं। वह मंदाकिनी जिसमें हमारा सूर्य, पृथ्वी ग्रह एवं उपग्रह आदि हैं, आकाशगंगा (Milkyway) कहलाती है। आकाशगंगा की आकृति सर्पिल (Spiral) है। इसमें लगभग दो खरब तारे हैं।
- एडविन पी. हब्बल (अमेरिका) ने सर्वप्रथम 1925 ई. में बताया कि आकाशगंगा के अलावा ब्रह्माण्ड में अन्य मंदाकिनियाँ भी हैं।
- आकाशगंगा की निकटतम मंदाकिनी **देवयानी (Andromeda)** मंदाकिनी है। यह $2.2 X 10^8$ प्रकाशवर्ष दूर है।
- आकाशगंगा का सबसे चमकीला तारा (सौरमण्डल के बाहर) **साइरस (Dogstar)** है। इसे **व्याध** या **लुब्धक** भी कहा जाता है।
- प्रॉक्सिमा सेंचुरी (Proxima Century) हमारे सौरमंडल का सबसे नजदीकी तारा है।
- ब्रह्माण्ड का व्यास 10^8 प्रकाशवर्ष है।

2. सौरमंडल

- सूर्य एवं उसके चारों ओर भ्रमण करने वाले 8 ग्रह, 65 उपग्रह, धूमकेतु, उल्काएँ तथा क्षुद्रग्रह संयुक्त रूप से सौरमंडल कहलाते हैं
- सूर्य जो कि सौरमंडल का जन्मदाता है, एक तारा है और यह पृथ्वी पर ऊर्जा तथा प्रकाश प्रदान करता है। सौरमंडल के समस्त ऊर्जा का स्रोत भी सूर्य ही है।
- सूर्य की ऊर्जा का स्रोत उसके केन्द्र में हाइड्रोजन परमाणु का नाभिकीय संलयन (Nuclear Fusion) द्वारा हीलियम में बदलना है।

सूर्य की संरचना

- सूर्य का जो भाग हमें आँखों से दिखायी देता है, उसे प्रकाशमंडल (Photosphere) कहते हैं। सूर्य का बाह्यतम भाग जो केवल सूर्यग्रहण के समय दिखायी देता है, वह कोरोना (Corona) कहलाता है।
- कभी-कभी प्रकाशमंडल से परमाणुओं का तूफान इतनी तेजी से निकलता है, जो सूर्य की आकर्षण शक्ति को पार करके अंतरिक्ष में चला जाता है, इसे सौर ज्वाला (Solar Flares) कहते हैं। जब यह पृथ्वी के वायुमंडल में प्रवेश करता है तो हवा के कणों से टकराकर रंगीन प्रकाश (Aurora Light) उत्पन्न करता है, जिसे उत्तरी ध्रुव पर देखा जा सकता है। उत्तरी ध्रुव पर इसे **अरोरा बोरियालिस** तथा दक्षिणी ध्रुव पर **अरौरा आस्ट्रेलिस** कहते हैं।
- सौरज्वाला जहाँ से निकलती है, वहाँ काले धब्बे से दिखायी पड़ते हैं। इन काले धब्बों को सौर-कलंक (Sun-Spots) कहते हैं। ये सूर्य के अपेक्षाकृत ठंडे भाग हैं, जिनका तापमान 1500°C होता है। सौर-कलंक के बनने बिगड़ने की प्रक्रिया औसतन 11 वर्षों में पूरी होती है, जिसे सौर-कलंक चक्र (Sun-Spot Cycle) कहते हैं।

ग्रह (Planet)

- ये सूर्य से ही निकले पिण्ड हैं एवं सूर्य की परिक्रमा करते हैं। इनका अपना प्रकाश नहीं होता। सूर्य के प्रकाश से ही प्रकाशित होते हैं तथा ऊष्मा प्राप्त करते हैं। सभी ग्रह सूर्य की परिक्रमा पश्चिम से पूर्व दिशा में करते हैं, परन्तु शुक्र और अरुण इसके अपवाद हैं। ये सूर्य के चारों ओर पूर्व से पश्चिम दिशा में परिभ्रमण (Rotation) करते हैं।
- ग्रहों को दो भागों में बाँटा गया है- 1. पार्थिव/आंतरिक ग्रह (Terrestrial or Inner Planet) एवं 2. बृहस्पतीय/बाह्य ग्रह (Jovian or Outer Planet)।
- बुध, शुक्र, पृथ्वी एवं मंगल को **पार्थिव/आंतरिक ग्रह** कहा जाता है, क्योंकि ये पृथ्वी के सदृश होते हैं। सूर्य से निकटता के कारण ये भारी पदार्थों से निर्मित हुए हैं।
- बृहस्पति, शनि, अरुण एवं वरुण को बृहस्पतीय या बाह्य ग्रह कहा जाता है। इनका निर्माण हल्के पदार्थों से हुआ है। आकार में बड़े होने के कारण इन ग्रहों को **'ग्रेट प्लेनेटस' (Great Planets)** भी कहा जाता है।
- **बुध (Mercury) :** यह सूर्य का सबसे निकटतम तथा सौरमंडल का सबसे छोटा ग्रह है। यह सूर्य की परिक्रमा सबसे कम समय (68 दिनों में) में पूरी करता है। इसका सबसे विशिष्ट गुण है- इसमें चुम्बकीय क्षेत्र का होना। **इस ग्रह का कोई उपग्रह नहीं है।**
- **शुक्र (Venus) :** यह सूर्य से निकटवर्ती दूसरा ग्रह है। यह सूर्य की प्रदक्षिणा 225 दिनों में पूरा करता है। यह ग्रहों की सामान्य दिशा के विपरीत अर्थात् दक्षिणावर्त (Anti clock wise) परिभ्रमण करता है। यह पृथ्वी के सर्वाधिक नजदीक है। **शुक्र सबसे चमकीला एवं सबसे गर्म ग्रह है।** इसे **सायं का तारा (Evening Star)** या **भोर का तारा (Morning Star)** भी कहा जाता है। आकार, घनत्व एवं ब्यास में पृथ्वी से थोड़ा ही कम होने के कारण इसे **पृथ्वी की बहन (Sister of Earth)** कहा जाता है। **इस ग्रह का भी कोई उपग्रह नहीं है।**

- **पृथ्वी (Earth) :** यह सूर्य की दूरी के क्रम में तीसरा एवं सभी ग्रहों में आकार में पाँचवाँ सबसे बड़ा ग्रह है। यह शुक्र और मंगल ग्रह के बीच स्थित है। यह अपने अक्ष पर पश्चिम से पूर्व की ओर भ्रमण करती है। पृथ्वी अपने अक्ष पर 23½° झुकी हुई है। पृथ्वी को सूर्य की एक परिक्रमा पूरी करने में लगभग 365 दिन 6 घंटा का समय लगता है। सूर्य के चारों ओर पृथ्वी के इस परिक्रमा को पृथ्वी की वार्षिक गति अथवा परिक्रमण कहते हैं। पृथ्वी को सूर्य की एक परिक्रमा करने में लगे समय को **सौरवर्ष** कहा जाता है। अंतरिक्ष से यह (पृथ्वी) जल की अधिकता के कारण नीला दिखायी देता है, जिस कारण इसे **नीला ग्रह (Blue Planet)** भी कहते हैं। पृथ्वी का एकमात्र उपग्रह **चन्द्रमा** है।
- **मंगल (Mars) :** मंगल का सतह लाल होने के कारण इसे **लाल ग्रह (Red Planet)** भी कहा जाता है। इसका रंग लाल, आयरन ऑक्साइड के कारण होता है। पृथ्वी के अलावा मंगल एकमात्र ग्रह है जिस पर जीवन की संभावना व्यक्त की गयी है। इसकी घूर्णन गति पृथ्वी के घूर्णन गति के समान है। सौरमंडल का सबसे बड़ा ज्वालामुखी **ओलिपसमेसी** और सबसे ऊँचा पर्वत **निक्स ओलम्पिया (Nix Olympia)** जो माउंट एवरेस्ट से तीन गुना अधिक ऊँचा है, इसी ग्रह पर स्थित है। मंगल के दो उपग्रह हैं- **फोबोस** और **डीमोस।**
- **बृहस्पति (Jupiter) :** यह सौरमंडल का सबसे बड़ा ग्रह है। इसे अपनी धुरी पर चक्कर लगाने में 10 घंटा (सबसे कम) और सूर्य की परिक्रमा करने में 11.9 वर्ष लगते हैं। इसके उपग्रहों की संख्या 28 है, जिसमें **गैनिमीड** सबसे बड़ा है। गैनिमीड सौरमंडल का सबसे बड़ा उपग्रह है तथा इसका रंग पीला होता है। आयो, यूरोप तथा अलमथिया आदि इसके अन्य उपग्रह हैं। बृहस्पति को **लघु सौर-तन्त्र (Miniature Solar System)** भी कहते हैं। इसके वायुमंडल में हाइड्रोजन, हीलियम मीथेन और अमोनिया जैसी गैसें पायी जाती हैं।
- **शनि (Saturn) :** यह आकार में दूसरा बड़ा ग्रह है। यह आकाश में पीले तारे के समान दिखायी पड़ता है। सूर्य की परिक्रमा पूरी करने में इसे 29.5 वर्ष लगते है। इसकी सबसे बड़ी विशेषता या रहस्य इसके मध्य रेखा के चारों ओर पूर्ण विकसित वलयों (Rings) का होना है, जिनकी संख्या 7 है। शनि को **गैसों का गोला (Globe of Gases)** एवं **गैलेक्सी समान ग्रह (Galaxy Like Planet)** भी कहा जाता है। इसके वायुमंडल में भी बृहस्पति की तरह हाइड्रोजन, हीलियम, मीथेन और अमोनिया गैसें मिलती हैं। शनि के 30 उपग्रहों का पता लगया जा चुका है जो कि सभी ग्रहों में सर्वाधिक है। **टिटॉन** शनि का सबसे बड़ा उपग्रह है।
- **अरुण (Uranus) :** इसकी खोज 1781 ई. में सर विलियम हरशेल द्वारा की गयी। यह सौरमंडल का सातवाँ तथा आकार में तृतीय बड़ा ग्रह है। अधिक अक्षीय झुकाव के कारण इसे **लेटा हुआ ग्रह** भी कहते हैं। शनि की भाँति अरुण के भी चारों ओर वलय (Ring) है, जिनकी संख्या 9 है। इनमें पाँच वलयों के नाम अल्फा (α), बीटा (β), गामा (γ), डेल्टा (Δ) एवं इप्सिलॉन है। अरुण पर सूर्योदय पश्चिम दिशा में और सूर्यास्त पूरब दिशा में होती है। **अरुण के 21 उपग्रह है।**
- **वरुण (Neptune) :** इसकी खोज 1846 ई. में जर्मन खगोलज्ञ जोहान गाले ने की थी। यह 165 वर्ष में सूर्य की परिक्रमा करता है। यह 2.7 घंटे में अपनी दैनिक गति (Rotation) पूरी करता है। नई खगोलीय व्यवस्था में यह सूर्य से सबसे दूर स्थित ग्रह है। यह ग्रह हल्का पीला दिखायी देता है। **इसके 8 उपग्रह है।** इनमें **टाइटन व मेरीड** प्रमुख है।

बौने ग्रह (Dwarf Planet)

- **यम (Pluto) :** यम/कुबेर की खोज 1930 ई. क्लाइड टॉम्बैग ने की थी एवं इसे सौरमंडल का नौवाँ एवं सबसे छोटा ग्रह माना गया था, परन्तु 24 अगस्त, 2006 में चेक गणराज्य के प्राग में हुए अन्तरराष्ट्रीय खगोल विज्ञानी संघ (International Astronomical Union-IAU) के सम्मेलन में खगोल विज्ञानियों ने यम का ग्रह होने का दर्जा समाप्त कर दिया। IAU ने यम का नया नाम 134340 रखा है।
- **सेरस (Ceres) :** इसकी खोज इटली के खगोलशास्त्री पियाजी ने की थी। IAU की नई परिभाषा

धूमकेतु (Comet)

- सौरमंडल के छोर पर बहुत ही छोट-छोटे अरबों पिंड विद्यमान हैं, जो धूमकेतु या पुच्छल तारे कहलाते हैं।
- यह गैस एवं धूल का संग्रह है जो आकाश में लंबी चमकदार पूँछ सहित प्रकाश के चमकीले गोले के रूप में दिखायी देते हैं।
- ये सूर्य के चारों ओर लंबी किन्तु अनियमित या असमकेन्द्रित कक्षा में घूमते हैं।
- धूमकेतु केवल तभी दिखायी पड़ता है जब वह सूर्य की ओर अग्रसर होता है क्योंकि सूर्य की किरणें इसकी गैस को चमकीला बना देती है।
- धूमकेतु की पूँछ हमेशा सूर्य से दूर दिखायी देता है।
- **हेली धूमकेतु** प्रमुख धूमकेतु है। इसका परिक्रमण काल 76 वर्ष है। यह अंतिम बार 1986 में दिखायी दिया था। अगली बार यह 1986+76 = 2062 में दिखायी देगा।
- धूमकेतु हमेशा के लिए टिकाऊ नहीं होते हैं, फिर भी प्रत्येक धूमकेतु के लौटने का समय निश्चित होता है।

उल्का (Meteors)

- उल्का अंतरिक्ष में तीव्र गति से घूमते हुए अत्यंत सूक्ष्म ब्रह्मांडीय कण अथवा पिण्ड है। ये मूलत: क्षुद्रग्रहों के टुकड़े तथा धूमकेतुओं के द्वारा पीछे छोड़े गये धूल के कण होते हैं।
- धूल व गैस से निर्मित ये कण अथवा पिण्ड जब वायुमंडल में प्रवेश करते हैं तो पृथ्वी के गुरुत्वाकर्षण के कारण तेजी से पृथ्वी की ओर आते हैं और वायुमंडलीय घर्षण से चमकने लगते हैं। इन्हें 'टूटता हुआ तारा' (Shooting Star) कहा जाता है। प्राय: ये पृथ्वी पर पहुँचने से पूर्व ही जलकर राख हो जाते हैं, इन्हें 'उल्का' या 'उल्काश्म' कहते हैं।
- कुछ पिण्ड वायुमंडल के घर्षण से पूर्णत: जल नहीं पाते हैं और चट्टानों के रूप में पृथ्वी पर आ गिरते हैं जिन्हें उल्कापिण्ड कहा जाता है।

क्षुद्रग्रह (Asteroids)

- मंगल एवं बृहस्पति ग्रह की कक्षाओं के बीच कुछ छोटे-छोटे आकाशीय पिण्ड हैं जो सूर्य की परिक्रमा कर रहे हैं उसे **क्षुद्रग्रह** कहते हैं। खगोलशास्त्रियों के अनुसार ग्रहों के विस्फोट के फलस्वरूप टूटे हुए टुकड़ों से क्षुद्रग्रह का निर्माण हुआ है। क्षुद्रग्रहों की अनुमानित संख्या 40,000 है।
- क्षुद्रग्रह जब पृथ्वी से टकराता है तो पृथ्वी के पृष्ठ पर विशाल गर्त बन जाता है। महाराष्ट्र में स्थित लोनार झील ऐसा ही एक गर्त है।
- **फोर वेस्टा** एकमात्र क्षुद्रग्रह है जिसे नंगी आँखों से देखा जा सकता है।

सौर परिवार की सारणी : एक नजर में				
ग्रहों के नाम	व्यास (किमी.)	परिभ्रमण समय अपने अक्ष पर	परिक्रमण समय सूर्य के चारों ओर	उपग्रहों की संख्या
बुध	4,878	58.6 दिन	88 दिन	0
शुक्र	12,102	243 दिन	224.7 दिन	0
पृथ्वी	12,756-12,714	23.9 घण्टे	365.26 दिन	1
मंगल	6,787	24.6 घण्टे	687 दिन	2
बृहस्पति	1,42,800	9.9 घण्टे	11.9 दिन	28
शनि	1,20,500	10.3 घण्टे	29.5 वर्ष	30
अरुण	51,400	16.2 घण्टे	84.0 वर्ष	21
वरुण	48,600	18.5 घण्टे	164.8 घण्टे	8

3. पृथ्वी की आंतरिक संरचना

- पृथ्वी की आंतरिक संरचना से संबद्ध अभिनवमत के अनुसार इसके आंतरिक भाग को तीन वृहद् मंडलों में विभाजित किया जा सकता है, जिसका आधार वर्तमान भूकंपीय लहरों की गति या उनके भ्रमणपथ में आने वाले परिवर्तनों का वैज्ञानिक अध्ययन एवं विश्लेषण है। ये तीन मंडल हैं- 1. क्रस्ट (Crust), 2. मेंटल (Mantle) एवं 3. केन्द्रीय भाग (Core)।

1. क्रस्ट (Crust)

- पृथ्वी के ऊपरी भाग को **भू-पर्पटी, भूपृष्ठ** अथवा **भूपटल** कहते हैं। इसकी मोटाई लगभग 8-40 किमी है। यह अंदर की तरफ 34 किमी तक क्षेत्र है।
- भू-पर्पटी दो परतों से निर्मित है। इसकी बाह्य परत अवसादी चट्टानों से बनी है। यह परत सिलिका व ऐल्युमीनियम से निर्मित है और सियाल **(SIAL)** कहलाती है।
- निचली परत बेसाल्ट चट्टानों से बनी है। यह सिलिका व मैग्नीशियम से निर्मित है और **(SIMA)** कहलाती है।
- भूपटल की रचना-सामग्री सबसे अधिक ऑक्सीजन (46.80%), दूसरे स्थान पर सिलिकन (27.72%) और तीसरे स्थान पर एल्युमिनियम (8.13%) है।

2. मेंटल (Mantle)

- 2900 किमी मोटा यह क्षेत्र मुख्यत: बैसाल्ट पत्थरों के समूह की चट्टानों से बना है। मेंटल के इस हिस्से में मैग्मा चैम्बर पाये जाते हैं। इसका औसत घनत्व 3.5 ग्राम/सेमी^{3} से 5.5 ग्राम/सेमी^{3} है। यह पृथ्वी के कुल आयतन का 8.3% भाग घेरे हुए है।
- भू-पर्पटी (Crust) और मेंटल (Mantle) के बीच के सीमा क्षेत्र को मोहो असम्बद्धता (Moho Discontinuity) कहते हैं।

3. केन्द्रीय भाग (Core)

- पृथ्वी के केन्द्र के क्षेत्र को केन्द्रीय भाग (Core) कहते हैं।
- सम्पूर्ण केन्द्रीय भाग की संरचना में निकेल तथा फेरियम की अधिकता है जिसमें 80% फेरियम या लोहा तथा 20% सिलिका पाया जाता है।
- इस भाग का औसत घनत्व 13 ग्राम/सेमी^{3} है। पृथ्वी का केन्द्रीय भाग सम्भवत: द्रव अथवा प्लास्टिक अवस्था में है। यह पृथ्वी का कुल आयतन का 16% भाग घेरे हुए है।
- पृथ्वी का औसत घनत्व 5.5 ग्राम/सेमी^{3} एवं औसत त्रिज्या लगभग 6370 किमी है।
- पृथ्वी के नीचे जाने पर प्रति 32 मी. की गहराई पर तामान 1°C बढ़ता जाता है।
- सर आइजक न्यूटन ने साबित किया कि पृथ्वी नारंगी के समान है।
- जेम्स नीन ने इसे (पृथ्वी) नारंगी के बजाय नाशपाती के समान बतलाया।

भूपटल की रचना में शामिल तत्त्व : एक नजर में

क्र.	तत्त्व	क्रस्ट में % मात्रा
1.	ऑक्सीजन	46.80 %
2.	सिलिकन	27.72%
3.	एल्युमिनियम	8.13%
4.	लोहा	5.00%
5.	कैल्शियम	3.63%
6.	सोडियम	2.83%
7.	पोटैशियम	2.59%
8.	मैग्नीशियम	2.09%
	योग	**98.79%**

- पृथ्वी की बाह्य सतह को मुख्यत: चार भागों में बाँटा जा सकता है- 1. स्थलमंडल (Lithosphere) 2. जलमंडल (Hydrosphere) 3. वायुमंडल (Atmosphere) 4. जैवमंडल (Biosphere)।

नोट : भूपटल की रचना में शामिल उपरोक्त तत्त्व के शेष भाग में अन्य तत्त्व सम्मिलित होते हैं।

के अनुसार इसे बौने ग्रह की श्रेणी में रखा गया है, जहाँ इसे संख्या 1 से जाना जाता है। सेरस का व्यास बुध के व्यास का 1/5 भाग है।

- **अन्य बौने ग्रह (Other Dwarf Planet) :** अन्य बौने ग्रहों में **चेरॉन/शेरॉन** (Charon) तथा **इरिस** उल्लेखनीय हैं। **इरिस को 2003 UB-313/जेना नाम से भी जाना जाता है।**

उपग्रह (Satellite)

- ये वे आकाशीय पिण्ड हैं जो अपने-अपने ग्रहों की परिक्रमा करते हैं एवं अपने ग्रह के साथ-साथ सूर्य की भी प्रदक्षिणा करते हैं।
- ग्रहों के समान ही उपग्रहों की भी अपनी चमक नहीं होती है। ये सूर्य के प्रकाश से प्रकाशित होते हैं।
- ग्रहों के समान उपग्रहों का भी भ्रमण पथ अण्डाकार होता है।
- बुध एवं शुक्र का कोई उपग्रह नहीं है। सबसे अधिक उपग्रह शनि के हैं। पृथ्वी का एक मात्र उपग्रह चन्द्रमा है।

कृत्रिम उपग्रह (Artificial Satellite)

- विभिन्न देशों ने अनेक कृत्रिम उपग्रह भी स्थापित किये हैं। पृथ्वी की परिभ्रमण/घूर्णन (Rotation) दिशा से साम्य स्थापित करने के लिए ये पूर्व की ओर प्रक्षेपित किये जाते हैं।
- सामान्यत: दूर-संवेदी उपग्रह (Remote Sensing Satellite) ध्रुवीय सूर्य समतुल्य कक्षा (Polar Sun-Synchronous Orbit) में 600–1100 किमी. की दूरी पर स्थापित किये जाते हैं। इन उपग्रहों का परिभ्रमण काल 24 घंटे का होता है। ये भूमध्य रेखा को एक निश्चित स्थानीय समय पर ही पार करते हैं जो सामान्यत: प्रात: 9 से 10 बजे होता है।
- सुदूर-संवेदी उपग्रहों के द्वारा पृथ्वी के एक परिभ्रमण में सुदूर संवेदन किया जाने वाला क्षेत्र स्वाथ कहलाता है। विभिन्न उपग्रहों में यह प्राय: 10 से 100 किमी. चौड़ी धरातलीय पट्टी होती है। चूँकि पृथ्वी पश्चिम से पूर्व की ओर घूर्णन करती है। अत: ये उपग्रह पृथ्वी की परिक्रमा के क्रम में क्रमश: पश्चिम के भाग को बिना कवर किये आगे बढ़ जाते हैं। इसी कारण पूरी पृथ्वी को कवर करने के लिए सुदूर-संवेदी उपग्रहों की आवश्यकता पड़ती है।

ग्रहों से संबद्ध महत्त्वपूर्ण तथ्य			
आकार के अनुसार ग्रहों का अवरोही क्रम			
1. बृहस्पति	2. शनि	3. अरुण	4. वरुण
5. पृथ्वी	6. शुक्र	7. मंगल	8. बुध
द्रव्यमान के अनुसार ग्रहों का अवरोही क्रम			
1. बृहस्पति	2. शनि	3. वरुण	4. अरुण
5. पृथ्वी	6. शुक्र	7. मंगल	8. बुध
घनत्व के अनुसार ग्रहों का अवरोही क्रम			
1. बृहस्पति	2. शनि	3. वरुण	4. अरुण
5. पृथ्वी	6. शुक्र	7. मंगल	8. बुध
दूरी के अनुसार ग्रहों का आरोही क्रम			
1. बुध	2. शुक्र	3. पृथ्वी	4. मंगल
5. बृहस्पति	6. शनि	7. अरुण	8. वरुण
परिक्रमण अवधि के अनुसार ग्रहों का आरोही क्रम			
1. बुध	2. शुक्र	3. पृथ्वी	4. मंगल
5. बृहस्पति	6. शनि	7. अरुण	8. वरुण
परिक्रमण वेग के अनुसार ग्रहों का अवरोही क्रम			
1. बुध	2. शुक्र	3. पृथ्वी	4. मंगल
5. बृहस्पति	6. शनि	7. अरुण	8. वरुण

- दूर-संचार उपग्रह (Tele-Communication Satellite) भू-स्थैतिक कक्षा में 36,000 किमी. की ऊँचाई पर स्थापित किये जाते हैं। पृथ्वी के घूर्णन काल से मेल खाने के कारण ये स्थिर से प्रतीत होते हैं। इसी कारण इन्हें भू-स्थैतिक उपग्रह (Geo-Stationary Satellite) भी कहा जाता है।
- समस्त पृथ्वी को कवर करने के लिए न्यूनतम तीन-स्थैतिक उपग्रहों की आवश्यकता पड़ती है।

4. पृथ्वी की गतियाँ

- पृथ्वी सौरमंडल का एक ग्रह है। इसकी दो गतियाँ हैं- 1. घूर्णन गति (दैनिक गति) और 2. परिक्रमण गति (वार्षिक गति)। दोनों गतियाँ साथ-साथ होती हैं।

1. घूर्णन गति (Rotation)

- पृथ्वी सदैव अपने अक्ष पर पश्चिम से पूर्व की ओर लट्टू की भाँति घूमती रहती है, जिसे पृथ्वी का घूर्णन या परिभ्रमण कहते हैं। इसके कारण ही दिन व रात होते हैं। अत: इस गति को **दैनिक गति** भी कहते हैं।

- इस गति के कारण ही पवन एवं समुद्री धाराओं की दिशा में परिवर्तन होता है एवं समुद्र में ज्वार-भाटा आता है।

- पृथ्वी का जो हिस्सा सूर्य के सामने होता है, वहाँ दिन होता है और दूसरी ओर रात होती है।

- पृथ्वी को अपने अक्ष पर चक्कर पूरा करने मे 23 घंटे, 56 मिनट व 40.91 सेकंड लगते हैं।

- भूमध्य रेखा पर घूर्णन गति लगभग 1667 किमी/घंटा होती है। यह ध्रुवों की ओर कम होती जाती है।

- एम मध्याह्न रेखा के ऊपर किसी निश्चित नक्षत्र के उत्तरोत्तर दो बार गुजरने के बीच की अवधि को **नक्षत्र दिवस (Sideral Day)** कहते हैं। यह 23 घंटे व 56 मिनट की अवधि का होता है।

- जब सूर्य को गतिहीन मानकर पृथ्वी द्वारा उसके परिक्रमण की गणना दिवसों के रूप में की जाती है तब सौरदिवस (Solar Day) ज्ञात होता है। इसकी अवधि पूरे 24 घंटे होती है।

2. परिक्रमण गति (Revolution)

- पृथ्वी अपने अक्ष पर घूमने के साथ-साथ सूर्य के चारों ओर एक अंडाकार मार्ग (Geoid) पर 365 दिन तथा 6 घंटे में एक चक्कर पूरा करती है। पृथ्वी के इस अंडाकार मार्ग को **परिक्रमण या वार्षिक** गति कहते हैं।

- पृथ्वी जब सूर्य के अत्यधिक पास होती है तो उसे **उपसौर** (Perihelion) कहते हैं। ऐसी स्थिति 3 जनवरी को होती है।

- पृथ्वी जब सूर्य से अधिकतम दूरी पर होती है तो इसे **अपसौर** (Aphelion) कहते हैं। ऐसी स्थिति 4 जुलाई को होती है।

- **दिन-रात का छोटा व बड़ा होना :** यदि पृथ्वी अपनी धुरी पर झुकी हुई न होती तो सर्वत्र दिन-रात बराबर होते। इसी प्रकार यदि पृथ्वी सूर्य की परिक्रमा न करती तो एक गोलार्द्ध में रातें बड़ी और दिन छोटे होते, परन्तु विषुवतीरेखीय भाग को छोड़कर विश्व के अन्य सभी भागों में विभिन्न ऋतुओं में दिन रात की लंबाई में अंतर पाया जाता है। विषुवत रेखा पर सदैव दिन-रात बराबर होते हैं क्योंकि इसे प्रकाश वृत्त हमेशा दो बराबर भागों में बाँटता है। अत: विषुवत रेखा का आधा भाग प्रत्येक स्थिति में प्रकाश प्राप्त करता है।

ऋतु परिवर्तन

- चूँकि पृथ्वी न सिर्फ अपने अक्ष पर घूमती है बल्कि सूर्य की परिक्रमा भी करती है। अत: पृथ्वी की सूर्य से सापेक्ष स्थितियाँ बदलती रहती है। पृथ्वी के परिभ्रमण में चार प्रमुख अवस्थाएँ आती हैं एवं इन अवस्थाओं में ऋतु परिवर्तन होते हैं। इनका संक्षिप्त विवरण इस प्रकार है-

  1. **21 जून की स्थिति :** इस समय सूर्य कर्क रेखा पर लंबवत् चमकता है। इस स्थिति को ग्रीष्म अयनांत (Summer Solistice) कहते हैं। वस्तुत: 21 मार्च के बाद सूर्य उत्तरायण होने लगता है एवं उत्तरी गोलार्द्ध में दिन की अवधि बढ़ने लगती है जिससे वहाँ ग्रीष्म ऋतु का आगमन होता है। 21 जून को उत्तरी गोलार्द्ध में दिन की लंबाई सबसे अधिक रहती है। दक्षिणी गोलार्द्ध में इस समय शीत ऋतु होती है। 21 जून के बाद 23 सितंबर तक सूर्य पुन: विषुवत रेखा की ओर उन्मुख होता है। परिणामस्वरूप धीरे-धीरे उत्तरी गोलार्द्ध में गर्मी कम होने लगती है।

2. **22 दिसंबर की स्थिति :** इस समय सूर्य मकर रेखा पर लंबवत् चमकता है। इस स्थिति को शीत अयनांत (Winter Solistice) कहते हैं। इस समय दक्षिणी गोलार्द्ध में दिन की अवधि लंबी तथा रात छोटी होती है। वस्तुतः सूर्य के दक्षिणायण होने अर्थात् दक्षिणी गोलार्द्ध में उन्मुख होने की प्रक्रिया 23 सितंबर के बाद प्रारंभ हो जाती है जिससे दक्षिणी गोलार्द्ध में दिन बड़े व रातें छोटी होने लगती है। इस समय उत्तरी गोलार्द्ध में ठीक विपरीत स्थिति देखी जाती है। 22 दिसंबर के उपरांत 21 मार्च तक सूर्य पुनः विषुवत रेखा की ओर उन्मुख होता है एवं दक्षिणी गोलार्द्ध में धीरे-धीरे ग्रीष्म ऋतु की समाप्ति हो जाती है।
3. **21 मार्च व 23 सितंबर की स्थितियाँ :** इन दोनों स्थितियों में सूर्य विषुवत रेखा पर लम्बवत चमकता है। अतः इस समय समस्त अक्षांश रेखाओं का आधा भाग सूर्य का प्रकाश प्राप्त करता है। अतः सर्वत्र दिन व रात की अवधि बराबर होती है। इस समय दिन व रात की अवधि के बराबर रहने एवं ऋतु की समानता के कारण इन दोनों स्थितियों को विषुव अथवा सम रात-दिन (Equinox) कहा जाता है। 21 मार्च की स्थिति को **बसंत विषुव (Spring Equinox)** एवं 23 सितंबर वाली स्थिति को **शरद विषुव (Antum Equinox)** कहा जाता है।

ग्रहण

- किसी खगोलीय पिण्ड का अंधकारमय हो जाना ग्रहण (Eclipse) कहलाता है। ग्रहण दो प्रकार के होते हैं- चन्द्रग्रहण और सूर्यग्रहण।

चन्द्रग्रहण

- जब पृथ्वी, सूर्य व चन्द्रमा के बीच में आ जाती है तो पृथ्वी की छाया चन्द्रमा पर पड़ती है, इस प्रकार चन्द्रग्रहण (Lunar Eclipse) होता है।
- यह पूर्णिमा के दिन होता है।
- चन्द्रग्रहण प्रत्येक पूर्णिमा को नहीं होता क्योंकि चन्द्रमा, पृथ्वी एवं सूर्य प्रत्येक पूर्णिमा को एक सीधी रेखा में नहीं आते हैं।
- चन्द्रग्रहण अधिकतम एक घंटे 40 मिनट तक होता है।

सूर्यग्रहण

- चन्द्रमा के पृथ्वी और सूर्य के बीच में आने पर सूर्यग्रहण (Solar Eclipse) होता है।
- सूर्यग्रहण केवल अमावस्या के दिन होता है।
- सूर्यग्रहण प्रत्येक अमावस्या को नहीं होता, क्योंकि चन्द्रमा की कक्षा में पृथ्वी की सूर्य की ओर कक्षा के सापेक्ष 5° का झुकाव है, इसी कारण चन्द्रमा की छाया प्रतिमाह पृथ्वी पर नहीं पड़ती और सूर्यग्रहण नहीं होता है।
- पूर्ण सूर्यग्रहण अधिकतम 7 मिनट 40 सेकंड तक हो सकता है।

ज्वार भाटा

- समुद्री जल में दिन में दो बार निश्चित अंतराल पर ऊपर उठता तथा नीचे गिरता है। यह प्रक्रिया ज्वारभाटा (Tides) कहलाती है।
- ज्वारभाटा की उत्पत्ति सूर्य एवं चन्द्रमा की गुरुत्वाकर्षण शक्ति के कारण होती है। चन्द्रमा की ज्वारोत्पादक शक्ति सूर्य से दो गुना ज्यादा होती है, क्योंकि सूर्य पृथ्वी से चन्द्रमा के मुकाबले अत्यधिक दूरी पर है।
- दो ज्वारभाटा के बीच का अंतराल 12 घंटे 26 मिनट होता है। पृथ्वी अपनी धुरी पर 24 घंटे में घूमती है। अतः प्रत्येक स्थान पर ज्वार 12 घंटे बाद उत्पन्न होना चाहिए, परंतु ऐसा नहीं होता है। इसका कारण पृथ्वी और चन्द्रमा की गतियाँ हैं। वस्तुतः पृथ्वी एक घुर्णन (Roatation) पूरा होने तक चन्द्रमा भी अपने पथ पर आगे बढ़ जाता है। चन्द्रमा 21½ दिन में पृथ्वी का एक चक्कर पूरा करता है। 24 घंटे में यह पृथ्वी का 1/28 भाग तय कर पाता है, इसलिए पृथ्वी के उस स्थान को चन्द्रमा के समक्ष पहुँचने में 52 मिनट का अतिरिक्त समय लग जाता है। अतः प्रत्येक स्थान पर 12 घंटे 26 मिनट बाद दूसरा ज्वार आता है।
- ज्वारभाटा दो प्रकार के होते हैं-

1. दीर्घ ज्वार (Spring Tides)

▷ पूर्णिमा एवं अमावस्या के दिन दीर्घ ज्वार की उत्पत्ति होती है क्योंकि इस दिन सूर्य, चन्द्रमा और पृथ्वी तीनों एक सीध में होते हैं।

2. लघु ज्वार (Neap Tides)

▷ कृष्ण शुक्लपक्ष की अष्टमी को लघु ज्वार की उत्पत्ति होती है क्योंकि इस दिन सूर्य, चन्द्रमा और पृथ्वी तीनों कोण की स्थिति में होते हैं।

5. अक्षांश-देशान्तर एवं अन्तरराष्ट्रीय तिथि रेखा व समय

अक्षांश (Lattitudes)

▷ यह ग्लोब पर पश्चिम से पूरब की ओर खींची गयी समानांतर काल्पनिक रेखाएँ हैं जिसे अंश में प्रदर्शित किया जाता है।

▷ $0°$ की अक्षांश रेखा भूमध्य रेखा (Equator) कहलाती है। यह पृथ्वी के केन्द्र से गुजरती है एवं पृथ्वी को दो बराबर भागों में बाँटती है। इसे विषुवत् रेखा या विषुवत् वृत्त भी कहते हैं। भूमध्य रेखा पर दिन-रात बराबर होते हैं।

▷ $1°$ अक्षांश = 111 किमी. (लगभग) होता है।

▷ भूमध्य रेखा के ऊपर $0°$ से $90°$ उत्तरी ध्रुव तक उत्तरी गोलार्द्ध और भूमध्य रेखा से नीचे का $0°$ से $90°$ दक्षिणी ध्रुव तक दक्षिणी गोलार्द्ध कहलाता है।

▷ उत्तरी गोलार्द्ध में $23\frac{1}{2}° N$ के दोनों बिंदुओं को मिलाने वाली रेखा कर्क रेखा (Tropic of Cancer) कहलाती है।

▷ दक्षिणी गोलार्द्ध में $23\frac{1}{2}° S$ के दोनों बिंदुओं को मिलाने वाली रेखा मकर रेखा (Tropic of Capricorn) कहलाती है।

▷ उत्तरी गोलार्द्ध में $66\frac{1}{2}° N$ के दोनों बिंदुओं को मिलाने वाली रेखा आर्कटिक रेखा (Arctic Circle) कहलाती है।

▷ दक्षिणी गोलार्द्ध में $66\frac{1}{2}° S$ के दोनों बिंदुओं को मिलाने वाली रेखा अंटार्कटिक रेखा (Antarctic Circle) कहलाती है।

देशांतर (Longitudes)

▷ यह ग्लोब पर उत्तर से दक्षिण की ओर खींची जाने वाली काल्पनिक रेखा है। ये रेखाएँ समानांतर नहीं होती है। ये रेखाएँ उत्तरी तथा दक्षिणी ध्रुव पर एक बिंदु पर मिल जाती है।

▷ ध्रुवों से विषुवत् रेखा की ओर बढ़ने पर देशांतरों के बीच की दूरी बढ़ती जाती है तथा विषुवत् रेखा पर इसके बीच की दूरी अधिकतम (111.32 किमी.) होती है। ग्रीनविच वेधशाला से गुजरने वाली रेखा को $0°$ देशांतर (प्रधान देशांतर) माना जाता है। इसकी बायीं ओर की रेखाएँ पश्चिमी देशांतर (पश्चिमी गोलार्द्ध) और दाहिनी ओर की रेखाएँ पूर्वी देशांतर (पूर्वी गोलार्द्ध) कहलाती है।

▷ देशांतर के आधार पर ही किसी स्थान का समय ज्ञात किया जाता है।

▷ दो देशांतर रेखाओं के बीच की दूरी **गोरे** (Gore) नाम से जानी जाती है।

▷ गोलाकार होने के कारण पृथ्वी 24 घंटे में $360°$ घूम जाती है। अत: $1°$ देशांतर की दूरी तय करने में पृथ्वी को 4 मिनट का समय लगता है।

▷ चूँकि सूर्य पूर्व से उदित होता है एवं पृथ्वी पश्चिम से पूर्व अपनी धुरी पर घूमती रहती है, अत: पूर्व का समय आगे और पश्चिम का समय पीछे रहता है। इसी कारण पृथ्वी के सभी स्थानों पर समय की भिन्नता देखने को मिलती है।

▷ प्रत्येक $15°$ देशांतर पर एक घंटे का अंतर होता है। इस प्रकार $0°$ से $180°$ पूर्व की ओर जाने पर 12 घंटे की अवधि लगती है एवं यह ग्रीनविच समय से 12 घंटे आगे होता है। इसी

0° से 180° पश्चिम की ओर जाने पर ग्रीनविच समय से 12 घंटे पीछे का समय मिलता है। यही कारण है कि 180° पूर्व व पश्चिम देशांतर में कुल 24 घंटे अर्थात् एक दिन-रात का अंतर पाया जाता है।

अन्तरराष्ट्रीय तिथि रेखा (Internationl Date Line)

- 180° देशांतर को अन्तरराष्ट्रीय तिथि रेखा कहते हैं। 1884 ई. में वाशिंगटन में सम्पन्न इंटरनेशनल मेरीडियन कांफ्रेस में 180वें याम्योत्तर (Meridian) को अन्तरराष्ट्रीय तिथि रेखा निर्धारित किया गया। ऐसा इसलिए किया गया ताकि विभिन्न देशों के मध्य यात्रियों को कुछ स्थानों पर 1 दिन का अंतर होने के कारण परेशानी न हो।
- अन्तरराष्ट्रीय तिथि रेखा आर्कटिक सागर, चुकी सागर, बेरिंग स्ट्रेट व प्रशांत महासागर से गुजरती है।
- ग्रीनविच मेरीडियन से गणना करते हुए इस रेखा (180वाँ याम्योत्तर) के पूर्व वाले क्षेत्र एक दिन आगे होंगे या दूसरे शब्दों में इस रेखा से पश्चिम वाले क्षेत्रों से 12 घंटे आगे होंगे। जब कोई जलयान पश्चिमी दिशा में यात्रा करते हुए तिथि रेखा को पार करता है तो उसे एक दिन की हानि होती है क्योंकि इस क्षेत्र में समय 12 घंटे पीछे चल रहा होता है (जैसे सोमवार के बाद रविवार आना), परन्तु यदि जलयान पूर्व की यात्रा करते हुए तिथि रेखा को पार करता है तो एक दिन का लाभ होता है, जैसे- यदि वह सोमवार को यात्रा प्रारंभ करता है तो तिथि रेखा पार करने पर नये क्षेत्र में बुधवार का दिन उसे प्राप्त होगा।
- बेरिंग स्ट्रेट (जलसंधि) अन्तरराष्ट्रीय तिथि रेखा के सामानांतर स्थित है।
- **समय जोन**- विश्व को 24 समय जोनों में बाँटा गया है। इन समय जोनों को ग्रीनविच मीन टाइम (GMT) व मानक समय (Standard Time) में एक घंटे के अंतराल के आधार पर विभाजित किया गया है अर्थात् प्रत्येक जोन 15° के बराबर होता है। ग्रीनविच याम्योत्तर 0° देशांतर पर है, जो कि ग्रीनलैंड व नार्वेनियन सागर व ब्रिटेन, स्पेन, अल्जीरिया, फ्रांस, माले, बुर्कीनाफासो, घाना व दक्षिण अटलांटिक समुद्र से गुजरता है।
- **मानक समय**- प्रत्येक देश का मानक समय (Standard Time) ग्रीनविच मीन टाइम से आधा घंटे के गुणक के अंतर पर निर्धारित किया जाता है। मानक समय स्वेच्छा से चयनित याम्योत्तर का स्थानीय समय होता है जो एक विशिष्ट क्षेत्र या देश के लिए मानक समय निर्धारित करता है। भारत में 82½° पूर्वी देशांतर जो इलाहाबाद के निकट नैनी से गुजरती है, का समय सम्पूर्ण भारत के लिए मानक समय (IST) है। इससे भारत के विभिन्न प्रदेशों में देशांतरीय अंतर के कारण समय की भिन्नता को समायोजित करने की समस्या से निजात मिल जाता है। भारत का मानक समय ग्रीनविच मीन टाइम से 5½ घंटा आगे है। अतः जब ग्रीनविच में दोपहर के 12 बजे हों तो उस समय भारत में शाम के 5½ बजेंगे।
- **स्थानीय समय**- यह पृथ्वी पर स्थान विशेष का सूर्य की स्थिति से परिकलित समय है। स्थानीय मध्याह्न समय वह समय है जब सूर्य उस स्थान विशेष पर लंबवत् चमकता है। भारत के सर्वाधिक पूर्व (अरुणाचल प्रदेश) एवं सर्वाधिक पश्चिम (गुजरात के द्वारका) में स्थित स्थानों के स्थानीय समय में लगभग दो घंटे का अंतर मिलता है।
- **विषुवत् रेखा**- पृथ्वी की मध्य सतह से होकर जाने वाली वह अक्षांश रेखा है जो उत्तरी एवं दक्षिणी ध्रुव से बराबर दूरी पर होती है। यह शून्य अंश की अक्षांश रेखा है। विषुवत् रेखा के उत्तरी भाग को उत्तरी गोलार्द्ध और दक्षिणी भाग को दक्षिणी गोलार्द्ध कहते हैं। विषुवत् रेखा को **भूमध्य रेखा** भी कहा जाता है।
- **कटिबंध**- प्रत्येक गोलार्द्ध को ताप के आधार पर कई भागों में बाँटा गया है। इन भागों को कटिबंध (Zone) कहते हैं ये निम्नलिखित हैं-
    1. **उष्ण कटिबंध (Tropical Zone)**- यह विषुवत् रेखा से 30° उत्तर एवं 30° दक्षिण का भाग होता है। यहाँ वर्ष में दो बार सूर्य शीर्ष पर चमकता है। इस भाग का मौसम सदैव गर्म रहता है।
    2. **उपोष्ण कटिबंध (Sub-Tropical Zone)**- यह 30° से 45° उत्तरी एवं दक्षिणी अक्षांशों के बीच स्थित क्षेत्र है जहाँ कुछ महीने ताप अधिक और कुछ महीने ताप कम रहता है।

3. **शीतोष्ण कटिबंध (Temperate Zone)**- यह 45° से 66° उत्तरी और दक्षिणी अक्षांशों के बीच का क्षेत्र होता है। यहाँ सूर्य सिर के ऊपर कभी नहीं चमकता है, बल्कि उसकी किरणें तिरछी होती है। अत: यहाँ ताप हमेशा कम रहता है।

4. **ध्रुवीय कटिबंध (Polar Zone)**- यह 66° से 90° के मध्य स्थित क्षेत्र है जहाँ ताप अत्यंत ही कम रहता है, जिसके फलस्वरूप वहाँ हमेशा बर्फ जमी रहती है।

6. स्थलमण्डल

- पृथ्वी की सम्पूर्ण बाह्य परत, जिस पर महाद्वीप एवं महासागर स्थित है, स्थलमण्डल (Lithosphere) कहलाती है। पृथ्वी के कुल 29% भाग पर स्थल तथा 71% भाग पर जल स्थित है।
- पृथ्वी के उत्तरी गोलार्द्ध का 61% तथा दक्षिणी गोलार्द्ध के 81% क्षेत्रफल पर जल का विस्तार है।
- पृथ्वी पर सर्वाधिक ऊँचाई माउंट एवरेस्ट (8848 मी.) की तथा सर्वाधिक गहराई मेरियाना गर्त (11,033 मी.) की है। इस प्रकार पृथ्वी की ऊँचाई एवं सर्वाधिक गहराई में लगभग 20 किमी. का अंतर है।
- स्थलमंडल महाद्वीपीय क्षेत्रों में अधिक मोटी (40 किमी.) एवं महासागरीय क्षेत्रों में अपेक्षाकृत पतली (20-12 किमी.) है।

चट्टानें

- बनावट के आधार पर यह तीन प्रकार की होती है-
  1. आग्नेय चट्टान (Igneous Rock)
  2. अवसादी चट्टान (Sedimentary Rock)
  3. कायांतरित चट्टान (Metamorphic Rock)

1. आग्नेय चट्टान

- इनका निर्माण ज्वालामुखी उद्गार के समय निकलने वाले लावा (Magma) के पृथ्वी के अंदर या बाहर ठंडा होकर जम जाने से होता है।
- ये चट्टानें सभी चट्टानों में सबसे ज्यादा (95%) मिलती हैं।
- इन्हें **प्राथमिक या मातृ** (Primary or Mother) चट्टानें भी कहा जाता है।
- आग्नेय चट्टान स्थूल परतरहित, कठोर संघनन एवं जीवाश्मरहित होती है। आर्थिक रूप से आग्नेय चट्टान बहुत ही सम्पन्न चट्टान है। इसमें चुम्बकीय लोहा, निकिल, ताँबा, सीसा, जस्ता, क्रोमाइट, मैंगनीज, सोना तथा प्लेटिनम पाये जाते हैं।
- बेसाल्ट में लोहे की मात्रा सर्वाधिक होती है। इस चट्टान के क्षरण से काली मिट्टी का निर्माण होता है।
- उत्पत्ति के आधार पर आग्नेय चट्टानें तीन प्रकार की होती हैं-
  1. **ग्रेनाइट (Granite)** : इन चट्टानों के निर्माण में मैग्मा धरातल के ऊपर न पहुँचकर अंदर ही जमकर ठोस रूप धारण कर लेता है। मैग्मा के ठंडा होने की प्रक्रिया बहुत धीमी होती है क्योंकि अंदर का तापमान अधिक होता है और बनने वाले क्रिस्टल (Crystal) काफी बड़े होते हैं।
  2. **बेसाल्ट (Basalt)** : जब मैग्मा धरातल पर आकर ठंडा होता है, तब तीव्र गति से ठंडे होने के कारण चट्टानों के रवे (Crystal) बहुत बारीक होते हैं। इन्हें ही बेसाल्ट कहा जाता है। बेसाल्ट चट्टान के क्षरण के कारण ही काली मिट्टी का निर्माण होता है।
  3. **ज्वालामुखीय (Volcanic)** : ज्वालामुखी विस्फोट के कारण मैग्मा के बाहर आकर जमने से इन चट्टानों का निर्माण होता है।
- पृथ्वी के आंतरिक भाग में पिघले हुए मैग्मा (Magma) से निर्मित चट्टानों को भिन्न-भिन्न नामों से जाना जाता है-

1. **डाइक (Dyke) :** जब मैग्मा किसी लम्बवत् दरार में जमता है तो डाइक कहलाता है। झारखंड के सिंहभूम जिले में अनेक डाइक दिखायी देते हैं।
2. **सिल (Sill) :** जब मैग्मा भू-पृष्ठ के समानांतर परतों में फैलकर जमता है, तो उसे सिल कहते हैं। इसकी मोटाई एक मीटर से लेकर सैकड़ों मीटर तक होती है। छत्तीसगढ़ तथा झारखंड में सिल जाये जाते हैं। एक मीटर से कम मोटाई वाले सिल को **शीट (Sheet)** कहते हैं।
3. **लैकोलिथ (Lacolith) :** पृथ्वी की धरातल के निकट परतदार चट्टानों के बीच गुंबदाकार संरचना में मैग्मा के जमने के कारण इसका निर्माण होता है। इस गुंबदाकार संरचना का आकार छतरीनुमा दिखायी देता है। लैकोलिथ बहिर्वेधी ज्वालामुखी पर्वत का ही एक अंतर्वेधी प्रतिरूप है।
4. **बैथोलिथ (Batholith) :** ये प्रायः गुंबद के आकार के होते हैं, जिनके किनारे तीव्र ढाल वाले एवं आधार तल अधिक गहराई में होता है। वास्तव में यह एक पातालीी (Plutonic) चट्टान है। इनका ऊपरी भाग अत्यधिक असमान (Irregular) एवं उबड़-खाबड़ होता है। ये सैकड़ों किलोमीटर लंबे, 50 से 80 किमी चौड़े एवं काफी अधिक मोटे होते हैं। यह मूलतः ग्रेनाइट से बनता है।
5. **स्टॉक (Stock) :** छोटे आकर के बैथोलिथ को स्टॉक कहते हैं। इसका ऊपरी भाग गोलाकार गुंबदनुमा होता है। स्टॉक का विस्तार 100 वर्ग किमी से कम होता है।
6. **लैपोलिथ (Lapolith) :** जब मैग्मा जमकर तश्तरीनुमा आकार ग्रहण कर लेता है तो उसे लैपोलिथ कहते हैं। लैपोलिथ दक्षिण अमेरिका में मिलते हैं।
7. **फैकोलिथ (Phacolith) :** जब मैग्मा लहरदार आकृति में जमता है, तो फैकोलिथ कहलाता है।

2. अवसादी चट्टान

- पृथ्वी तल पर आग्नेय व रूपांतरित चट्टानों के अपरदान व निक्षेपण के फलस्वरूप निर्मित चट्टानों को अवसादी चट्टान कहते हैं।
- इन पुनर्निर्मित चट्टानों में परतों का विकास होने के कारण इन्हें प्रस्तरित या परतदार चट्टान भी कहा जाता है।
- इन चट्टानों के निर्माण में जैविक अवशेषों का भी योगदान होता है। सम्पूर्ण क्रस्ट (Crust) के लगभग 75% भाग पर अवसादी चट्टान फैले हुए हैं पर क्रस्ट के निर्माण में इसका योगदान मात्र 5% है।
- अवसादी चट्टानें परतदार होती हैं। इनमें वनस्पति एवं जीव-जंतुओं का जीवाश्म (Fossils) पाया जाता है। इन चट्टानों में लौह-अयस्क, फास्फेट, कोयला एवं सीमेंट बनाने की चट्टान पायी जाती है।
- खनिज तेल अवसादी चट्टानों में पाया जाता है। अप्रवेश्य चट्टानों की दो परतों के बीच यदि प्रवेश्य शैल की परत आ जाये तो खनिज तेल के लिए अनुकूल स्थिति पैदा हो जाती है।
- दामोदर, महानदी तथा गोदावरी नदी बेसिनों की अवसादी चट्टानों में कोयला पाया जाता है।

विभिन्न चट्टानों की रूपांतरण क्रिया

अवसादी चट्टानों के रूपान्तरण से बनी शैलें	
शैल	स्लेट
चूना पत्थर	संगमरमर
चॉक एवं डोलोमाइट	संगमरमर
बालुका पत्थर	क्वार्टजाइट
कांग्लोमेरेट	क्वार्टजाइट
आग्नेय चट्टानों के रूपांतरण से बनी शैलें	
ग्रेनाइट	नीस
बेसाल्ट	एम्फीबोलाइट
बेसाल्ट	सिस्ट
रूपांतरित चट्टानों के पुनः रूपांतरण से बनी शैलें	
स्लेट	फाइलाइट
फाइलाइट	सिस्ट
गैब्रो	सरपेंटाइन

- आगरा का किला एवं दिल्ली का लाल किला बलुआ पत्थर नामक अवसादी चट्टानों का बना है।
- चूना पत्थर, बलुआ पत्थर, स्लेट, कांग्लोमरेट, नमक की चट्टानें एवं शेलखड़ी आदि अवसादी चट्टानों के उदारहरण हैं।

3. कायांतरित चट्टान

- ताप एवं दाब के कारण आग्नेय तथा अवसादी चट्टानों के संगठन तथा स्वरूप में परिवर्तन या रूपांतरण हो जाता है। इसे रूपांतरित या कायांतरित चट्टान कहते हैं।
- कायांतरित चट्टान सर्वाधिक है तथा इसमें जीवाश्म नहीं मिलते हैं।

पर्वत

- धरातल के **27 प्रतिशत** भाग पर पर्वतों का विस्तार है।
- आयु के आधार पर पर्वतों को मुख्यत: दो भागों में बाँटा गया है-
  1. **प्राचीन पर्वत (Old Mountain)** : लगभग तीन करोड़ वर्ष पूर्व हुए महाद्वीपीय विस्थापन (Continental Drift) से पूर्व के पर्वत प्राचीन पर्वतों में आते हैं। जैसे- पेनाइन (यूरोप), अप्लेशियन (अमेरिका), अरावली (भारत)। अरावली विश्व का सबसे प्राचीन पर्वत माना जाता है।
  2. **नवीन पर्वत (Young Mountains)** : जो पर्वत महाद्वीपीय विस्थापन के बाद अस्तित्व में आये हैं, ये नवीन पर्वतों की श्रेणी में आते हैं। जैसे- हिमालय, रॉकी, एंडीज, आल्पस आदि। हिमालय विश्व का सबसे नवीन पर्वत माना जाता है।
- उत्पत्ति के आधार पर पर्वत मुख्यत: चार प्रकार के होते हैं-

विश्व के प्रमुख पर्वत

नाम	स्थिति	सर्वोच्च चोटी	अधिकतम ऊँचाई
हिमालय	एशिया	माउण्ट एवरेस्ट	8848
एण्डीज	दक्षिण अमेरिका	एकांकगुआ	6960
रॉकी	उत्तरी अमेरिका	माउण्ट एल्बर्ट	4400
काराकोरम	एशिया	गाडविन ऑस्टिन (K_2)	8611
ग्रेट डिवाईडिंग रेंज	ऑस्ट्रेलिया	माउण्ट कोसिस्को	2228
टिएनशॉन	एशिया	पीके पोबेडा	7439
अल्टाई	एशिया	बेलुखा	4505
यूराल	रूस	नैरोडनाया	1894
एटलस	अफ्रीका	टाउब्काल	4165
आल्प्स	यूरोप	माउण्ट ब्लैक	4807
अप्लेशियम	अमेरिका	माउण्ट मिचेल	2037
एपेनाइन	इटली	कोनोग्रांडे	2931
कास्केड श्रेणी	उत्तरी अमेरिका	माउण्ट रेनियर	4392
अलास्का श्रेणी	अलास्का	माउण्ट मेकिन्ले	6194
काकेशस श्रेणी	यूरोप	एलब्रुश	5633

वलित/मोड़दार पर्वत (Fold Mountains)

- पृथ्वी की विवर्तनिक (Tectonic) शक्तियों जैसे- दबाव, संपीड़न उभार, तनाव आदि के कारण चट्टानों के स्तर में व्यापक मोड़ या वलन का विकास होने से इन पर्वतों को निर्माण होता है।
- हिमालय, आल्पस, रॉकी, एंडीज, यूराल, एटलस आदि बड़ी श्रेणियों के पर्वत ही वलित पर्वत हैं।

अवरोधी पर्वत (Block Mountains)

- ये पृथ्वी के धरातल के ऊपर उठने या नीचे धँसने की वजह से बनते हैं।
- धरातल के नीचे लावा के ठंडा होने की वजह से तनाव या खिंचाव के कारण धरातल में भ्रंश व दरार (Faults) का विकास हो जाता है, जिससे कुछ भाग ऊपर उठ जाता है और कुछ भाग धँस जाता है।
- ऊपर उठा भाग भ्रंशोत्थ (Block Mountain or Horsts) तथा धंशा भाग भ्रंश घाटी (Rift Valley or Garben) कहलाता है।

⇨ नर्मदा, ताप्ती व दामोदर घाटी (भारत), वास्जेस व ब्लैक फौरेस्ट पर्वत (यूरोप), वासाच रेंज (अमेरिका), साल्ट रैंज (पाकिस्तान) आदि प्रमुख भ्रंशोत्थ पर्वत (Block Mountain) है।

अवशिष्ट पर्वत (Residual or Relict Mountains)

⇨ अत्यधिक अपरदन या अनाच्छादन के कारण (नदी, हिमनद, तुषार, वायु आदि कारकों के कारण से) पर्वत अपने प्रारंभिक स्वरूप को खोकर अवशिष्ट पर्वत का रूप धारण कर लेते हैं।

⇨ विंध्याचल, अरावली, सतपुड़ा, नीलगिरी, पारसनाथ, राजमहल, पूर्वी घाट, पश्चिमी घाट (भारत), हाइलैंड्स (स्कॉटलैंड), कैटस्किल (न्यूयार्क) आदि इस श्रेणी के पर्वत हैं।

संग्रहित पर्वत (Mountains of Accumulation)

⇨ ज्वालामुखी के उद्गार से निस्सृत लावा, विखंडित पर्वत तथा राखचूर्ण आदि के क्रमबद्ध अथवा असंबद्ध एकत्रीकरण के फलस्वरूप इन पर्वतों का निर्माण होता है। अत: इन्हें ज्वालामुखी पर्वत भी कहा जाता है। जापान का फ्यूजीयामा और इक्वेडोर का कोटोपैक्सी इसके प्रमुख उदाहरण है।

पठार

⇨ पठार पर्वतों से नीचे और मैदानों से ऊँचे भू-भाग हैं जिनका ऊपरी (शीर्ष) भाग मेज की तरह चौरस और सपाट होता है।

⇨ पृथ्वी के सम्पूर्ण धरातल के लगभग **33 प्रतिशत** भाग पर पठारों का विस्तार है।

⇨ पठारों की रचना या तो पृथ्वी की भूगर्भिक हलचलों के कारण समतल भू-भाग के ऊपर उठ जाने से होती है या फिर उसके आस-पास के भू-भाग के नीचे धँस जाने से होती है।

⇨ सामान्यत: पठार की ऊँचाई 300 से 1000 मीटर होती है।

⇨ विश्व में अनेक पठार ऐसे भी हैं जिनकी ऊँचाई 2000 मीटर से भी अधिक है, जैसे कोलोरैडो पठार (2500 मीटर) तथा तिब्बत का पठार (5000 मीटर से भी अधिक)।

⇨ तिब्बत का पठार क्षेत्रीय विस्तार की दृष्टि से विश्व में सबसे बड़ा है।

⇨ जम्मू-कश्मीर में हिमानी निक्षेप से छोटे-छोटे पठारों का निर्माण होता है। इन पठारों को मर्ग/ मार्ग कहा जाता है। सोनमर्ग, गुलमर्ग आदि ऐसे ही पठार हैं।

⇨ जीर्ण या वृद्ध पठार की पहचान उन पर अवस्थित 'मेसा' से होती है। मेसा कठोर चट्टानों से निर्मित सपाट संरचनाएँ हैं जो पठार पर अवशेष रूप में अपरदन के प्रभाव के बावजूद बची रह जाती है।

⇨ भौगोलिक स्थिति, निर्माण प्रक्रिया, आकृति, धरातलीय रचना, जलवायु तथा विकास की अवस्था के अनुसार पठारों के कई प्रकार हैं। इनमें मुख्य निम्न प्रकार से हैं-

1. **अन्तर्पर्वतीय पठार (Intermontace Plateau)** : ये पठार चारों ओर से पर्वतों से घिरे होते हैं। विश्व का सबसे ऊँचा पठार, तिब्बत का पठार इस प्रकार के पठारों का सर्वप्रमुख उदाहरण है जो उत्तर में क्युनलुन व दक्षिण में हिमालय पर्वतों से घिरा हुआ है।

2. **गिरिपद पठार (Piedmont Plateau)** : उच्च पर्वतों की तलहटी में स्थित पठारों को गिरिपद या पर्वतपदीय पठार के नाम से जाना जाता है। ये एक ओर उच्च पर्वतों से तथा दूसरी ओर से सागर या मैदान से घिरे होते हैं। संयुक्त राज्य अमेरिका का पीडमांट पठार व दक्षिण अमेरिका का पेटागोनिया का पठार ऐसे पठारों के सर्वोत्तम उदाहरण हैं।

3. **तटीय पठार (Coastal Plateau)** : समुद्रतटीय क्षेत्रों के समीप स्थित पठारों को तटीय पठार कहा जाता है तथा इनकी उत्पत्ति समीपवर्ती भाग के उत्थान से ही होती है। प्रायद्वीपीय भारत का कोरोमंडल का पठार एक ऐसा ही पठार है।

प्रमुख पठार व उनकी स्थिति	
नाम	स्थिति
एशिया माइनर	तुर्की
अनातोलिया का पठार	तुर्की
मेसेटा पठार	आइबेरिया प्रायद्वीप (स्पेन)
चियापास पठार	दक्षिण मैक्सिको
अलास्का/यूक्रॉन पठार	सं. रा. अमेरिका
कोलम्बिया पठार	सं. रा. अमेरिका
ग्रेट बेसिन पठार	सं. रा. अमेरिका
कोलोरेडो पठार	सं. रा. अमेरिका
ग्रीनलैंड पठार	ग्रीनलैंड

4. **गुंबदाकार पठार (Dome-Shaped Plateau)** : पृथ्वी की आंतरिक हलचलों के कारण जब किसी भाग में गुंबद के आकार का उभार हो जाता है तब ऐसे पठारों की उत्पत्ति होती है। संयुक्त राज्य अमेरिका का ओजार्क पठार, भारत का छोटानागपुर पठार एवं रामगढ़ पठार इसी के उदाहरण हैं।

5. **महाद्वीपीय पठार (Continental Plateau)** : ये प्रायः पर्वतीय भागों से दूर किन्तु सागरीय तटों या मैदानों से घिरे होते हैं। इनकी उत्पत्ति धरातल के ऊपर उठने या लावा के अपरिमित निक्षेप से होती है। इन पठारों को शील्ड भी कहा जाता है। भारत का प्रायद्वीपीय पठार इनका **सर्वोत्तम उदाहरण** है। इस प्रकार के अन्य पठार हैं- ऑस्ट्रेलिया का पठार, अरब का पठार, दक्षिण अफ्रीका का पठार आदि, जिन्हें प्राचीन महाद्वीपीय पठारों के अंतर्गत रखा जाता है। इसके विपरीत अण्टार्कटिका तथा न्यूजीलैंड के पठारों को नवीन महाद्वीपीय पठारों के अंतर्गत रखा जाता है।

मैदान

↳ लगभग 500 फीट से कम ऊँचाई वाले भूपृष्ठ के समतल भाग को मैदान कहते हैं।

↳ ये पृथ्वी के धरातल पर द्वितीयक क्रम के सबसे सरल उच्चावच तथा अपेक्षाकृत समतल व निम्न भू-भाग हैं।

↳ निर्माण की प्रक्रिया के आधार पर मैदान तीन प्रकार के होते हैं-

1. रचनात्मक या पटलविरूपणी मैदान (Constructive or Diastrophic Plains)
2. अपरदनात्मक या विनाशात्मक मैदान (Erosional or Destructional Plains)
3. निक्षेपात्मक मैदान (Depositional Plains)

1. रचनात्मक या पटलविरूपणी मैदान

↳ भू-संचलन के फलस्वरूप जब कोई स्थलखंड का सागर से निर्गमन (Emergence) होता है, तो संरचनात्मक मैदान का निर्माण होता है। जैसे- सं. रा. अमेरिका का विशाल मैदान एवं रूस का रूसी प्लेटफार्म। निर्गमन के पश्चात् इन मैदानों के विकास में जल एवं हिमानी के अपरदन तथा निक्षेपण का भी योगदान है।

↳ सागरीय तट के पास स्थलमंडल के सागर तल से ऊपर उठने के फलस्वरूप तटीय मैदान का निर्माण होता है। जैसे- सं. रा. अमेरिका का अटलांटिक तटीय मैदान।

↳ सागरीय तट यदि भू-संचलन के फलस्वरूप निमज्जित (Submerge) हो जाता है, तो वह निक्षेपण के फलस्वरूप मैदान में परिवर्तित हो जाता है। जैसे- भारत का कर्नाटक एवं पूर्वी तटीय मैदान।

2. अपरदनात्मक या विनाशात्मक मैदान

↳ ऐसे मैदानों का निर्माण अपक्षय तथा अपरदन की क्रियाओं के परिणामस्वरूप होता है। इस क्रिया द्वारा निर्मित होने वाले प्रमुख मैदान हैं-

(i) **समप्राय मैदान (Peneplains)** : धरातल के पर्वतीय एवं पठारी भागों में बहते हुए जल, वायु अथवा हिमानी प्रक्रम द्वारा अपरदित हो जाने से ऐसे मैदानों की रचना होती है। इनके निर्माण में बहते हुए जल या नदियों का सबसे अधिक योगदान रहता है। इस प्रकार के मैदान के विशिष्ट उदाहरण हैं- पेरिस बेसिन, अमेजन बेसिन का दक्षिणी भाग, मिसीसिपी बेसिन का ऊपरी भाग, रूस का मध्यवर्ती मैदान, पूर्वी इंग्लैण्ड का मैदान तथा भारत का अरावली क्षेत्र।

(ii) **हिमानी निर्मित मैदान (Glacial Plains)** : धरातल पर हिमानी के प्रवाह से निर्मित मैदानों को इस वर्ग में रखा जाता है। उत्तरी अमेरिका में कनाडा तथा संयुक्त राज्य एवं यूरोप के फिनलैण्ड तथा स्वीडेन के मैदानी भागों की उत्पत्ति इसी क्रिया के द्वारा हुई।

(iii) **कार्स्ट मैदान (Karst Plains)** : चूना पत्थर (Lime Stone) वाली शैलों पर जल का प्रवाह होने से अपरदन एवं घुलनशीलता के कारण संपूर्ण भू-भाग एक समतल मैदान में परिवर्तित हो जाता है, जिससे कार्स्ट मैदानों की उत्पत्ति होती है। ऐसे मैदानों का सर्वोत्तम उदाहरण है- यूगोस्लाविया में एड्रियाटिक सागर के समीप कार्स्ट मैदान।

(iv) **मरुस्थलीय मैदान (Desert Plains) :** ऐसे मैदानों का निर्माण विश्व के मरुस्थलीय भागों में वायु की क्रियाओं के परिणामस्वरूप हुआ है। ऐसे मैदानों में अंत:प्रवाह (Inland Drainage) पाया जाता है क्योंकि वर्षाकाल में छोटी-छोटी जलधाराएँ अंदर की ओर प्रवाहित हो जाती हैं तथा बाद में सूख जाती है।

3. निक्षेपात्मक मैदान (Depositional Plains)

- अपरदन के कारकों द्वारा धरातल के किसी भाग से अपरदित पदार्थों को परिवर्तित करके उन्हें दूसरे स्थान पर निक्षेपित कर देने से ऐसे मैदानों की उत्पत्ति होती है।
- विश्व के **अधिकांश मैदान निक्षेपात्मक मैदान की श्रेणी** में आते हैं।
- निक्षेप के साधन एवं स्थान के आधार पर ऐसे मैदानों को निम्न वर्गों में रखा जाता है-

(i) **जलोढ़ मैदान (Alluvial Plains) :** ऐसे मैदानों का निर्माण पर्वतीय भागों से निकलने वाली नदियों द्वारा अपने साथ बहाकर लाये गये निक्षेपों के जमाव के परिणामस्वरूप होता है। ये मैदान काफी बड़े क्षेत्र पर विस्तृत एवं बहुत उपजाऊ होते हैं। विश्व के अधिकांश मैदान जलोढ़ मैदान ही हैं। मिसीसिपी का मैदान (संयुक्त राज्य अमेरिका), गंगा-ब्रह्मपुत्र का मैदान (ऊपरी भारत), ह्वांगहो तथा यांगटिसीक्यांग का मैदान (चीन), नील नदी का मैदान (मिस्र), बोल्गा तथा डेन्यूब का मैदान आदि ऐसे ही मैदान हैं।

(ii) **अपोढ़ मैदान (Drift Plains) :** ऐसे मैदानों की रचना पर्वतीय भागों से हिमानियों के नीचे उतरते समय उनके द्वारा बहाकर लाये गये निक्षेपों के जमाव से होती है। इन जमावों में बड़ी मात्रा में कंकड़, पत्थर, शिलाखंड, बालू, बजरी आदि शामिल होते हैं। ऐसे मैदानों के प्रमुख उदाहरण उत्तरी-पश्चिमी यूरोप तथा कनाडा के मध्यवर्ती भागों में मिलते हैं।

(iii) **झीलीय मैदान (Lacustrine Plains) :** झीलों में गिरने वाली नदियों द्वारा अपने साथ बहाकर लाये गये पदार्थों का उनमें निक्षेपण होते रहने से वे धीरे-धीरे भरती रहती हैं तथा कालांतर में एक मैदान में बदल जाती है। आगे चलकर ये मैदान सूख जाती हैं। ऐसे मैदान भी जलोढ़ मैदानों के समान समतल तथा उपजाऊ होते हैं। संयुक्त राज्य अमेरिका, कनाडा तथा उत्तरी पश्चिमी यूरोप में ऐसे मैदान पाये जाते हैं।

(iv) **लावा मैदान (Lava Plains) :** ऐसे मैदानों का निर्माण ज्वालामुखी उद्गार के समय निकलने वाले लावा तथा अन्य पदार्थों के निक्षेपण से होता है। ऐसे मैदान अत्यधिक उपजाऊ होते हैं क्योंकि इनमें खनिज पदार्थों की अधिकता होती है। भारत का प्रायद्वीपीय भाग लावा निर्मित मैदान का मुख्य उदाहरण है।

(v) **लोयस मैदान (Loess Plains) :** ऐसे मैदानों का निर्माण पवन के अपरदनात्मक कार्यों के पश्चात् किसी स्थान पर उसके साथ उड़ाकर लायी गयी बालू, रेत आदि के निक्षेपण से होता है। ऐसे मैदान समतल एवं विस्तृत होते हैं। इनमें परतों का सर्वथा अभाव होता है। लोयस के मैदान उत्तरी चीन, तुर्कमेनिस्तान तथा मिसीसिपी नदी के किनारे पाये जाते हैं।

मरुस्थल

- स्थलमंडल के शुष्क व अर्द्धशुष्क भग मरुस्थल (Desert) कहलाते हैं। ये मुख्यत: उपोष्ण उच्च दाब क्षेत्रों में जहाँ वायु उतरती है व तापीय प्रतिलोमन की स्थिति मिलती है।
- महाद्वीपीय अवस्थिति या तट से दूरी भी इसकी उत्पत्ति का कारण है, क्योंकि आंतरिक भागों में बढ़ने पर वर्षा की मात्रा में कमी आती है।
- ठंडी महासागरीय धाराएँ भी इनके निर्माण के उत्तरदायी लिए कारक हैं। कालाहारी, पैटागोनिया व अटाकामा इसके उदाहरण हैं।
- मरुस्थल चट्टानी, पथरीला या रेतीला तीनों प्रकार के हो सकते हैं। सहारा का हमद मरुस्थल, अल्जीरिया के रेग एवं लीबिया व मिस्र के सेरिर मरुस्थल तथा सहारा क्षेत्र के एर्ग मरुस्थल क्रमश: चट्टानी, पथरीले या रेतीले मरुस्थल के उदाहरण हैं।
- मरुस्थलीय क्षेत्रों में **एक वर्ष** में औसतन 25 से.मी. से कम वर्षा होती है।
- सामान्यत: रेगिस्तान/मरुस्थल गर्म स्थल होते हैं, परन्तु महाद्वीपों के आंतरिक भाग में पाये जाने वाले मरुस्थल हमेशा गर्म नहीं होते हैं।

प्रमुख मरुस्थल व उनकी स्थिति			
नाम	**स्थिति**	**नाम**	**स्थिति**
सहारा (लीबिया तथा नूबियन मरुस्थल)	उत्तरी अफ्रीका	नामिब	नामीबिया
बारबर्टन, सिम्पसन, गिब्सन, स्टुअर्ट-स्टोनी, ग्रेट विक्टोरिया, ग्रेट सैंडी	ऑस्ट्रेलिया	काराकुम	तुर्कमेनिया
नाफूद, हमद, रब-अल- खाली	सऊदी अरब	थार मरुभूमि	उ.प. भारत व पाकिस्तान
गोबी	मंगोलिया व चीन	सोमाली मरुभूमि	सोमालिया
कालाहारी	बोत्सवाना	अटाकामा	उत्तरी चिली
तकला माकन	सीक्यांग प्रान्त (चीन)	काइजिल कुम	उजबेकिस्तान
सोनोरान	सं. रा. अमेरिका तथा मैक्सिको)	दस्त-ए-लुत	पूर्वी ईरान
दस्त-ए-कबीर	दक्षिण ईरान	मोजेब या मोहावे सेंचुरा, सियरा नेवादा	सं. रा. अमेरिका
पेंटागोनिया	अर्जेंटीना	दस्त-ए-कबीर	दक्षिणी ईरान

ज्वालामुखी

- ज्वालामुखी भूपटल पर वह प्राकृतिक छेद या दरार है, जिससे होकर पृथ्वी का पिघला हुआ पदार्थ लावा, राख, भाप तथा अन्य गैसें बाहर निकलती है। बाहर हवा में उड़ा हुआ लावा शीघ्र ही ठंडा होकर छोटे ठोस टुकड़ों में बदल जाता है, जिसे सिंडर कहते हैं।
- ज्वालामुखी उद्गार में निकलने वाली गैसों में 80 से 90% भाग वाष्प (हाइड्रोजन एवं ऑक्सीजन) का होता है। अन्य गैसें हैं- कार्बन डाइऑक्साइड, सल्फर डाइऑक्साइड आदि।
- ज्वालामुखी उद्गार के तरल पदार्थों में लावा सर्वाधिक महत्त्वपूर्ण है, जो बाहर निकलकर फैल जाता है। लावा दो प्रकार का होता है- एक गाढ़ा जिसमें सिलिका की मात्रा (75%) होती है एवं जिसे अम्लीय लावा (Acid Lava) कहा जाता है तथा दूसरा लावा पतला होता है, जिसमें सिलिका की मात्रा कम होती है, क्षारीय लावा (Alkaline Lava) कहा जाता है।
- उद्गार अवधि के अनुसार ज्वालामुखी तीन प्रकार की होती है- 1. सक्रिय ज्वालामुखी 2. प्रसुप्त ज्वालामुखी और 3. मृत या शांत ज्वालामुखी।

    1. **सक्रिय ज्वालामुखी (Active Volcano) :** वैसे ज्वालामुखी जिनसे लावा, गैस तथा विखंडित पदार्थ सदैव निकला करते हैं। वर्तमान समय में उनकी संख्या लगभग 500 है। इनमें प्रमुख है, इटली का एटना तथा स्ट्राम्बोली।

       स्ट्राम्बोली भूमध्य सागर में सिसली के उत्तर में लिपारी द्वीप पर अवस्थित है। इसमें सदा प्रज्वलित गैस निकला करती है, जिससे इसके आस-पास का भाग प्रकाशित रहता है, इस कारण इस ज्वालामुखी को **भूमध्य सागर का प्रकाश स्तंभ** कहा जाता है।

2. **प्रसुप्त ज्वालामुखी (Dormant Volcano) :** वैसे ज्वालामुखी जो वर्षों से सक्रिय नहीं है, पर कभी भी विस्फोट कर सकते हैं। इनमें इटली का विसुवियस, जापान का फ्यूजीयामा, इंडोनेशिया का क्राकाताओं तथा अंडमान-निकोबार के नारकोंडम द्वीप के ज्वालामुखी उल्लेखनीय हैं। दिसंबर 2004 के सुनामी के बाद नारकोंडम द्वीप में सक्रियता के लक्षण दिखायी पड़े हैं।

3. **मृत या शांत ज्वालामुखी (Dead or Extinct Volcano) :** इसके अंतर्गत वैसे ज्वालामुखी शामिल किये जाते हैं जिनमें हजारों वर्षों से कोई उद्भेदन नहीं हुआ है तथा भविष्य में भी इसकी कोई संभावना नहीं है। अफ्रीका के पूर्वी भाग में स्थित केनिया व किलिमंजारों, इक्वेडोर का चिम्बाराजो, म्यांमार का पोपा, ईरान का देमबंद व कोहसुल्तान और एण्डीज पर्वतश्रेणी का एकांकगुआ इसके प्रमुख उदाहरण हैं।

विश्व के कुछ प्रमुख ज्वालामुखी	
नाम	**देश**
ओजसडेल सालाडो	अर्जेंटीना-चिली
कोटोपैक्सी	इक्वेडोर
पोपोकैटेपिटल	मैक्सिको
मोनालोआ	हवाईद्वीप
माउंट कैमरून	कैमरून (अफ्रीका)
माउंट इरेबस	रॉस (अंटार्कटिका)
माउंट एटना	सिसली (इटली)
माउंट पीली	मार्टिनीक द्वीप
हेक्ला व लाकी	आइसलैंड
विसुवियस	नेपल्स की खाड़ी (इटली)
स्ट्रॉम्बोली	लिपारी द्वीप (भूमध्यसागर)
क्राकाताओ	इंडोनेशिया
कटमई	अलास्का (अमेरीका)
माउंट रेनियर	अमेरीका
माउंट शस्ता	अमेरीका
चिम्बारेजो	इक्वेडोर
फ्यूजीयामा	जापान
माउंट ताल	फिलीपींस
माउंट पिनाटुबो	फिलीपींस
देमबंद	ईरान
कोहसुल्तान	ईरान
माउंट पोपा	म्यांमार (बर्मा)
किलिमंजारो	तंजानिया
मेयाना	फिलीपींस

ज्वालामुखी से सम्बन्धित अन्य प्रमुख तथ्य

- **क्रेटर (Crator) :** यह ज्वालामुखी शंकु के ऊपर सामान्यत: मिलने वाले कीपाकार गर्तनुमा आकृति है। इसमें यदि जल भर जाये तो क्रेटर झील बन जाती है। जैसे महाराष्ट्र के बुलढाना जिले में लोनार झील।
- **काल्डेरा (Caldera) :** जब क्रेटर का आकार काफी विस्तृत हो जाता है, तब उसे काल्डेरा की संज्ञा दी जाती है। यह क्रेटर में धंसाव अथवा विस्फोट उद्गार से निर्मित स्थलरूप माना जाता है।
- **धुंआरे (Fumaroles) :** ज्वालामुखी क्रिया से सीधे सम्बन्धित छिद्र जिससे निरंतर गैस तथा वाष्प निकला करती है, धुंआरा कहलाता है।
- **गेसर (Geyser) :** बहुत से ज्वालामुखी क्षेत्रों में उद्गार के समय दरारों तथा सुराखों से होकर जल तथा वाष्प कुछ अधिक ऊँचाई तक निकलने लगते हैं। इसे ही गेसर कहा जाता है। जैसे- ओल्ड फेथफुल गेसर, यह अमेरिका के यलोस्टोन पार्क में है। इसमें प्रत्येक मिनट उद्गार होता रहता है।
- अधिकांश सक्रिय ज्वालामुखी का प्रशांत महासागर के तटीय भाग में पाया जाता है। प्रशांत महासागर के परिमेखला को अग्नि वलय (Fire Ring of the Pacific) भी कहते हैं।
- सबसे अधिक सक्रिय ज्वालामुखी अमेरिका एवं एशिया महाद्वीप के तटों पर स्थित है।

- ऑस्ट्रेलिया महाद्वीप में एक भी ज्वालामुखी नहीं है।
- विश्व का सबसे ऊँचा ज्वालामुखी पर्वत कोटापैक्सी (इक्वेडोर) है, जिसकी ऊँचाई 19,613 फीट है।
- विश्व की सबसे ऊँचाई पर स्थित सक्रिय ज्वालामुखी **ओजस डेल सालाडो** (6885 मी.), एंडीज पर्वतमाला में अर्जेंटीना-चिली देश के सीमा पर स्थित है।
- विश्व की सबसे ऊँचाई पर स्थित शांत ज्वालामुखी एकांकगुआ (Aconcagua) एंडीज पर्वतमाला पर ही स्थित है, जिसकी ऊँचाई 6960 मी. है।
- पश्चिमी अफ्रीका का एकमात्र जाग्रत या सक्रिय ज्वालामुखी कैमरून पर्वत है।
- अलास्का (संयुक्त राज्य अमेरिका) के कटमई ज्वालामुखी क्षेत्र में **दस हजार धूम्रों की घाटी** (A Valley of Ten Thousand Smokes) पायी जाती है।

भूकंप

- पृथ्वी के भूपटल में किसी ज्ञात या अज्ञात, अंतर्जात या बाह्य, प्राकृतिक या कृत्रिम कारणों से होने वाला कंपन ही भूकंप (Earthquake) कहलाता है। यह भूपटल पर असंतुलन की दशा का परिचायक होता है तथा धरातल पर विनाशकारी प्रभावों का जनक भी होता है।
- भूगर्भशास्त्र की एक विशेष शाखा, जिसमें भूकंपों का अध्ययन किया जाता है, भूकंप विज्ञान (Seismology) कहलाता है।
- भूकंप की तीव्रता की माप रिचर स्केल (Richter Scale) पर की जाती है।
- **भूकंप मूल (Focus)** : धरातल के नीचे जिस स्थान पर भूकंप की घटना का प्रारंभ होता है, उसे भूकंप की उत्पत्ति केन्द्र या भूकंप मूल कहा जाता है।
- **भूकंप अधिकेन्द्र (Epicentre)** : भूकंप उत्पत्ति केन्द्र के ठीक ऊपर लंबवत् स्थान जहाँ सबसे पहले भूकंपीय तरंगों का पता चलता है, अधिकेन्द्र कहलाता है। भूकंप से प्रवाहित क्षेत्रों में अधिकेन्द्र ही ऐसा बिन्दु है, जो उत्पत्ति केन्द्र के सबसे समीप स्थित होता है।

भूकंप के प्रकार

- भूकंप मूल की गहराई के आधार पर भूकंपों को तीन वर्गों में रखा जाता है।
  (i) सामान्य भूकंप-0-50 किमी
  (ii) मध्यवर्ती भूकंप- 50-250 किमी
  (iii) गहरे या पातालीय भूकंप-250-700 किमी
- भूकंप के दौरान जो ऊर्जा भूकंप मूल से निकलती है, उसे 'प्रत्यास्थ ऊर्जा' (Elastic Energy) कहते हैं। भूकंप के दौरान निकलने वाली भूकंपीय तरंगों (Seismic Waves) को मुख्यत: तीन श्रेणियों में रखा जाता है-
  (i) **प्राथमिक अथवा लंबात्मक तरंगें (Primary or Longitudinal Waves)** : इन्हें 'P' तरंगें भी कहा जाता है। ये अनुदैर्ध्य तरंगें (Longitudinal Waves) एवं ध्वनि तरंगों (Sound Waves) की भाँति चलती हैं। यह तरंग पृथ्वी के अंदर प्रत्येक माध्यम से होकर गुजरती है। इसकी गति सभी तरंगों से अधिक होती है, जिससे ये तरंगें किसी भी स्थान पर सबसे पहले पहुँचती है। 'P' तरंगों की गति 'S' तरंगों की तुलना में 66% अधिक होती है।
  (ii) **द्वितीय तरंगें (Secondary Waves)** : इन्हें 'S' अथवा अनुप्रस्थ तरंगें (Transverse Waves) भी कहा जाता है। यह तरंग केवल ठोस माध्यम से होकर गुजरती है। 'S' तरंगों की गति 'P' तरंगों की तुलना में 40% कम होती है।

(iii) **एल तरंगें (L-Waves) :** इन्हें धरातलीय या लंबी तरंगों (Surface or Long Period Waves) के नाम से भी पुकारा जाता है। ये तरंगें मुख्यत: धरातल तक ही सीमित रहती है। ये ठोस, तरल तथा गैस तीनों माध्यमों में से गुजर सकती है। इसकी औसत वेग 1.5–3 किमी प्रतिसेकंड है।

भूकंपों का विश्व वितरण

➪ विश्व की प्रमुख भूकंप पेटियाँ निम्न हैं-

(i) **प्रशांत महासागर तटीय पेटी (Circum Pacific Belt) :** इस पेटी में सम्पूर्ण विश्व के 66प्रतिशत भूकंपों का अनुभव किया जाता है। इस पेटी के तहत तीन प्रमुख क्षेत्र शामिल हैं- (a) सागर तथा स्थल भागों के मिलन बिन्दु (b) नवीन मोड़दार पर्वतीय क्षेत्र तथा (c) ज्वालामुखी क्षेत्र।

(ii) **मध्य महाद्वीपीय पेटी (Mid-Continental Belt) :** इस पेटी में विश्व के 21% भूकंप आते हैं। इसमें आने वाले अधिकांश भूकंप संतुलन मूलक तथा भ्रंशमूलक भूकंप हैं। भारत का भूकंप क्षेत्र इसी पेटी के अंतर्गत सम्मिलित किया जाता है।

(iii) **मध्य एटलांटिक पेटी (Mid-Atlantic Betl) :** इस पेटी का विस्तार मध्य एटलांटिक कटक के सहारे पाया जाता है। इसमें भूमध्य रेखा के समीपवर्ती क्षेत्रों में सर्वाधिक भूकंप आते हैं।

(iv) **अन्य क्षेत्र :** विश्व में भूकंप के अन्य क्षेत्र हैं- (a) नील नदी से लगाकर संपूर्ण अफ्रीका का पूर्वी भाग (b) अदन की खाड़ी से अरब सागर तक का क्षेत्र तथा (c) हिन्द महासागरीय क्षेत्र।

7. वायुमंडल

➪ पृथ्वी के चारों ओर व्याप्त गैसीय आवरण को वायुमंडल (Atmosphere) कहते हैं।

➪ वायुमंडल की ऊपरी परत के अध्ययन को वायुर्विज्ञान (Aerology) और निचली परत को अध्ययन को ऋतु विज्ञान (Meterology) कहते हैं।

➪ वायुमंडल के अभाव में चन्द्रमा पर दिन के समय का तापमान 100° से.ग्रे. तक पहुँच जाता है, जबकि रात में यह कम होकर -100° से.ग्रे. पर आ जाता है। इतने अधिक तापांतर पर जीवन की कल्पना भी नहीं की जा सकती है।

➪ वायुमंडल अनेक गैसों का मिश्रण है और पृथ्वी के गुरुत्वाकर्षण शक्ति के कारण ही इससे बँधा हुआ है।

वायुमंडल की गैसीय संरचना

क्र.	गैसें	प्रतिशत आयतन
1.	नाइट्रोजन	78.03/78.07
2.	ऑक्सीजन	20.99
3.	ऑर्गन	0.93
4.	कार्बन डाइऑक्साइड	0.03
5.	हाइड्रोजन	0.01
6.	नियॉन	0.0018
7.	हीलियम	0.0005
8.	क्रिप्टॉन	0.0001
9.	जिनॉन	0.000,005
10.	ओजोन	0.000,001

➪ धरातल के समीपवर्ती भाग में नाइट्रोजन एवं ऑक्सीजन गैस प्रमुखता से मिलती है। सम्पूर्ण वायुमंडलीय आयतन का लगभग 99 प्रतिशत भाग इन्हीं से निर्मित है।

➪ वायुमंडल में उपस्थित पाँच गैसों- नाइट्रोजन, ऑक्सीजन, ऑर्गन, कार्बन डाइऑक्साइड एवं हाइड्रोजन को **भारी गैस** कहा जाता है।

⮕ वायुमंडल के संगठन में जलवाष्प एक महत्त्वपूर्ण अवयव के रूप में विद्यमान रहता है और यही समस्त वायुमंडीय घटनाओं के लिए उत्तरदायी भी माना जाता है।

वायुमंडल में पाये जाने वाले कुछ महत्त्वपूर्ण गैस

1. **नाइट्रोजन :** इसकी प्रतिशत मात्रा सभी गैसों से अधिक है। इसकी उपस्थिति के कारण ही वायुदाब, पवनों की शक्ति तथा प्रकाश के परावर्तन का आभास होता है। इस गैस का कोई रंग, गंध स्वाद नहीं होता। नाइट्रोजन का सबसे बड़ा लाभ यह है कि यह वस्तुओं को तेजी से जलने से बचाती है।

2. **ऑक्सीजन :** यह अन्य पदार्थों के साथ मिलकर जलने का कार्य करती है। ऑक्सीजन के अभाव में हम ईंधन नहीं जला सकते हैं। अतः यह ऊर्जा का मुख्य स्रोत है।

3. **कार्बन डाइऑक्साइड :** यह सबसे भारी गैस है और इस कारण यह सबसे निचली परत में मिलती है, फिर भी इसका विस्तार 32 किमी की ऊँचाई तक है। यह गैस सूर्य से आने वाली विकिरण के लिए पारगम्य तथा पृथ्वी से परावर्तित होने वाले विकिरण के लिए अपारगम्य है। अतः यह काँच घर या पौधा घर (Green House) प्रभाव के लिए उत्तरदायी है और वायुमंडल के निचली परत को गर्म रखती है।

4. **ओजोन :** ओजोन गैस (O_3) ऑक्सीजन का ही एक विशेष रूप है। यह वायुमंडल में अधिक ऊँचाइयों पर ही अति न्यून मात्रा में मिलती है। यह सूर्य से आने वाली तेज पराबैंगनी विकिरण (Ultraviolet Radiations) के कुछ अंश को अवशोषित कर लेती है। यह 10 से 50 किमी की ऊँचाई तक केन्द्रित है। वायुमंडल में ओजोन गैस की मात्रा में कमी होने से सूर्य की पराबैंगनी विकिरण अधिक मात्रा में पृथ्वी पर पहुँचकर कैंसर जैसी भयानक बीमारियाँ फैला सकती हैं

⮕ गैसों के अतिरिक्त वायुमंडल में जलवाष्प तथा धूल के कण भी उपस्थित हैं।

⮕ आकाशगंगा का रंग नीला धूलकण के कारण ही दिखायी देता है।

⮕ वायुमंडल में जलवाष्प सबसे अधिक परिवर्तनशील तथा असमान वितरण वाली गैस है।

⮕ पृथ्वी के ताप को बनाये रखने के लिए उत्तरदायी हैं- CO_2 एवं जलवाष्प।

वायुमंडल की परतें

⮕ वायुमंडल को निम्न परतों में बाँटा गया है- 1. क्षोभमंडल 2. समताप मंडल 3. मध्यमंडल 4. आयन मंडल 5. बहिर्मंडल/बाह्यमंडल।

1. क्षोभमंडल (Troposphere)

⮕ यह पृथ्वी की सतह के सबसे नजदीक अर्थात् वायुमंडल की सबसे नीचे की परत है। सभी मौसमी घटनाएँ इसी परत में सम्पन्न होती है।

⮕ यह अन्य सभी परतों से घनी है और यहाँ पर जलवाष्प, धूलकण, आर्द्रता आदि मिलते हैं। मौसम सम्बन्धी अधिकांश परिवर्तनों के लिए क्षोभमंडल ही उत्तरदायी है।

⮕ इस परत में ऊँचाई के साथ-साथ तापमान घटता है। प्रत्येक 165 मीटर पर 1°C तापमान की कमी हो जाती है। इसे सामान्य ताप ह्रास दर (Normal Lapse Rate of Temperature) कहते हैं।

⮕ इस मंडल को संवहन मंडल कहते हैं, क्योंकि संवहन धाराएँ इसी मंडल की सीमा तक सीमित होती हैं। इस मंडल को अधोमंडल भी कहते हैं।

⮕ क्षोममंडल के ऊपरी शीर्ष पर स्थित क्षोभमंडल सीमा (Tropopause) इसे समताप मंडल से अलग करती है।

2. समताप मंडल (Stratosphere)

- क्षोभ सीमा के ऊपर औसत 50 किमी. की ऊँचाई तक समताप मंडल का विस्तार पाया जाता है।
- इसकी निचली सीमा अर्थात् 20 किमी. की ऊँचाई पर तापमान अपरिवर्तित रहता है किन्तु ऊपर की ओर जाने पर उसमें वृद्धि होती रहती है। ऊपर की ओर तापमान की इस वृद्धि का कारण सूर्य की पराबैंगनी किरणों (Ultraviolet Radiations) का अवशोषण करने वाली ओजोन गैस (O_3) की उपस्थिति है।
- इस मंडल में बादलों का अभाव पाया जाता है तथा धूलकण एवं जलवाष्प भी नाममात्र को ही मिलते हैं।
- यह परत/मंडल वायुयान चालकों के लिए आदर्श होती है।
- समताप मंडल के सबसे निचले भाग में प्रायः 15 से 35 किमी. की ऊँचाई पर ओजोन मंडल की उपस्थिति पायी जाती है। ध्यान रहे कि ओजोन गैस में ऑक्सीजन के 3 अणु (O_3) पाये जाते हैं। ओजोन गैस पृथ्वी के रक्षा आवरण का काम करती है क्योंकि इसके द्वारा सूर्य से आने वाली तीव्र पराबैंगनी किरणों का अवशोषण कर लिया जाता है एवं पृथ्वी इसके हानिकारक प्रभाव से बच जाती है।

3. मध्य मंडल (Mesosphere)

- इस मंडल की ऊँचाई 50 से 80 किमी. होती है।
- इसमें ऊँचाई के साथ तापमान में गिरावट होती है और 80 किमी की ऊँचाई (Mesopause) पर तापमान –100°C हो जाता है।

4. आयन मंडल (Ionosphere)

- इसकी ऊँचाई 60 किमी. से 640 किमी. तक होती है। यह भाग कम वायुदाब तथा पराबैंगनी किरणों द्वारा आयनीकृत होता है।
- इस मंडल में सबसे नीचे स्थित D-layer से Long Radio Waves एवं E_1, E_2, और F_1, F_2 परतों (Layers) से Short Ratio Waves परावर्तित होती है, जिसके परिणामस्वरूप पृथ्वी पर रेडियो, टेलीविजन, टेलीफोन आदि की सुविधा प्राप्त होती है।
- यह परत पृथ्वी की हानिकारक विकिरण से भी रक्षा करता है। इससे इसमें ऊँचाई के साथ तापमान में वृद्धि होती है।
- आसमान से पृथ्वी की ओर गिरने वाले उल्कापिण्ड (Meteors) इस मंडल में आकर जल जाते हैं। इस प्रकार यह पृथ्वी की उल्काओं आदि से भी रक्षा करता है।

5. बाह्य मंडल (Exosphere)

- यह वायुमंडल की सबसे ऊपरी परत है।
- 640 किमी. से ऊपर के भाग को बाह्य मंडल कहा जाता है।
- इस मंडल की बाह्य सीमा अनिश्चित है। इसे अंतरिक्ष व पृथ्वी के वायुमंडल की सीमा माना जा सकता है। इसके बाद अंतरिक्ष का विस्तार है।
- इसमें हाइड्रोजन व हीलियम गैसों की प्रधानता होती है।
- ऊँचाई के साथ आयनीकृत अणुओं में वृद्धि होती जाती है। इसकी ऊपरी सतह में अत्यधिक आयनीकृत अणुओं की दो परतें पायी जाती हैं जो 'वॉन ऐलेन की विकिरण परत' (Van Allen's Radiation Belts) कहलाती हैं।

सूर्यातप (Insolation)

- सूर्य से पृथ्वी तक पहुँचने वाले सौर विकिरण (Solar Radiation) को सूर्यातप कहते हैं। यह ऊष्मा या ऊर्जा लघु तरंगों के रूप में पृथ्वी पर पहुँचती है और हमारी पृथ्वी का धरातल इसी विकिरित ऊर्जा को 2 कैलोरी प्रति वर्ग से.मी. की दर से प्राप्त करता है।
- वायुमंडल की सबसे बाह्य परत पर पहुँचने वाली कुल सौर विकिरित ऊर्जा का 51% भाग ही पृथ्वी को प्रत्यक्ष एवं अप्रत्यक्ष रूप से प्राप्त होता है जबकि शेष 49% भाग वायुमंडल से गुजरते समय गैस कणों एवं धूलकणों से बिखरकर बादलों से परावर्तित होकर तथा जलवाष्प द्वारा अवशोषित हो जाता है।
- किसी भी सतह को प्राप्त होने वाली सूर्यातप की मात्रा एवं उसी सतह से परावर्तित की जाने वाली सूर्याताप की मात्रा के बीच का अनुपात **एल्बिडो (Albedo)** कहलाता है।

वायुमंडल का गर्म एवं ठंडा होना

- वायुमंडल निम्न तीन विधियों से गर्म एवं ठंडी होती है-
  - (i) **विकिरण (Radiation) :** किसी भी पदार्थ के ऊष्मा तरंगों के सीधे संचार द्वारा गर्म होने की क्रिया विकिरण कहलाती है। यही एकमात्र ऐसी प्रक्रिया है जिसमें ऊष्मा बिना किसी माध्यम के शून्य से होकर भी यात्रा कर सकती है। पृथ्वी पर आने तथा वापस जाने वाली सूर्यातप की विशाल मात्रा इसी प्रक्रिया का अनुसरण करती है।
  - (ii) **संचालन (Conduction) :** जब असमान तापमान वाली दो वस्तुएँ एक-दूसरे के सम्पर्क में आती है तब अपेक्षाकृत गर्म वस्तु से ठंडी वस्तु में ऊष्मा का स्थानांतरण होता है। ऊष्मा का यह स्थानांतरण तब तक क्रियाशील रहता है जब तक कि दोनों वस्तुओं का तापमान एक समान नहीं हो जाता या दोनों वस्तुओं के बीच का सम्पर्क टूट नहीं जाता। यहाँ यह भी स्मरणीय है कि विभिन्न वस्तुओं में ऊष्मा के आदान-प्रदान की क्षमता में भी विभिन्नता पायी जाती है। एक तरफ जहाँ वस्तुएँ ऊष्मा की अच्छी सुचालक होती हैं वहीं लकड़ी, वायु आदि इसके कुचालक हैं। ऊष्मा के संचालन की यह प्रक्रिया वायुमंडल के निचले भागों में अधिक होती है, जहाँ हवा का धरातल से सीधा सम्पर्क होता है। यद्यपि वायुमंडल में ऊष्मा के स्थानांतरण में संचालन की क्रिया सबसे कम महत्त्वपूर्ण है।
  - (iii) **संवहन (Convection) :** किसी पदार्थ में एक भाग से दूसरे भाग की ओर उसके तत्त्वों के साथ ऊष्मा के संचार की क्रिया संवहन कहलाती है। यह क्रिया केवल तरल तथा गैसीय पदार्थों में ही संभव होती है, क्योंकि इनके बीच स्थित अणुओं का पारस्परिक सम्बन्ध कमजोर होता है।

समताप रेखा

- समान तापमान वाले स्थानों को मिलाने वाली रेखा को समताप रेखा (Isotherms) के नाम से जाना जाता है। समताप रेखाओं के तीन सामान्य लक्षण होते हैं, जो निम्नलिखित हैं-
  - (i) समताप रेखाएँ अधिकतर पूर्व-पश्चिम दिशा में अक्षांश रेखाओं का अनुसरण करती हुई मिलती हैं।
  - (ii) जहाँ स्थल एवं जल की विषमता के कारण तापांतर अधिक पाया जाता है, वहाँ ये अकस्मात् मुड़ जाती हैं।
  - (iii) समताप रेखाओं की परस्पर दूरी से अक्षांशीय ताप-प्रवणता या तापांतर दर की तीव्रता का पता चलता है।

तापांतर (Range of Temperature)

- अधिकतम तथा न्यूनतम तापमान के अंतर को तापांतर (Range of Temperature) कहते हैं। तापांतर दो प्रकार का होता है-
  - (i) **दैनिक तापांतर :** किसी स्थान पर किसी एक दिन के अधिकतम तथा न्यूनतम तापमान अंतर को वहाँ का दैनिक तापांतर कहते हैं। ताप में आये इस अंतर को ताप परिसर कहते हैं।
  - (ii) **वार्षिक तापांतर :** जिस प्रकार दिन तथा रात के तापमान में अंतर होता है, उसी प्रकार ग्रीष्म तथा शीत ऋतु के तापमान में भी अंतर होता है। अत: किसी स्थान के सबसे गर्म तथा सबसे ठंडे महीने के मध्यमान तापमान के अंतर को वार्षिक तापांतर कहते हैं। विश्व में सबसे अधिक वार्षिक तापांतर 65.5°C **बरखोयांस्क** साईबेरिया में स्थित नामक स्थान का है।
- किसी भी स्थान विशेष के औसत तापक्रम तथा उसके अक्षांश के औसत तापक्रम के अंतर को तापीय विसंगति (Temperature Anamoly) कहते हैं। तापीय विसंगति की स्थिति औसत से विचलन की मात्रा एवं दिशा को दर्शाती है। उत्तरी गोलार्द्ध में अधिकतम तापीय विसंगति पायी जाती है, जबकि दक्षिणी गोलार्द्ध में यह न्यूनतम पायी जाती है।
- समान तापीय विसंगति वाले स्थानों को मिलाते हुए मानचित्र पर खींची जाने वाली रेखा को समताप विसंगति रेखा (Isonomals) कहते हैं।
- नगरों के केन्द्रीय व्यावसायिक क्षेत्रों (Central Business Districts or CBD) या चौक क्षेत्रों में वर्ष भर सामान्य रूप से मिलने वाला उच्च तापमान का क्षेत्र ऊष्मा द्वीप के नाम से जाना जाता है। इसके कारण नगर विशेष तथा उसके चारों ओर स्थित ग्रामीण क्षेत्रों में तापीय विसंगति की स्थिति पायी जाती है।

वायुमंडलीय दाब, पवन एवं वायु राशियाँ

- पृथ्वी की एक निश्चित इकाई या क्षेत्रफल पर वायुमंडल की सभी परतों द्वारा पड़ने वाला दबाव, **वायुमंडलीय दाब** (Atmospheric Pressure) कहलाता है। इसे **वायुदाबमापी** (Barometer) से मापा जाता है। वायुमंडलीय दाब को मौसम के पूर्वानुमान के लिए एक महत्त्वपूर्ण सूचक माना जाता है।
- वायुमंडलीय दाब की इकाई **बार (bar)** है। 1 bar = $10^5 N/m^2$ होता है।
- किसी मानचित्र पर समुद्रतल के बराबर घटाये हुए वायुदाब से तुलनात्मक रूप में समान वायुदाब वाले स्थानों को मिलाकर खींची जाने वाली कल्पित रेखा, **समताब रेखा** (Isobar) कहलाती है। वायुदाब को मानचित्र पर समदाब रेखा द्वारा दर्शाया जाता है।
- किन्हीं भी दो समदाब रेखाओं की पारस्परिक दूरियाँ वायुदाब में अंतर की दिशा एवं उसकी दर को दर्शाती है, जिसे **दाब-प्रवणता** (Pressure Gradient) कहते हैं। पास-पास स्थित समदाब रेखाएँ तीव्र दाब-प्रवणता की सूचक होती हैं, जबकि दूर-दूर स्थित समदाब रेखाएँ मंद दाब-प्रवणता की।

वायुदाब पेटियाँ

- पृथ्वी के धरातल पर वायुदाब को वायुदाब पेटियों (Pressure Belts) के आधार पर दर्शाया गया है। पृथ्वी के धरातल पर चार वायुदाब पेटियाँ हैं, जो निम्नलिखित प्रकार से हैं-

1. विषुवत-रेखीय निम्न वायुदाब पेटी (Equatorial Low Pressure Belt)

- इसका विस्तार दोनों गोलार्द्धों में 0° अक्षांश से 5° अक्षांश तक है।
- यहाँ अधिकतम सूर्यातप (Insolation) प्राप्त होता है, अत: वायु गर्म होकर हल्की हो जाती है और ऊपर उठने लगती है। इससे यहाँ निम्न दाब उत्पन्न हो जाता है।

⮑ इस क्षेत्र में वायु लगभग गतिहीन या शांत होती है। अत: इसे शांत कटिबंध (Doldrum) भी कहते हैं।

2. उपोष्ण कटिबंधीय उच्चदाब पेटी (Tropical Subtropical High Pressure Belt)

⮑ इसका विस्तार दोनों गोलार्द्धों मे 30°-35° अक्षांश तक है। अधिक तापमान रहते हुए भी यहाँ उच्च वायुदाब रहता है। इसका कारण पृथ्वी की दैनिक गति एवं वायु में अवकलन एवं अपसरण है।

⮑ भूमध्य रेखा से लगातार हवा उठकर यहाँ एकत्रित हो जाती हैं, साथ ही उपध्रुवीय निम्न वायुदाब पेटी से हवाएँ यहाँ एकत्रित होती हैं। इस कारण यहाँ वायुदाब अधिक होता है।

⮑ इस पेटी को अश्व अक्षांश (Horse Latitude) भी कहते हैं क्योंकि प्राचीनकाल में नाविकों को इस क्षेत्र में उच्च वायुदाब के कारण काफी कठिनाई होती थी। अत: उन्हें जलयानों का बोझ हल्का करने के लिए जलयानों से कुछ घोड़ों को समुद्र में डालना पड़ता था।

3. उपध्रुवीय निम्न दाब पेटी (Sub-Polar Low Pressure Belt)

⮑ इसका विस्तार दोनों गोलार्द्धों में 60°-65° अक्षांश तक है।

⮑ यहाँ तापमान कम होने के बावजूद भी दाब निम्न है क्योंकि पृथ्वी की घूर्णन गति के कारण यहाँ से वायु बाहर की ओर फैलकर स्थानांतरित हो जाती है, अत: वायुदाब कम हो जाता है।

⮑ इसका दूसरा कारण ध्रुवों पर उच्च दाब की उपस्थिति है।

4. ध्रुवीय उच्चदाब पेटी (Polar High Pressure Belt)

⮑ 80° उत्तरी एवं दक्षिणी दोनों ध्रुवों पर अत्यधिक कम तापमान उच्च वायुदाब की पेटियों की उपस्थिति पायी जाती है।

⮑ यह उच्च वायुदाब तापजन्य ही होता है, क्योंकि पृथ्वी की घूर्णन गति का प्रभाव तापमान के बहुत ही कम होने के कारण नगण्य हो जाता है।

⮑ इन क्षेत्रों में न्यूनतम तापमान मिलने के कारण ही ठंडी एवं भारी हवा नीचे उतरती है और ध्रुवीय उच्च वायुदाब की पेटियों का निर्माण करती है। इन पेटियों का विस्तार दोनों ध्रुवों के चारों ओर बहुत कम क्षेत्रफल पर सीमित होता है।

पवन

⮑ पृथ्वी के धरातल पर वायुदाब में क्षैतिज विषमताओं के कारण हवा उच्च वायुदाब के क्षेत्रों से निम्न वायुदाब के क्षेत्रों की ओर संचालित होती है।

⮑ क्षैतिज रूप में गतिशील होने वाली हवा को ही पवन (Wind) कहते हैं।

⮑ वास्तव में वायुदाब की विषमताओं को संतुलित करने की दिशा में पवन प्रकृति का एक स्वाभाविक प्रयास है।

⮑ पवन की दिशा एवं गति को प्रभावति करने वाले प्रमुख कारक इस प्रकार हैं- (i) दाब प्रवणता (ii) पृथ्वी की गुरुत्वाकर्षण शक्ति (iii) कोरिआलिस बल का प्रभाव (iv) अभिकेन्द्रीय त्वरण तथा (v) भूतल से घर्षण एवं उससे उत्पन्न होने वाल गतिरोध।

(i) **प्रचलित पवन :** पृथ्वी के विस्तृत क्षेत्र पर एक ही दिशा में वर्ष भर चलने वाली पवन को प्रचलित या स्थायी पवन (Prevailing or Permanent Wind) कहा जाता है। ये पवन एक वायुभार कटिबंध से दूसरे वायुभार कटिबंध की ओर नियमित रूप से चला करती है। इसके उदाहरण हैं- (a) पछुआ पवन, (b) व्यापारिक पवन, और (c) ध्रुवीय पवन।

(a) **पछुआ पवन :** दोनों गोलार्द्धों में उपोष्ण उच्च वायुदाब कटिबंधों से उपध्रुवीय निम्न वायुदाब कटिबंधों की ओर चलने वाली स्थायी हवाओं को इनकी पश्चिमी दिशा के कारण पछुआ पवन (Westerlies) कहा जता है। उत्तरी गोलार्द्ध में ये दक्षिण-पश्चिम

से उत्तर-पूर्व की ओर तथा दक्षिणी गोलार्द्ध में उत्तर-पश्चिम से दक्षिण-पूर्व की ओर प्रवाहित होती है। पछुआ पवन का सर्वश्रेष्ठ विकास 40° से 65° दक्षिणी अक्षांशों के मध्य पाया जाता है, क्योंकि यहाँ जलराशि के विशाल विस्तार के कारण पवन की गति अपेक्षाकृत तेज तथा दिशा निश्चित होती है। दक्षिणी गोलार्द्ध में इनकी प्रचण्डता के कारण ही 40° से 50° दक्षिणी अंक्षाश के बीच इन्हें **'गरजती चालीसा (Roaring Forties)** 50° दक्षिणी अक्षांश के समीपवर्ती भाग में **'प्रचण्ड पचासा' (Furious Fifties)** तथा दक्षिणी अक्षांश के पास **'चीखती साठा' (Shrieking Sixties)** कहा जाता है।

(b) **व्यापारिक पवन :** लगभग 30° उत्तरी और दक्षिणी अक्षांशों के क्षेत्रों या उपोष्ण उच्च वायुदाब कटिबंधों से भूमध्य रेखीय निम्न वायुदाब कटिबंधों की ओर दोनों गोलार्द्ध में वर्ष भर निरंतर प्रवाहित होने वाले पवन को व्यापारिक पवन (Trade Wind) कहा जाता है। कारिऑलिस बल और फेरल के नियम के कारण व्यापारिक पवन उत्तरी गोलार्द्ध में अपनी दायीं ओर तथा दक्षिणी गोलार्द्ध में अपनी बायीं ओर विक्षेपित हो जाता है।

(c) **ध्रुवीय पवन :** ध्रुवीय उच्च वायुदाब की पेटियों से उपध्रुवीय निम्न वायुदाब की पेटियों की ओर प्रवाहित होने वाले पवनों को ध्रुवीय पवन (Ploar Wind) के नाम से जाना जाता है। इन पवनों की वायु राशि अत्यधिक ठंडी एवं भारी होती है। उत्तरी गोलार्द्ध में इनकी दिशा उत्तर-पूर्व से दक्षिण-पश्चिम की ओर तथा दक्षिणी गोलार्द्ध में दक्षिण-पूर्व से उत्तर-पश्चिम की ओर होती है। कम तापमान के क्षेत्रों से अधिक तापमान वाले क्षेत्रों की ओर प्रवाहित होने के कारण ये पवनें प्रायः शुष्क होती हैं, क्योंकि इनकी जलवाष्प धारण करने की क्षमता कम होती है।

(ii) **सामयिक/मौसमी पवन :** मौसम या समय के साथ जिन पवनों की दिशा में परिवर्तन पाया जाता है, उन्हें सामयिक या कालिक या मौसमी पवन कहा जाता है। पवनों के इस वर्ग में मानसूनी पवनें, स्थल एवं सागर पवन तथा पर्वत एवं घाटी पवन को शामिल किया जाता है।

(iii) **स्थानीय पवन :** स्थानीय धरातलीय बनावट, तापमान एवं वायुदाब की विशिष्ट स्थिति के कारण स्वभावतः प्रचलित पवनों के विपरीत प्रवाहित होने वाली हवाएँ स्थानीय हवाओं के रूप में जानी जाती है। इनका प्रभाव अपेक्षाकृत छोटे क्षेत्रों पर पड़ता है तथा ये क्षोममंडल की सबसे निम्नवर्ती पर्तों में ही सीमित रहती हैं। इन हवाओं की स्वभावगत विशेषताएँ एवं इनके प्रभाव अलग-अलग प्रकार के होते हैं।

कुछ महत्त्वपूर्ण स्थानीय पवनें

स्थानीय पवन	प्रकृति	स्थान का नाम
लू (Loo)	गर्म व शुष्क	उत्तरी भारत-पाकिस्तान
हबूब (Haboob)	गर्म	सूडान
चिनूक (Chinook) या (Snow eater)	गर्म व शुष्क	रॉकी पर्वत
मिस्ट्रल (Mistral)	ठंडी	स्पेन-फ्रांस
हरमटन (Harmattan) (इसे गिनी डॉक्टर भी कहते हैं)	गर्म व शुष्क	पश्चिम अफ्रीका
सिरोको (Sirocco)	गर्म व शुष्क	सहारा मरुस्थल

सिमून (Simoon)	गर्म व शुष्क	अरब मरुस्थल
बोरा (Bora)	ठंडी व शुष्क	इटली, हंगरी
ब्लिजर्ड (Blizzard)	ठंडी	टुण्ड्रा प्रदेश
लेवेन्टर (Levanter)	ठंडी	स्पेन
ब्रिक फील्डर (Brick Fielder)	गर्म व शुष्क	ऑस्ट्रेलिया
फ्राइजेम (Fryjeem)	ठंडी	ब्राजील
पापागयो (Papagayo)	ठंडी व शुष्क	मैक्सिको
खमसिन (Khamsin)	गर्म व शुष्क	मिस्र
सोलानो (Solano)	गर्म व आर्द्रतायुक्त	सहारा
पुनाज (Punas)	ठंडी व शुष्क	एण्डीज पर्वत
पुर्गा (Purga)	ठंडी	साइबेरिया
नॉवेस्टर (Norwester)	गर्म	न्यूजीलैण्ड
सान्ता एना (Santa Ana)	गर्म व शुष्क	कैलीफोर्निया
शामल (Shamal)	गर्म व शुष्क	इराक, ईरान
जोण्डा (Zonda)	गर्म व शुष्क	अर्जेन्टीना
पैम्पेरो (Pampero)	ठंडी	पम्पास मैदान

वायु राशियाँ (Air Masses)

- वायुमंडल का वह विशाल एवं विस्तृत भाग जिसमें तापमान तथा आर्द्रता के भौतिक लक्षण क्षैतिज दिशा में समरूप हों, वायु राशि कहलाता है। सामान्यत: वायु राशियाँ सैकड़ों किलोमीटर तक विस्तृत होती है। एक वायु राशि में कई परतें होती हैं, जो एक-दूसरे के ऊपर क्षैतिज दिशा में फैली होती हैं। प्रत्येक परत में वायु के तापमान तथा आर्द्रता की स्थिति लगभग समान होती है। यह जलवायु तथा मौसम के अध्ययन में महत्त्वपूर्ण भूमिका निभाती है।

वाताग्र (Fronts)

- दो विभिन्न प्रकार की वायु राशियाँ सुगमता से आपस में मिश्रित नहीं होती हैं और तापमान तथा आर्द्रता सम्बन्धी अपना अस्तित्व बनाये रखने के प्रयास करती है। इस प्रकार दो विभिन्न वायु राशियाँ एक सीमातल द्वारा अलग रहती हैं। इस सीमातल को ही वाताग्र कहते हैं। जब गर्म वायु हल्की होने के कारण ठंडी तथा भारी वायु के ऊपर चढ़ जाती है तो उसे उष्ण वाताग्र (Warm Front) तथा जब ठंडी तथा भारी वायु उष्ण तथा हल्की वायु राशि के विरुद्ध आगे बढ़ती है तो इसे शीत वाताग्र (Cold Front) कहते हैं।

आर्द्रता (Humidity)

- वायुमंडल में विद्यमान अदृश्य जलवाष्प की मात्रा ही आर्द्रता कहलाती है। यद्यपि वायुमंडल में जलवाष्प कम ही मात्रा (0 से 4%) में विद्यमान है, फिर भी यह मौसम एवं जलवायु के निर्णायक तत्त्व के रूप में हवा का सबसे महत्त्वपूर्ण घटक है। यह तीन तरह की होती है।
  (i) **निरपेक्ष आर्द्रता (Absolute Humidity) :** वायु के प्रति इकाई आयतन में विद्यमान जलवाष्प की मात्रा को निरपेक्ष आर्द्रता कहा जाता है। इसे अधिकतर ग्राम प्रति घनमीटर (ग्राम/घनमीटर) के रूप में व्यक्त किया जाता है।

(ii) **विशिष्ट आर्द्रता (Specific Humidity) :** हवा के प्रति इकाई भार में जलवाष्प के भार का अनुपात विशिष्ट आर्द्रता कहलाता है। इसे ग्राम प्रति किग्रा. (ग्राम/किग्रा.) की इकाई में मापा जाता है।

(iii) **सापेक्ष आर्द्रता (Relative Humidity) :** एक निश्चित तापमान पर निश्चित आयतन वाली वायु की आर्द्रता सामर्थ्य तथा उसमें विद्यमान वास्तविक आर्द्रता के अनुपात को सापेक्ष आर्द्रता कहते हैं। वायु की सापेक्ष आर्द्रता वाष्पीकरण की मात्रा एवं उसकी दर का भी निर्धारण करती है। अतः यह जलवायु के एक महत्त्वपूर्ण कारक के रूप में जानी जाती है।

सापेक्ष आर्द्रता हवा में विद्यमान जलवाष्प की मात्रा और उसी तापमान पर हवा की जलवाष्प धारण करने की क्षमता दोनों बातों पर निर्भर करती है।

- संतृप्त वायु की सापेक्ष आर्द्रता 100% होती है।

संघनन (Condensation)

- जल के गैसीय अवस्था से तरल या ठोस अवस्था में परिवर्तित होने की प्रक्रिया संघनन कहलाती है। यह वास्तव में वाष्पीकरण की विपरीत क्रिया है। संघनन की क्रिया वायुमंडल में विद्यमान सापेक्ष आर्द्रता पर आधारित होती है। संघनन दो कारकों पर निर्भर करता है- (i) तापमान में कमी तथा (ii) वायु की सापेक्ष आर्द्रता।

ओसांक (Dew Point)

- वायु के जिस तापमान पर जल अपनी गैसीय अवस्था से तरल या ठोस अवस्था में परिवर्तित होता है, उसे ओसांक कहते हैं। ओसांक पर वायु संतृप्त हो जाती है और उसकी सापेक्ष आर्दता 100% होती है।

ओस (Dew)

- हवा में उपस्थित जलवाष्प जब संघनित होकर नन्हीं बूँदों के रूप में धरातल पर स्थित घास की नोकों तथा पौधों की पत्तियों पर जमा होने लगती है तब इसे ओस कहा जाता है। ओस निर्माण के लिए तापमान का हिमांक (0°C) से ऊपर होना आवश्यक होता है।

तुषार/पाला (Frost)

- जब संघनन की क्रिया हिमांक बिन्दु (Freezing Point) से नीचे सम्पन्न होती है तब अतिरिक्त जलवाष्प जलकणों के बजाय हिमकणों में परिवर्तित होकर जमा हो जाती है, जिसे तुषार या पाल कहते हैं। इसके निर्माण के लिए तापमान का हिमांक या उससे नीचे गिरना आवश्यक होता है।

कोहरा (Fog)

- वायुमंडल की निचली परतों में एकत्रित धूलकण, धुएँ के रज संघनित जल-पिण्डों को कोहरा कहते हैं। ओसांक से नीचे वायु का तापमान कम होने पर कोहरे का निर्माण होता है। इसमें दृश्यता एक किमी से कम होती है।

कुहासा/धुंध (Mist)

- हल्के-फुल्के कोहरे को कुहासा या धुंध कहते हैं। इसमें दृश्यता एक किमी से अधिक किन्तु दो किमी से कम होती है।

चक्रवात एवं प्रतिचक्रवात

- अस्थिर एवं परिवर्तनशील हवाओं के वायुमंडलीय भंवर जिनके केन्द्र में निम्न वायुदाब और केन्द्र के बाहर उच्च वायुदाब होता है, चक्रवात (Cyclones) कहलाते हैं।
- चक्रवात के ठीक विपरीत प्रतिचक्रवात (Anticyclones) में निम्न वायुदाब के वृत्ताकार रेखाओं के केन्द्र में उच्च वायुदाब होता है। इस स्थिति में हवाएँ केन्द्र से बाहर की ओर चलती है।

- चक्रवात की दिशा उत्तरी गोलार्द्ध में घड़ी की सूई की विपरीत (Anti-clockwise) होती है तथा दक्षिणी गोलार्द्ध में घड़ी की सूई की दिशा में (Clockwise) होती है।
- प्रतिचक्रवात की दशा चक्रवात के ठीक विपरीत होती है, अर्थात् उत्तरी गोलार्द्ध में घड़ी की सूई के अनुकूल (Clokwise) एवं दक्षिणी गोलार्द्ध में घड़ी की सूई के विपरीत (Anti-clockwise) होती है।
- चक्रवात दो प्रकार के होते हैं- 1. शीतोष्ण कटिबंधीय चक्रवात एवं 2. उष्ण कटिबंधीय चक्रवात।

1. शीतोष्ण कटिबंधीय चक्रवात (Temperate Cyclones)

- ये 30° से 65° अक्षांशों के मध्य उत्पन्न होते हैं। यहाँ पर ध्रुवीय क्षेत्रों से आने वाली शीतल व भारी वायुराशि तथा अयनवर्ती क्षेत्रों से जाने वाली उष्ण वायु राशियों के मिलने से इन चक्रवातों की उत्पत्ति होती है।

2. उष्ण कटिबंधीय चक्रवात (Tropical Cyclone)

- इनका जन्म कर्क रेखा व मकर रेखा के बीच होता है। यहाँ पर अत्यधिक तापमान से निम्न दाब का क्षेत्र उत्पन्न हो जाता है, जिससे इनकी उत्पत्ति होती है।

चक्रवातों के विभिन्न स्थानों पर विभिन्न नाम	
चक्रवात (Cyclone)	हिन्द महासागर
हरीकेन (Hurricane)	कैरिबियन द्वीप समूह
टायफून (Typhoon)	दक्षिणी चीन सागर
विली-विलीज (Willy-Willies)	ऑस्ट्रेलिया
टॉरनेडो (Tornadoes)	तटीय अमेरिका
ट्विस्टर (Twister)	स्थलीय अमेरिका

बादल (Clouds)

- पृथ्वी के धरातल से विभिन्न ऊँचाइयों पर वायुमंडल में मौजूद जलवाष्पों के संघनन से निर्मित जलकण की राशि को बादल (Clouds) कहते हैं।
- धरातल से जल का वाष्पीकरण लगातार होता रहता है। जब जलवाष्प युक्त वायु ऊपर उठती है, तो प्रसरण की प्रक्रिया से वह शीतल होकर संतृप्त हो जाती है। जब तापमान ओसांक (Dew Point) से नीचे पहुँचता है तो संघनन होकर जलवाष्प अत्यंत सूक्ष्म जलकणों में परिवर्तित हो जाती है। यह जलकणों की संघनित संरचना ही बादल के रूप में नजर आती है।
- बादलों की ऊँचाई, आकार आदि के आधार पर इसका निम्न प्रकार से वर्गीकरण किया गया है-
  - (i) ऊँचे मेघ - ऊँचाई धरातल से 6,000 से 12,000 मीटर
  - (ii) मध्यम मेघ - ऊँचाई धरातल से 2,000 से 6,000 मीटर
  - (iii) निचले मेघ - ऊँचाई धरातल से 2,000 मीटर तक
- 1932 में अन्तरराष्ट्रीय ऋतु विज्ञान परिषद् द्वारा प्रस्तुत किया गया बादलों का वर्गीकरण उनके उपर्युक्त सभी आधारों को शामिल करके किया गया है, ये निम्नलिखित है-
  1. **पक्षाभ मेघ (Cirrus Clouds)** : ये बादल आसमान में सबसे अधिक ऊँचाई पर (7,500 से 10,500 मीटर) सफेद रेशम की भाँति छितराये हुए कोमल एवं घने रूप में स्थित होते हैं। इनमें छोटे-छोटे हिमकणों की उपस्थिति पायी जाती है जिनके कारण चन्द्रमा तथा सूर्य की किरणें चमकती हैं। चूँकि ये अत्यधिक ऊँचाई पर स्थित ठंडे बादल हैं, अत: इनसे **वर्षा नहीं होती है।**

2. **पक्षाभ स्तरी मेघ (Cirro-Stratus Clouds)** : प्रायः 7,500 मीटर की ऊँचाई तक मिलने वाले ये बादल एक चादर की भाँति सम्पूर्ण आकाश में फैले हुए होते हैं। इनका रंग सफेद दूधिया होता है और इनके कारण सूर्य तथा चन्द्रमा के चारों ओर प्रभामंडल (Halo) का निर्माण हो जाता है। **ये प्रभामंडल निकट भविष्य में चक्रवात के आगमन के सूचक होते हैं।**

3. **पक्षाभ कपासी मेघ (Cirro-Cumulus Clouds)** : इनकी ऊँचाई भी सामान्यतः 7,500 मीटर तक पायी जाती है। किन्तु ये बादल सफेद रंग के छोटे-छोटे गोलों की भाँति या लहरदार पाये जाते हैं। **ये बादल पंक्तियों अथवा समूहों में मिलते हैं।**

4. **उच्चस्तरी मेघ (Alto-Stratus Clouds)** : ऊपरी वायुमंडल में 5,400 से 7,500 मीटर की ऊँचाई पर स्थित भूरे तथा नीले रंग के लगातार चादर की भाँति फैले हुए छोटे स्तरों वाले बादल को उच्चस्तरी मेघ कहते हैं। सामान्यतया इनके आसमान में छाये रहने पर सूर्य एवं चन्द्रमा का प्रकाश धुंधला एवं अस्पष्ट दिखाई देता है। इनसे **विस्तृत क्षेत्रों** पर लगातार वर्षा होती है।

5. **उच्च कपासी मेघ (Alto-Cumulus Clouds)** : श्वेत एवं भूरे रंग के पतले गोलाकार धब्बों की तरह दिखाई पड़ने वाले तथा 3,000 से 7,500 मीटर की ऊँचाई तक स्थित बादलों को उच्च कपासी बादल की संज्ञा दी जाती है। **ये सम्पूर्ण आसमान में महीन चादर के रूप में बिखरे दिखाई देते हैं।**

6. **स्तरी कपासी मेघ (Strato-Cumulus Clouds)** : ये हल्के भूरे रंग के गोलाकार धब्बों के रूप में मिलने वाले बादल होते हैं, जो साधारण रूप में 2,500 से 3,000 मीटर की ऊँचाई तक पाये जाते हैं। **इनका आकार एक परत की भाँति होता है तथा जाड़े के मौसम में ये सम्पूर्ण आसमान को आवृत कर लेते हैं।**

7. **स्तरी मेघ (Stratus Clouds)** : ये धरातल से 2,500 से 3,000 मीटर की ऊँचाई पर स्थित कुहरे के समान बादल हैं, जिनमें कई परतें पायी जाती है। **इनकी संरचना सर्वत्र एक समान रहती है तथा ये आकाश में पूरी तरह से छाये रहते हैं।** इनका निर्माण दो विपरीत स्वभाव वाली हवाओं के मिलने से शीत ऋतु में प्रायः शीतोष्ण कटिबंधीय क्षेत्रों में होता है।

8. **वर्षा स्तरी मेघ (Nimbo-Stratus Clouds)** : धरातल से 1,600 मीटर की ऊँचाई तक घने एवं काले पिण्ड के समान विस्तृत बादल इस श्रेणी में आते हैं। इनकी अधिक सघनता के कारण सूर्य का प्रकाश धरती तक नहीं पहुँच पाता, अतः इनके छा जाने पर अंधकार-सा छा जाता है। इनके कारण वायुमंडल नम हो जाता है तथा शीघ्र वर्षा होती है।

9. **कपासी मेघ (Cumulus Clouds)** : सामान्यतया इनकी ऊँचाई 1,000 से 3,000 मीटर तक मिलती है। इनका आकार गुंबदाकार गोभी की भाँति होता है, लेकिन आधार क्षेत्र समतल पाया जाता है। **ये प्रायः साफ मौसम की सूचना देते हैं।**

10. **कपासी वर्षा मेघ (Cumulo-Nimbus Clouds)** : ये अत्यधिक गहरे काले रंग वाले सघन एवं भारी बादल हैं। ये नीचे से ऊपर की ओर विशाल मीनार की भाँति उठे रहते हैं और इनका विस्तार काफी बड़े क्षेत्र पर होता है। इनका विस्तार ऊँचाई में भी काफी अधिक (7,500 मीटर) पाया जाता है। **इन बादलों से भारी वर्षा, ओला, तड़ित झंझा आदि आते हैं।**

वर्षण (Precipitation)

⇨ मेघों के भीतर तीव्र गति से संघनन होकर जलकणों का पृथ्वी पर बरसना वर्षण या वर्षा (Precipitation) कहलाता है।

- उत्पत्ति के अनुसार या वर्षण में सहयोग करने वाली दशाओं के आधार पर वर्षा को तीन प्रकारों में वर्गीकृत किया जाता है-
    1. **संवहनीय वर्षा (Convectional Rainfall)** : संवहनीय वर्षा का सबसे प्रमुख कारण गर्म एवं आर्द्र हवाओं का संवहन धाराओं के रूप में ऊपर उठना है। इस प्रकार की वर्षा अधिकतर जलवृष्टि (Rainfall) के रूप में ही होती है। विषुवतरेखीय प्रदेशों अथवा शांत पेटी (Doldrums) में वर्षा संवहनीय प्रकार की ही होती है। चूँकि इन क्षेत्रों में वर्ष भर उच्च तापमान रहता है। अतएव यहाँ वर्षा भी साल भर लगातार होती रहती है।
    2. **पर्वतीय वर्षा (Orographic Rainfall)** : जब उष्ण व आर्द्र पवनों के मार्ग में कोई पर्वत आता है, तो ये पवनें उससे टकराकर ढाल के सहारे ऊपर उठकर ठंडी होती हैं एवं अपनी नमी को वर्षा के रूप में गिरा देती है। यह वर्षा पवनाभिमुख (Windward) ढालों पर होती है। प्रतिपवन ढाल (Leeward Side) पर वर्षा नहीं होती और यह वृष्टिछाया प्रदेश (Rain Shadow Region) कहलाता है। भारत में इसका सर्वोत्तम उदाहरण पश्चिमी घाट पर्वतीय क्षेत्र में स्थित महाबलेश्वर (वर्षा 600 से.मी.) तथा पुणे (वर्षा 70 से.मी.) है, जो एक-दूसरे से मात्र कुछ किलोमीटर की दूरी पर ही स्थित हैं, किन्तु पुणे की स्थिति वृष्टिछाया प्रदेश (Rain Shadow Region) में पड़ती है जबकि महाबलेश्वर की पवनाभिमुख (Windward) ढाल पर पड़ती है।
    3. **चक्रवातीय/वाताग्री वर्षा (Cyclonic Rainfall)** : धरातल पर चक्रवातों के कारण प्राप्त होने वाली वर्षा चक्रवातीय वर्षा के नाम से जानी जाती है। इस प्रकार की वर्षा तथा हिमवृष्टि विशेषकर शीतोष्ण कटिबंधीय चक्रवातीय क्षेत्रों में होती है। यहाँ गर्म एवं शीतल वायुराशियों के टकराने से भीषण तूफानी दशाएँ उत्पन्न हो जाती हैं और गर्म वायुराशि, ठंडी वायुराशि के ऊपर चढ़ जाने से संघनित होकर वर्षा करती है। ऐसी स्थितियाँ प्राय: वाताग्री क्षेत्रों में ही उत्पन्न होती है।

8. जलमंडल

- जलमंडल (Hydrosphere) से तात्पर्य पृथ्वी पर उपस्थित समस्त जलराशि से है।
- पृथ्वी की सतह के 71% भाग पर जल उपस्थित है।
- उत्तरी गोलार्द्ध में जलमंडल तथा स्थलमंडल लगभग बराबर है, परन्तु दक्षिणी गोलार्द्ध में जलमंडल, स्थलमंडल से 15 गुना अधिक है।
- महासागर चार हैं, जिनमें प्रशांत महासागर सबसे बड़ा है। बाकी तीन इस प्रकार हैं (आकार की दृष्टि से)- आंध/अटलाण्टिक महासागर, हिन्द महासागर और आर्कटिक महासागर।
- महासागरों की **औसत गहराई 4,000 मीटर** है।

महासागरीय धरातल

- महासागरीय धरातल (Ocean Floar) समतल नहीं है। महासागरीय धरातल को निम्नलिखित भागों में विभक्त किया जा सकता है-

महाद्वीपीय मग्नतट (Continental Shelf)

- यह महासागर तट से समुद्री सतह की ओर अल्प ढाल वाला जलमग्न धरातल होता है।
- **सामान्यत: इसकी गहराई 100 फैदम** (Fathom) तक होती है। (1 फैदम = 1.8 मीटर)।
- जिन तटों पर पर्वत समुद्री तट के साथ फैले रहते हैं, वहाँ मग्नतट संकरा (Narrow) होता है।
- विश्व में तेल व गैस का कुल 20% भाग यहाँ पाया जाता है।

- मग्नतट समुद्री जीव-जन्तुओं से समृद्धतम स्थल है। मछली और समुद्री खाद्य प्राप्त करने में इनकी अति महत्त्वपूर्ण भूमिका होती है।

महाद्वीपीय ढाल (Continental Slope)

- महाद्वीपीय मग्नतट की समाप्ति पर महाद्वीपीय ढाल आरंभ होती है।
- महाद्वीपीय मग्नतट और महाद्वीपीय ढाल के बीच की सीमा **एण्डेसाइट रेखा (Andesite Line)** कहलाती है, क्योंकि यहाँ एण्डेसाइट चट्टानें मिलती है।
- यह 2000 फैदम की गहराई तक होती है।

महाद्वीपीय उत्थान (Continental Rise)

- महाद्वीपीय ढाल की समाप्ति पर महासागरीय धरातल कुछ ऊपर को उठा हुआ मिलता है।
- अवशिष्ट पदार्थों के जमा होने के कारण महाद्वीपीय उत्थान बनते हैं।
- यहाँ गैस एवं तेल का शेष 80% भाग पाया जाता है।

अंतः सागरीय कटक (Ridges)

- ये कुछ सौ किमी चौड़ी व हजारों किमी लंबी अंतः सागरीय पर्वतमालएँ हैं।
- ये कटक अलग-अलग आकारों के होते हैं, जैसे- **अटलाण्टिक कटक S-आकार का** एवं **हिन्द महासागर कटक उल्टे Y-आकार का** है।
- जो कटक 1000 मीटर से ऊँचे होते हैं, वे वितलीय पहाड़ी या समुद्र टीला (Sea Mount) कहलाते हैं।
- ऐसे पहाड़ जिनकी चोटियाँ समतल होती हैं, **निमग्न द्वीप** (Guyot) कहलाते हैं। इनका उद्‌भव ज्वालामुखी क्रियाओं से हुआ है और कुछ वितलीय पहाड़ समुद्र के ऊपर तक पहुँचकर द्वीपों का निर्माण करते हैं (हवाई द्वीपों का निर्माण ऐसे ही हुआ है)।

अंतः सागरीय गर्त (Trenches)

- ये महासागर के सबसे गहरे भाग होते हैं। इनकी औसत गहराई 5,500 मीटर होती है।
- गर्त लंबा, संकरा व तीव्र पार्श्व वाला सागरीय तल में हुआ अवनमन (Depression) है।
- प्रशांत महासागर में सबसे ज्यादा गर्त पाये जाते हैं। प्रशांत महासागर में ही विश्व की सबसे गहरी गर्त (11,033 मीटर अथवा 11 किमी.) **मेरियाना गर्त** (Mariana Trench) है जो फिलीपीन्स के पास स्थित है। इसे **चैलेंजर गर्त** भी कहते हैं।
- प्लेट विवर्तनिकी (Plate Tectonics) सिद्धान्त के अनुसार महासागरीय गर्त, प्लेट अभिसरण क्षेत्र में महासागरीय प्लेट के क्षेपण के जोन को चिह्नित करते हैं। ऐसे क्षेत्र पर्वत निर्माण और ज्वालामुखी गतिविधियों से सम्बन्धित होते हैं। इसलिए अधिकांश महासागरीय गर्त द्वीप समूहों के तट के सहारे वलित पर्वत श्रृंखलाओं के आसपास तथा इनके समानांतर पाये जाते हैं।

लवणता (Salinity)

- महासागरीय जल के भार व घुले लवणीय पदार्थों के भार के अनुपात को महासागरीय लवणता (Salinity) कहा जाता है। लवणता को प्रति हजार में व्यक्त करते हैं।
- महासागरीय जल की औसत लवणता 35 प्रति हजार होती है।
- लवणता के कारण ही महासागरीय जल का हिमांक बिन्दु (Freezing Point) तथा उसका क्वथनांक बिन्दु (Boiling Point) सामान्य जल की अपेक्षा अधिक पाये जाते हैं।
- सागरीय जल में लवणता की मात्रा अधिक होने पर उसका वाष्पीकरण भी धीमी गति से सम्पन्न होता है एवं उसका घनत्व बढ़ जाता है।
- महासागरीय जल में मिलने वाली लवणता का **सबसे प्रमुख स्रोत** पृथ्वी है।

- आगरीय लवणता के संघटकों में क्लोरीन (Cl) सबसे ज्यादा मिलने वाला तत्त्व है। इसकी मात्रा सबसे ज्यादा है।
- भूमध्य रेखा के निकट अपेक्षाकृत कम लवणता पायी जाती है, क्योंकि यहाँ पर लगभग प्रतिदिन वर्षा हो जाती है। कर्क एवं मकर रेखा के क्षेत्र में लवणता सबसे ज्यादा होती है। ध्रुवों पर लवणता सबसे कम होती है।
- सबसे ज्यादा लवणता वॉन झील (टर्की)–330%, मृतसागर (इजरायल, जार्डन)–240%, साल्ट लेक (अमेरिका)–220% तक पायी जाती है।
- सागरों में सबसे ज्यादा लवणता लाल सागर में पायी जाती है।
- लवणला की वजह से जल का ऊर्ध्वाधर संचरण होता है।

सागरीय जल में मिलने वाले प्रमुख खनिजों की मात्रा		
सागरीय जल में घुले लवण	(प्रति 1000 गाम इकाई में) मात्रा	प्रतिशत
सोडियम क्लोराइड (NaCl)	27.213	77.8
मैग्नेशियम क्लोराइड (MgCl)	3.807	10.9
मैग्नेशियम सल्फेट (MgSO$_4$)	1.658	4.7
कैल्शियम सल्फेट (CaSO$_4$)	1.260	3.6
पोटैशियम सल्फेट (KSO$_4$)	0.863	2.5
कैल्शियम कार्बोनेट (CaCO$_3$)	0.123	0.3
मैग्नेशियम ब्रोमाइड (Mg)	0.076	0.2

तापमान (Temperature)

- धरातल पर विद्यमान सम्पूर्ण जल का 97% भाग महासागरीय जल के रूप में है। इस जल के दो सबसे महत्त्वपूर्ण गुण हैं– तापमान एवं लवणता।
- महासागरीय जल के तापमान का वास्तविक स्रोत है सूर्य, जिससे प्राप्त होने वाली सूर्यातप (Insolation) की मात्रा का महासागरीय जल द्वारा अवशोषण कर लिया जाता है।
- महासागरीय भागों में भूमध्य रेखा के समीपवर्ती क्षेत्रों में वर्ष भर उच्च तापमान की दशा मिलती है, जबकि ध्रुवों की ओर जाने पर तापमान क्रमश: घटता जाता है।
- भूमध्य रेखा पर औसत वार्षिक तापमान 26° सेंटीग्रेड पाया जाता है। 20° अक्षांशों पर तापमान घटकर 23° सेंटीग्रेड, 40° अक्षांशों पर 14° सेंटीग्रेड तथा 60° अक्षांशों पर 1° सेंटीग्रेड हो जाता है।
- महासागरीय जल की तापरेखा, 0° सेंटीग्रेड की ध्रुवों के चारों ओर टेढ़ा-मेढ़ा वृत्त बनाती हुई दर्शायी जाती है।
- महासागरीय भागों में सर्वाधिक तापमान उष्णकटिबंधीय सागरों में अंकित किया जाता है। ग्रीष्मकाल में लाल सागर सतह के जल का औसत तापमान 30° सेंटीग्रेड तक मापा गया है।
- प्रचलित पवनों एवं महासागरीय जलधाराओं के कारण महासागरीय भागों की समताप रेखाएँ अक्षांश रेखाओं के समानांतर न होकर विक्षेपित रूप में खींची जाती है।
- उष्णकटिबंधीय भागों में व्यापारिक पवनों के कारण महासागरों के पूर्वी भाग का तापमान उनके पश्चिमी भाग के तापमान की अपेक्षा कम पाया जाता है।
- समशीतोष्ण कटिबंधीय क्षेत्रों में पछुआ पवनों के प्रभाव से महासागरों के पूर्वी भाग का तापमान पश्चिमी भागों की अपेक्षा अधिक रहता है।

- सूर्यातप (Insolation) की प्राप्ति महासागरों की सतह वाले जल द्वारा ही की जाती है, इसलिए गहराई के साथ-साथ तापमान में कमी आती है। इसका कारण अधिक गहराई तक सूर्य की किरणों का प्रवेश न कर पाना भी है।

तरंगें (लहरें) (Waves)

- सागर में लहरें (Waves) पवनों द्वारा सागर की सतह को ऊर्जा हस्तांतरण के फलस्वरूप उत्पन्न होती हैं।
- तरंगों के माध्यम से जल आगे गतिमान नहीं होता है।
- तरंगें जब उथले जल में प्रवेश करती हैं, तो वे खंडित हो जाती हैं। उनकी ऊपरी सतह जब आगे की ओर गतिमान होती है, तभी जल आगे की ओर गति करता है।

ज्वार-भाटा (Tides)

- चन्द्रमा एवं सूर्य की आकर्षण शक्तियों के कारण सागरीय जल के ऊपर उठने तथा गिरने को ज्वार-भाटा (Tides) कहते हैं। सागरीय जल के ऊपर उठकर आगे बढ़ने को ज्वार (Tide) तथा सागरीय जल का नीचे गिरकर पीछे लौटने (सागरे की ओर) को भाटा (Ebb) कहते हैं।
- चन्द्रमा का ज्वार उत्पादक बल सूर्य की अपेक्षा दुगुना होता है, क्योंकि यह सूर्य की तुलना में पृथ्वी के अधिक निकट है।
- अमावस्या और पूर्णिमा के दिन चन्द्रमा, सूर्य एवं पृथ्वी एक सीध में होते हैं। अत: इस दिन उच्च ज्वार उत्पन्न होता है।
- पृथ्वी पर प्रत्येक स्थान पर प्रतिदिन 12 घंटे 12 मिनट के बाद ज्वार तथा ज्वार के 6 घंटा 13 मिनट बाद भाटा आता है।
- ज्वार प्रतिदिन दो बार आते हैं- एक बार **चन्द्रमा के आकर्षण** से दूसरी बार **पृथ्वी के अपकेन्द्रीय बल (Centrifugal Force)** के कारण।
- सामान्यत: ज्वार प्रतिदिन दो बार आता है, किन्तु इंग्लैंड के दक्षिणी तट पर स्थित साउथैम्पटन में ज्वार प्रतिदिन चार बार आते हैं। यहाँ दो बार ज्वार इंगलिश चैनल से होकर और दो बार उत्तरी सागर से होकर विभिन्न अंतरालों पर पहुँचते हैं।
- महासागरीय जल की सतह का औसत दैनिक तापांतर नगण्य होता है। (लगभग 1°C)।
- महासागरीय जल का उच्चतम वार्षिक तापक्रम अगस्त में एवं न्यूनतम वार्षिक तापक्रम फरवरी में अंकित किया जाता है।

महासागरीय धाराएँ

- जलराशि में एक सुनिश्चित दिशा में दीर्घ दूरी तक सामान्य गति को **महासागरीय धारा (Current)** कहते है।
- धाराएँ दो तरह की होती हैं- गर्म एवं ठंडी। जो धाराएँ भूमध्य रेखा से ध्रुवों की ओर (निम्न अक्षांशों से उच्च अक्षांशों की ओर) गति करती हैं, वे **गर्म** होती हैं। जो धाराएँ ध्रुवों से भूमध्य रेखा की ओर (उच्च अक्षांशों से निम्न अक्षांशों की ओर) आती है, वे **ठंडी** होती है।
- उत्तरी गोलार्द्ध में धाराएँ दायीं ओर और दक्षिणी गोलार्द्ध में बायीं ओर प्रवाहित होती है।
- धाराएँ जिस ओर बहती हैं, उसी के नाम से उन्हें सम्बोधित किया जाता है। जैसे- पेरू की ओर बहने वाली ठंडी जलधारा का नाम पेरू जलधारा रखा गया है।
- धाराओं की उत्पत्ति में निम्न कारकों को उत्तरदायी माना गया है- (i) लवणता (ii) घनत्व का अंतर (iii) तापमान की भिन्नता (iv) पृथ्वी की घूर्णन गति (v) वायुदाब एवं पवनें।

महासागरों की जलधाराएँ : एक नजर में			
नाम	प्रकृति	नाम	प्रकृति
अटलाण्टिक महासागर की धाराएँ			
उत्तरी विषुवतरेखीय जलधारा	उष्ण अथवा गर्म	पूर्वी ग्रीनलैंड धारा	ठंडी
दक्षिणी विषुवतरेखीय जलधारा	उष्ण	कनेरी की धारा	ठंडी
फ्लोरिडा की धारा	उष्ण	ब्राजील की जलधारा	उष्ण
गल्फ स्ट्रीम या खाड़ी की धारा	उष्ण	बेंगुएला की धारा	ठंडी
नार्वे की जलधारा	उष्ण	अण्टार्कटिक प्रवाह	ठंडी
लेब्रोडोर की धारा	ठंडी	विपरीत विषुवतरेखीय जलधारा	उष्ण
प्रशान्त महासागर की धाराएँ			
उत्तरी विषुवतरेखीय जलधारा	उष्ण अथवा गर्म	कैलीफोर्निया की धारा	ठंडी
क्यूरोशियो की जलधारा	गर्म	दक्षिणी विषुवत रेखीय जलधारा	गर्म
उत्तरी प्रशान्त प्रवाह	गर्म	पूर्वी ऑस्ट्रेलिया धारा (न्यू साउथवेल्स धारा)	गर्म
अलास्का की धारा	गर्म	हम्बोल्ट अथवा पेरूविनय धारा	ठंडी
सुशीमा (Tsushima) धारा	गर्म		
क्यूराइल जलधारा (आयोशियो धारा)	ठंडी	विपरीत विषुवतरेखीय जलधारा	गर्म
हिन्द महासागर की धाराएँ			
दक्षिणी विषुवतरेखीय जलधारा	गर्म एवं स्थायी	पश्चिमी ऑस्ट्रेलिया की धारा	ठंडी एवं स्थायी
मोजाम्बिक धारा	गर्म एवं स्थायी	ग्रीष्मकालीन मानसून प्रवाह	गर्म व परिवर्तनशील
अगुलहास धारा	गर्म एवं स्थायी	शीतकालीन मानसून प्रवाह	ठंडी एवं परिवर्तनशील

अटलाण्टिक महासागर की धाराएँ

➪ उत्तरी विषुवतरेखीय जलधारा वेस्टइंडीज द्वीप समूह के किनारे से उत्तर की ओर प्रवाहित होता है। उत्तरी अमेरिका के फ्लोरिडा प्रांत के पास इसका नाम 'फ्लोरिडा की धारा' पड़ जाता है।

➪ फ्लोरिडा की धारा को हटेरस अंतरीप (Cape Hatterus) से न्यू फाउंडलैण्ड के समीप स्थित ग्रैंड बैंक (Grand Bank) तक गल्फस्ट्रीम कहते हैं।

➪ ग्रैंड बैंक से गल्फस्ट्रीम पछुवा पवनों के प्रभाव में आकर पूर्व का रुख कर लेती है, जहाँ से यह अटलाण्टिक के आर-पार उत्तरी अटलाण्टिक धारा के नाम से पूर्व की ओर बहती है। पूर्वी भाग में यह धारा नार्वे धारा व कनेरी धारा में बँट जाती है। नार्वे धारा नार्वे तट से

आर्कटिक महासागर में प्रवेश कर जाती है, जबकि कनेरी धारा स्पेन के सहारे दक्षिण की ओर प्रवाहित होती है। यह पश्चिमी अफ्रीकी तट पर विपरीत विषुवतरेखीय जलधारा या गिनी धारा के नाम से जानी जाती है।

- ग्रीनलैंड व लेब्रोडोर धाराएँ आर्कटिक महासागर से आकर न्यूफाउंडलैंड के निकट गर्म गल्फस्ट्रीम धारा से मिलती है, जिसके कारण यहाँ मछली पकड़ने का एक महत्त्वपूर्ण केन्द्र विकसित हो गया है।
- दक्षिणी अटलांटिक महासागर में प्रमुख जलधाराएँ हैं- ब्राजील, फॉकलैंड एवं बेंगुएला जलधाराएँ।

प्रशांत महासागर की धाराएँ

- उत्तरी विषुवतरेखीय जलधारा मेक्सिको तट से फिलीपाइन तट तक जाती है। इस धारा की एक शाखा उत्तर से मुड़कर क्यूरोशियो धारा कहलाती है, जबकि दक्षिणी शाखा पूर्व की ओर मुड़कर विपरीत विषुवतरेखीय जलधारा का निर्माण करती है।
- गर्म क्यूरोशियो जलधारा जब जापान द्वीप समूह के पास पहुँचती है, तब उसमें ठंडी क्यूराइल एवं ओखोत्सक धाराएँ मिल जाती है। इससे इस क्षेत्र में विश्व का सबसे महत्त्वपूर्ण मछली पकड़ने का क्षेत्र विकसित हो गया है।
- क्यूरोशियो धारा पछुआ पवनों के प्रभाव में पश्चिम से पूर्व की ओर गति करती है, तब इसे उत्तरी प्रशांत प्रवाह के नाम से जाना जाता है। उत्तरी अमेरिका तट पर यह दो भागों में विभाजित हो जाती है- गर्म अलास्का की धारा तथा ठंडी कैलिफोर्निया की धारा।
- दक्षिणी प्रशांत में पूर्वी ऑस्ट्रेलिया (ऑस्ट्रेलिया के पूर्वी तट पर) व हम्बोल्ट अथवा पेरूवियन धाराएँ (दक्षिण अमेरिका के दक्षिणी-पश्चिमी तट पर) उल्लेखनीय हैं।

हिन्द महासागर की धाराएँ

- हिन्द महासागर में धाराओं के प्रवाह की प्रवृत्ति प्रशांत महासागर व अटलांटिक महासागर से भिन्न है। इसका कारण यह है कि हिन्द महासागर के उत्तर की ओर स्थल भूमि है जिसके कारण हिन्द महासागर में धाराओं की प्रवृत्ति परिवर्तित होती है। हिन्द महासागर के उत्तरी क्षेत्र में ग्रीष्म व शीत ऋतु में धाराओं की दिशा भिन्न-भिन्न होती है। हालाँकि हिन्द महासागर के दक्षिणी क्षेत्र में ऋतु परिवर्तनों का धाराओं की दिशाओं पर प्रभाव नहीं दिखता है।
- ग्रीष्म ऋतु में मानसून के आने (Coming of Monsoon) एवं शीतऋतु में मानसून के लौटने (Retreating of Monsoon) के कारण ऐसा होता है। शीत ऋतु में लौटता हुआ मानसून अपने साथ उत्तरी हिन्द महासागर की धाराओं को घड़ी की सूइयों के प्रतिकूल (Anticlockwise) बना देता है।
- दक्षिणी हिन्द महासागर में मोजाम्बिक धारा, अगुलहास धारा व पश्चिमी ऑस्ट्रेलिया की धारा उल्लेखनीय है।

विश्व के प्रमुख सागरः एक नजर में

क्र.	नाम	क्षेत्रफल (वर्ग किमी. में)	गहराई (मीटर में)
1.	दक्षिण चीन सागर	29,74,600	1200
2.	कैरीबियन सागर	27,53,000	2,400
3.	भूमध्य सागर	25,03,000	1,485
4.	बेरिंग सागर	22,68,180	1,400
5.	पूर्व चीन सागर	12,49,150	188
6.	अंडमान सागर	7,97,720	865

7.	ओखोटस्क सागर	15,27,570	840
8.	काला सागर	4,61,980	1,100
9.	बाल्टिक सागर	4,22,160	55
10.	लाल सागर	4,37,700	400
11.	उत्तरी सागर	5,75,300	90
12.	आयरिश सागर	88,550	60
13.	जापान सागर	10,07,500	1,370

9. विश्व के महाद्वीप

- समुद्रतल से ऊपर उठे हुए पृथ्वी के विशाल भूखंडों को महाद्वीप कहते हैं।
- सम्पूर्ण पृथ्वी का स्थल क्षेत्र सात महाद्वीपों में बँटा है- 1. एशिया, 2. यूरोप, 3. उत्तरी अमेरिका, 4. दक्षिणी अमेरिका, 5. अफ्रीका, 6. ऑस्ट्रेलिया, 7 अंटार्कटिका।
- क्षेत्रफल के हिसाब से महाद्वीपों का क्रम है- एशिया, अफ्रीका, उत्तरी अमेरिका, दक्षिणी अमेरिका, अंटार्कटिका, यूरोप और ऑस्ट्रेलिया (ओशेनिया)।
- एशिया और यूरोप को मिलाकर यूरेशिया कहते हैं। यह एक महान भू-भाग है।
- अफ्रीका और दक्षिण अमेरिका विषुवत् रेखा के दोनों ओर फैले हुए हैं।
- एशिया, यूरोप और उत्तरी अमेरिका उत्तरी गोलार्द्ध में हैं। ऑस्ट्रेलिया और अंटार्कटिका सर्वथा दक्षिण गोलार्द्ध में हैं।
- अंटार्कटिका अथवा दक्षिणी ध्रुव महाद्वीप लगभग 4000 मीटर मोटी बर्फ की पर्त के नीचे है।

महाद्वीपों की उत्पत्ति

- महाद्वीपों की उत्पत्ति के जानकारी के लिए महाद्वीपीय विस्थापन संकल्पना (Continental Drift Theory) प्रतिपादित की गयी। इस संकल्पना/सिद्धांत का प्रतिपादन ए. वेगनर (A. Wagener) ने किया था।
- इस संकल्पना के अनुसार ऐसा माना जाता है कि पूर्व में सभी महाद्वीप एक थे, जिसे पैंजिया (Pangaea) कहा गया।
- पैंजिया एक बड़े सागर पैंथालासिया (Panthalasia) से घिरा था।
- कालांतर में पैंजिया दो हिस्सों में टूट गया- उत्तरी लॉरेशिया (Northern Laurasia) एवं दक्षिण गोंडवाना लैंड (Southern Gondwana Land)।

  इसके बाद धीरे-धीरे महाद्वीप टूटने व एक-दूसरे से विस्थापित होने लगे।
- भारत शुरुआत में गोंडवाना लैंड का हिस्सा था।
- वैज्ञानिकों के अनुसार विस्थापन अभी भी जारी है। माउंट एवरेस्ट की बढ़ती ऊँचाई इस बात का उदाहरण है।

एशिया

- एशिया शब्द की उत्पत्ति हिब्रू भाषा के 'आसु' (ASU) से हुई है, जिसका अर्थ है- उदित सूर्य।
- एशिया उत्तर में आर्कटिक सागर (ध्रुव सागर), दक्षिण में हिन्द महासागर, पूर्व में प्रशांत महासागर तथा पश्चिम में यूराल पर्वत से घिरा है।

- एशिया पूर्वी गोलार्द्ध में भूमध्य रेखा से उत्तरी ध्रुव तक स्थित है। यह 10 डिग्री से 80.41 डिग्री उत्तरी अक्षांश तथा 26.04 डिग्री पूर्व से 169.50 डिग्री पूर्व देशांतर रेखाओं के बीच स्थित है।
- एशिया विश्व का सर्वाधिक क्षेत्रफल वाला महाद्वीप है। यह पृथ्वी के स्थल भाग के 30% क्षेत्र को घेरे हुए है। इसमें 45 देश स्थित है।
- एशिया महाद्वीप सर्वाधिक जनसंख्या वाला महाद्वीप है। यहाँ विश्व की लगभग 60% जनसंख्या निवास करती है।
- एशिया में विश्व का सबसे ऊँचा पर्वत शिखर एवरेस्ट (8848 मीटर) हिमालय पर्वत श्रेणियों में (नेपाल में) स्थित है।
- एशिया में विश्व का सबसे ऊँचा पठार 'पामीर' है जिसकी औसत ऊँचाई 5,000 मीटर है। इसी कारण पामीर को **विश्व की छत (Roof of the World)** कहते हैं।
- एशिया के प्रमुख द्वीप हैं- जापान द्वीप समूह, ताइवान, फिलीपीन्स, इंडोनेशिया, सिंगापुर, मालदीव, श्रीलंका, साइप्रस, अंडमान और निकोबार द्वीप समूह तथा लक्षद्वीप।
- एशिया के दक्षिण-पूर्व में स्थित प्रमुख द्वीप हैं- जावा, सुमात्रा, बोर्नियो तथा सेलेबिज। इनमें सर्वाधिक घने रूप में बसा हुआ द्वीप जावा है।
- एशिया में तीन प्रमुख प्रायद्वीप हैं- 1. अरब का प्रायद्वीप 2. दक्कन का प्रायद्वीप 3. इंडोचीन का प्रायद्वीप। इनमें अरब का प्रायद्वीप विश्व का सबसे बड़ा प्रायद्वीप है, जिसका क्षेत्रफल 32,50,000 वर्ग किमी है।
- एशिया महाद्वीप की प्रमुख खाड़ियाँ हैं- बंगाल की खाड़ी, खंभात की खाड़ी, कच्छ की खाड़ी, फारस की खाड़ी, टोगकिंग की खाड़ी एवं एडन की खाड़ी।
- एशिया के प्रमुख सागर हैं- बेरिंग सागर, जापान सागर, ओखोट्स्क सागर, लाल सागर, कैस्पियन सागर, काला सागर, पूर्वी चीन सागर, दक्षिणी चीन सागर, सुण्डा सागर तथा मारमारा सागर।
- एशिया महाद्वीप की प्रमुख बंदरगाह हैं- कोलकाता, मुंबई, चेन्नई, जकार्ता, कराची, मनीला, बैंकाक, हांगकांग, सिंगापुर, यंगून, याकोहामा, पोर्ट आर्थर, सैगोन, कोलंबो, बसरा, शंघाई, बुशहर, इज्मीर तथा एडन।
- एशिया में क्षेत्रफल की दृष्टि से **सबसे बड़ा देश** चीन तथा **सबसे छोटा देश** मालदीव है।
- एशिया में सबसे लंबी नदी यांगसी तथा अधिकतम गहराई मृत सागर (396 मीटर) की है।
- एशिया में फिलीपीन्स द्वीप समूह के पास विश्व का सबसे गहरा सागरीय गर्त प्रशांत महासागर में मेरियाना गर्त (11,033 मीटर अथवा 11 किमी.) है।
- विश्व की सबसे गहरी झील बैकाल झील (धरातल से 1940 मीटर गहरा और समुद्र तल से 1485 मीटर गहरा) एशिया में ही स्थित है।
- विश्व की सबसे बड़ी झील (आंतरिक सागर) कैस्पियन सागर एशिया महाद्वीप में ही स्थित है।
- एशिया में **विश्व की सबसे अधिक ऊँचाई पर स्थित खारे पानी की झील** पैगांग झील (4,267 मीटर ऊँचा) लद्दाख व तिब्बत में स्थित है।
- एशिया महाद्वीप में विश्व का **सर्वाधिक वर्षा वाला क्षेत्र** मासिनराम (11.872 मिमी अर्थात् 467.4 इंच), मेघालय, भारत में स्थित है।
- एशिया में विश्व का **सबसे लंबा रेलमार्ग** ट्रांस साइबेरियन रेलमार्ग (9438 किमी) है, जो मास्को से नोखोदका तक जाता है। इस मार्ग में 97 स्टेशन पड़ते हैं।
- **एशिया का सबसे बड़ा रेलवे स्टेशन** पेइचिंग (चीन) में है। यह 5 लाख वर्ग किमी क्षेत्र में फैला है।
- एशिया में **विश्व का सबसे लंबा प्लेटफार्म** गोरखपुर (उत्तरप्रदेश) में स्थित है। इसकी कुल लंबाई 1.3 किमी है।

- एशिया महाद्वीप में स्थित चीन विश्व का **सर्वाधिक मछली पकड़ने वाला** देश है।
- विश्व का **सर्वाधिक प्राकृतिक रबड़** उत्पादित करने वाला देश इंडोनेशिया एशिया में ही स्थित है।
- विश्व का **सर्वाधिक डाकघर** वाला देश भारत है।
- विश्व का **सर्वाधिक अभ्रक** उत्खनित करने वाला देश भारत है।
- विश्व का सर्वाधिक टिन उत्खनित करने वाला देश मलेशिया है।
- एशिया महाद्वीप के जैकोबाद स्थान में स्थित बरखोंयान्सक को **पृथ्वी का शीत ध्रुव** (Cold Pole) कहा जाता है।

अफ्रीका

- अफ्रीका विश्व का दूसरा बड़ा महाद्वीप है। इसका क्षेत्रफल 3,02,21,532 वर्ग किमी है। अफ्रीका जिब्राल्टर जलसंधि द्वारा यूरोप से अलग/पृथक होता है।
- अफ्रीका के पूर्व में एशिया, लाल सागर और हिन्द महासागर, उत्तर में भूमध्य सागर और यूरोप तथा पश्चिम में अटलाण्टिक महासागर है।
- सामाजिक, सांस्कृतिक, आर्थिक और औद्योगिक दृष्टि से अन्य महाद्वीपों से काफी पिछड़ा होने के कारण अफ्रीका को **काला/अंध महाद्वीप** (Black/Dark Continent) कहा जाता है।
- अफ्रीका के पर्वतों में एटलस व ड्रेकन्सबर्ग प्रमुख हैं। यहाँ का **ज्वालामुखी पर्वत** किलिमंजारो है।
- अफ्रीका के प्रमुख बंदरगाहों में शामिल हैं- काहिरा, सिकंदरिया, त्रिपोली, अल्जीरियर्स, डाकर, लागोस, दार-ए-बीदा, लुआंडा, केपटाउन, पोर्ट-एलिजावेथ, डरबन, मापुतो, बीरा, मोम्बासा, पोर्ट सूडान, मोगादिशू मोसाबा आदि।
- अफ्रीका में मिलने वाली प्रमुख **आदिम जातियाँ** बुशमैन (कालाहारी), पिग्मी (कांगो बेसिन) और बद्दू (सहारा मरुस्थल)हैं।
- विश्व की **सबसे लम्बी नदी** नील अफ्रीका महाद्वीप में ही बहती है।
- अफ्रीका का जोहान्सबर्ग नगर **विश्व के प्रमुख स्वर्ण उत्पादक** नगरों में से एक है।
- अफ्रीका का ट्रांसवाल क्षेत्र जेबरा और जिराफ जानवरों के लिए विश्व विख्यात है।
- अफ्रीका के उष्ण घास के मैदान **'सवाना'** और शीतोष्ण घास के मैदान **'वेल्ड्स'** कहलाते हैं।
- अफ्रीका का सबसे लंबा रेलमार्ग केप काहिरा रेलमार्ग है, जो दक्षिण अफ्रीका गणराज्य के केपटाऊन नगर से मिस्र के काहिरा नगर तक जाता है।
- मिस्र में **स्वेज नहर** है जो लाल सागर को भूमध्य सागर से मिलती है।
- अफ्रीका में किम्बरले खान (दक्षिण अफ्रीका) विश्व की **सबसे बड़ी हीरे की खान** है।
- अफ्रीका में **विश्व का सबसे विशाल मरुस्थल** सहारा (84,00,000 वर्ग किमी) स्थित है। चाड झील यहीं हैं।
- अफ्रीका का **आइवरी कोस्ट** देश विश्व में सर्वाधिक कोको उत्पादक देश है।
- अफ्रीका में सर्वाधिक बॉक्साइट उत्खनित करने वाला देश गिनी है। इसका विश्व में द्वितीय स्थान है।
- अफ्रीका के कालाहारी मरुस्थल में शुतुरमुर्ग नामक चिड़िया मिलती है।
- दक्षिण अफ्रीका में जोहांसवर्ग को **स्वर्णनगर** तथा किम्बरले को हीरों का नगर कहा जाता है।
- दक्षिण अफ्रीका में सर्वाधिक चाय उत्पादित करने वाला देश कीनिया है।
- अफ्रीका में **सर्वाधिक जैतून** उत्पादित करने वाला देश ट्यूनीशिया है।
- स्टेनली जलप्रपात कांगो नदी पर और विक्टोरिया प्रपात जाम्बेजी नदी पर स्थित है।

- **आस्वान बाँध** नील नदी पर बना है।
- नील नदी का उद्गम स्थल विक्टोरिया झील है।
- दक्षिण अफ्रीका के 6 देशों– अंगोला, बोत्सवाना, मोजाम्बिक, तंजानिया, जाम्बिया और जिम्बाब्वे को **फ्रंटलाइन स्टेट्स** (सीमावर्ती राज्य) कहा जाता है।
- **हर्न ऑफ अफ्रीका**, अफ्रीका के पूर्वी भाग को कहा जाता है। इसमें मुख्य रूप से इथियोपिया, सोमालिया एवं जिबूती नामक देश आते हैं।
- नील नदी पर बसा सबसे बड़ा शहर **काहिरा** है।
- एण्टवर्प (बेल्जियम) विश्व का हीरा व्यापार का सबसे बड़ा केन्द्र है।
- अफ्रीका का प्रमुख खजूर उत्पादक देश मिस्र है।
- अफ्रीका में सीसल नामक पौधे से जूट पैदा होता है।
- अफ्रीका में सर्वाधिक जनसंख्या वाला देश नाइजीरिया है।
- अफ्रीका का सर्वाधिक नगरीकृत देश लीबिया है।
- अफ्रीका महाद्वीप में नाइजर नदी को **पॉम तेल नदी** कहा जाता है।
- मिस्र को एशिया और यूरोप महाद्वीप का जंक्शन कहा जाता है।
- अफ्रीका ही एकमात्र ऐसा महाद्वीप है, जिसमें कर्क व मकर दोनों रेखाएँ गुजरती हैं।
- कांगो को **वनों का देश** कहा जाता है। विश्व में जल विद्युत शक्ति की संभावित क्षमता सबसे अधिक इसी देश में हैं।
- किलिमंजारो के पूर्वी ढलानों पर कहवा की कृषि छग्गा जनजाति द्वारा की जाती है।
- अफ्रीका महाद्वीप का नवीनतम देश (2011 से अस्तित्व) दक्षिण सूडान है जिसकी राजधानी **जुबा** है।

उत्तरी अमेरिका

- उत्तरी अमेरिका विश्व का तीसरा बड़ा महाद्वीप है। उत्तरी अमेरिका, मध्य अमेरिका एवं कैरेबियन सागरीय क्षेत्र में कुल 29 देश है।
- उत्तरी अमेरिका की खोज 1492 ई. में कोलम्बस द्वारा की गयी थी। इसी कारण इसे **नई दुनिया (New World)** कहा जाता है।
- उत्तरी अमेरिका का नाम अमेरिका, अमेरिगो विस्पुच्ची नामक साहसी यात्री के नाम पर पड़ा।
- उत्तरी अमेरिका पूर्णत: उत्तरी गोलार्द्ध में स्थित है। यह लगभग $7°$ उत्तरी अक्षांश से $83°$ उत्तरी अक्षांश तथा $20°$ पश्चिमी देशांतर से $170°$ पश्चिमी देशांतर के बीच स्थित है।
- $100°$ पश्चिमी देशांतर रेखा इस महाद्वीप के मध्य से गुजरती है।
- उत्तरी अमेरिका की प्रमुख नदियाँ हैं– मिसीसिपी, सेंट लारेंस, ह्यूरन, मिसौरी, रियोग्राण्डे, अरकन्सास, कोलारेडो, स्नेक, रेड एवं ओहियो।
- उत्तरी अमेरिका की प्रमुख झीलें हैं– सुपीरियर, मिशिगन ईरी इत्यादि।
- पनामा नहर उत्तरी अमेरिका तथा दक्षिणी अमेरिका को जोड़ती है, जिससे अटलाण्टिक तथा प्रशांत महासागरों के बीच जहाजों का यातायात सुगम हो गया है। उत्तरी अमेरिका का उच्चतम पर्वत शिखर **माउंट मैकिन्ले (6194 मी.)** अलास्का में है।
- पनामा नहर के दो प्रमुख बंदरगाह हैं– कोलन और पनामा।
- उत्तरी अमेरिका का न्यूयार्क (संयुक्त राज्य अमेरिका) विश्व का सबसे बड़ा बंदरगाह है।
- उत्तरी अमेरिका के पश्चिमी भाग में पश्चिमी कार्डिलेरा (रॉकी पर्वतमाला) और पूर्वी भाग में अप्लेशियन पर्वत फैला हुआ है।

- रॉकी पर्वत की प्रमुख शृंखलाओं में कास्केड, सियरपने वादा, कोस्ट रेंज और सियरामाद्रें प्रमुख हैं जो उत्तरी अमेरिका महादेश/महाद्वीप में है।
- उत्तरी अमेरिका में रेड इण्डियन (मैक्सिको) और नीग्रो (पश्चिमी द्वीप समूह) प्रमुख प्रजातियाँ निवास करती हैं।
- उत्तरी अमेरिका के पूर्वी तट पर न्यूफाउंडलैंड के दक्षिण-पश्चिमी तटीय भाग को 'ग्रैण्ड-बैंक' कहते हैं। यह मछली पालन का प्रमुख केन्द्र है।
- संयुक्त राज्य अमेरिका के दक्षिण-पूर्वी तट (मैक्सिको की खाड़ी) पर चलने वाले चक्रवात **हरीकेन और टारनेडो** कहलाते हैं।
- उत्तरी अमेरिका के शीतोष्ण घास के मैदान **प्रेयरी** कहलाते हैं।
- उत्तरी अमेरिका के दो प्रमुख रेलमार्ग हैं- 1. कैनेडियन पैसिफिक रेलमार्ग 2. यूनियन पैसिफिक रेलमार्ग।
- उत्तरी अमेरिका के न्यूयार्क सिटी में ग्रांड सेण्ट्रल टर्मिनल **विश्व का सबसे बड़ा स्टेशन** है।
- संयुक्त राज्य अमेरिका का **प्रमुख कार उद्योग का केन्द्र** है- डेट्रायट (Detroit)।
- कनाडा का **मांट्रियल** कागज उद्योग के लिए विश्व का प्रसिद्ध स्थान है। कनाडा विश्व में सर्वाधिक कागज उत्पादित करने वाला देश भी है।
- संयुक्त राज्य अमेरिका विश्व का सर्वाधिक मक्का उत्पादित करने वाला देश है।
- विश्व में सर्वाधिक सोयाबीन उत्पादित करने वाला देश संयुक्त राज्य अमेरिका है।
- उत्तरी अमेरिका का मैक्सिको विश्व में सर्वाधिक चाँदी उत्खनित करने वाला देश है।
- उत्तरी अमेरिका में स्थित सुपीरियर झील विश्व की **सबसे बड़ी ताजे पानी की झील** है।
- संयुक्त राज्य अमेरिका के कैलीफोर्निया का लॉस एंजिल्स नगर फिल्म उद्योग का प्रमुख केन्द्र है।
- कनाडा का बुड वुफेलो नेशनल पार्क **विश्व का सर्वाधिक बड़ा पार्क** है, जो उत्तरी अमेरिका महाद्वीप में ही स्थित है। यह अलबर्टा प्रांत में स्थित है।
- **विश्व की विख्यात मक्का मंडी** संयुक्त राज्य अमेरिका के सेंट लुईस नगर में स्थित है।
- संयुक्त राज्य अमेरिका का **एस्ट्रोडोम** गुंबज विश्व का सर्वाधिक बड़ा गुंबज है।
- न्यूयार्क में स्थित अमेरिकन म्यूजियम ऑफ नेचुरल हिस्ट्री विश्व का सबसे बड़ा अजायबघर है।
- संयुक्त राज्य अमेरिका के पश्चिमी भाग में नमकीन पानी की झील **ग्रेट साल्ट लेक** स्थित है। यह संयुक्त राज्य अमेरिका के यूटाह प्रांत में स्थित है।
- अमेरिका की सेंट लारेंस नदी झीलों से मिलकर विश्व का सबसे लंबा आंतरिक जलमार्ग बनाती है।
- न्याग्रा प्रपात ईरी तथा ओन्टेरियो झील के मध्य कनाडा एवं संयुक्त राज्य अमेरिका की सीमा पर स्थित है।
- उत्तरी अमेरिका के पूर्वी तट पर लेब्राडोर ठंडी जलधारा एवं गल्फ स्ट्रीम गर्म जलधारा बहती है।
- विश्व में गेहूँ की मंडी के नाम से प्रसिद्ध नगर विनिपेग (कनाडा) है।
- उत्तरी अमेरिका के दो अंतरपर्वतीय पठार (Intermontane Plateau) **कोलोरेडो पठार** एवं **मैक्सिको का पठार** है।
- संयुक्त राज्य अमेरिका का राष्ट्रीय पार्क है- येलोस्टाने पार्क।
- संयुक्त राज्य अमेरिका की लोहे की प्रसिद्ध खान है- मेसाबी खान।
- संयुक्त राज्य अमेरिका की सोने की प्रसिद्ध खान है- होमस्टेक खान (दक्षिण डकोट राज्य)।
- विश्व में **सोने की सबसे बड़ी खान** कनाडा के ओण्टोरियो में स्थित है।

- कनाडा में वायुयानों को झीलों और सागरों में जमी बर्फ पर भी उतार दिया जाता है, क्योंकि यहाँ वायुयान को उतारना आसान होता है।
- ब्लैक हिल, ब्लू हिल तथा ग्रीन हिल नामक पहाड़ियाँ संयुक्त राज्य अमेरिका में स्थित है।
- हवाई द्वीप समूह (संयुक्त राज्य अमेरिका) की राजधानी होनोलूलू, ओआहू द्वीप पर स्थित है।
- जनसंख्या की दृष्टि से उत्तरी अमेरिका का सबसे बड़ा नगर मैक्सिको सिटी है।

दक्षिणी अमेरिका

- दक्षिणी अमेरिका विश्व का चौथा बड़ा महाद्वीप है। इसका क्षेत्रफल 1,77,98,55 वर्ग किमी है। इसमें 15 देश स्थित हैं।
- दक्षिणी अमेरिका का अधिकांश भाग दक्षिणी गोलार्द्ध में स्थित है। यह 12° उत्तरी अक्षांश से 55° दक्षिणी अक्षांश तथा 35° पश्चिमी देशांतर से 81° पश्चिमी देशातंर के बीच स्थित है।
- दक्षिणी अमेरिका प्रशांत तथा अटलाण्टिक महासागर से घिरा हुआ है।
- दक्षिणी अमेरिका में स्थित एण्डीज **विश्व की सबसे लम्बी पर्वतमाला** है। यह लगभग 7,200 किमी लंबी है।
- दक्षिणी अमेरिका में चिली-अर्जेंटीना सीमा पर विश्व का सबसे ऊँचा ज्वालामुखी ओजेस-डेल सलाडो (688 मीटर) एण्डीज पर्वतमाला में स्थित है।
- दक्षिणी अमेरिका की प्रमुख नदियाँ हैं- अमेजन, ब्रेंको, मदीरा, ओरिनको, पराना-पराग्वे, रियोगाण्डे आदि।
- दक्षिणी अमेरिका के प्रमुख बंदरगाहों में बेलेम (पारा), रियो-डि-जेनेरो, रियोग्राण्डे, साओलुइस, ब्यूनस-आयर्स, सेंटियागो, तुमबस आदि शामिल हैं।
- दक्षिणी अमेरिका में पेरू-बोलिविया सीमा पर विश्व की सबसे अधिक ऊँची नौकायन झील टिटिकाका (3811 मीटर ऊँचाई पर) स्थित है।
- दक्षिणी अमेरिका के ब्राजील में बहने वाली अमेजन नदी **विश्व में अपवाह क्षेत्र की दृष्टि** से **प्रथम** है और यह इस महाद्वीप की सबसे लंबी नदी है।
- दक्षिणी अमेरिका के बेनेजुएला देश में स्थित एंजिल नामक झरना विश्व का सबसे ऊँचा झरना (979 मीटर) है।
- दक्षिणी अमेरिका के बोलिविया राज्य की राजधानी लापाज विश्व की सबसे अधिक ऊँचाई (समुद्रतल से 3658 मीटर) पर स्थित है।
- दक्षिणी अमेरिका का सबसे बड़ा नगर रियो-डि-जेनेरो (ब्राजील) है।
- ब्राजील के कहवा के बागों को **फजैण्डा** और उष्ण आर्द्र वनों को **सेल्वाज** कहते हैं।
- दक्षिणी अमेरिका के चिली में इस महाद्वीप का शुष्कतम भाग व मरुस्थल **अंटाकामा** स्थित है।
- दक्षिणी अमेरिका के अर्जेंटीना में विस्तृत घास के मैदान को **पंपास** कहते हैं।
- दक्षिण अमेरिका के वनों से रबड़, सिनकोना, चंदन, कार्नोबा आदि वस्तुएँ प्राप्त होती है।
- दक्षिणी अमेरिका में ब्राजील सर्वाधिक कोको उत्पादक देश है। विश्व में इसका दूसरा स्थान है।
- दक्षिणी अमेरिका में ब्राजील सर्वाधिक सोयाबीन उत्पादक देश है। विश्व में इसका दूसरा स्थान है।
- दक्षिणी अमेरिका का सबसे लंबा रेलमार्ग ट्रांस एण्डियन रेलमार्ग है, जो चिली के वानपैरेजो से अर्जेंटीना के ब्यूनस-आयर्स नगर के मध्य तक जाता है।
- दक्षिणी अमेरिका में गुयाना, ब्राजील और पेटोगोनिया के पठार हैं।
- दक्षिणी अमेरिका में अर्जेंटीना सर्वाधिक सूरजमुखी का बीज उत्पादित करता है। विश्व में इसका दूसरा स्थान है। गेहूँ की चन्द्राकार पेटी भी अर्जेंटीना में स्थित है।

- दक्षिणी अमेरिका का ब्राजील विश्व में सर्वाधिक कॉफी उत्पादित करने वाला देश है।
- दक्षिणी अमेरिका का ब्राजील विश्व में मैंगनीज उत्पादक करने वाला देश है। विश्व में इसका तीसरा स्थान है।
- चुकीका माता तांबा खान दक्षिणी अमेरिका के एण्डीज पर्वत पर 3000 मीटर की ऊँचाई पर स्थित है।
- दक्षिणी अमेरिका का सर्वाधिक मक्का उत्पादक देश **अर्जेंटीना** है। सर्वाधिक कहवा उत्पादक देश **ब्राजील** है और सर्वाधिक तेल उत्पादक देश **वेनेजुएला** और **कोलंबिया** तथा सर्वाधिक तांबा उत्पादक देश **चिली** है।
- अर्जेंटीना के विशाल पशु फार्मों को **एक्टांशिया** और यहाँ के पशुपालकों को **ग्वांको** कहते हैं।
- पंपास को अर्जेंटीना का हृदय कहते हैं।
- विश्व में कहवा का पात्र **ब्राजील** है और विश्व में कहवा की मंडी सॉओपालो है।
- दक्षिणी अमेरिका का कहवा निर्यात करने का प्रमुख बंदरगाह सेन्टास पत्तन है।
- अर्जेंटीना का प्रमुख कपास उत्पादक क्षेत्र चैको का मैदाना है।
- दक्षिणी अमेरिका का सर्वाधिक मछली पकड़ने वाला देश पेरू है।
- **अर्जेंटीना** विश्व का सबसे बड़ा मांस निर्यातक देश है।
- दक्षिणी अमेरिका के **मध्य चिली** में जाड़े के दिनों में वर्षा होती है।
- दक्षिणी अमेरिका का उष्ण मरुस्थल पेंटागोनिया है।
- ब्राजील का ऐन्टास बंदरगाह **कॉफी बंदरगाह** के नाम से जाना जाता है।
- दक्षिणी अमेरिका का सर्वाधिक नगरीकृत देश उरूग्वे है।

यूरोप

- यूरोप महाद्वीप के अधिकांश देश तीन ओर से सागरों से घिरे हैं, जिसके कारण इसे **प्रायद्वीपों का महाद्वीप** कहते हैं।
- यूरोप महाद्वीप उत्तर में उत्तरी ध्रुव सागर, दक्षिण में भूमध्य सागर और काला सागर तथा पश्चिम में अटलाण्टिक (अंध) महासागर से घिरा है।
- यूरोप के प्रमुख पर्वत हैं- आल्पस, यूराल तथा ब्लैक फॉरेरट। ब्लैक फॉरेस्ट एक भ्रंशोत्थ पर्वत है।
- यूरोप का सर्वोच्च पर्वत शिखर एलबुर्ज (5642 मीटर) रूस में स्थित है।
- यूरोप की प्रमुख नदियाँ हैं- डेन्यूब, वोल्गा, टेम्स, टाइन, डोन, नीस्टर, सीन, पो, लोरे, मार्सी इत्यादि।
- यूरोप की सर्वाधिक महत्त्वपूर्ण नदी डेन्यूब (2,842 किमी लंबी) आस्ट्रिया, बुल्गारिया, चेक व स्लोवाकिया, युगोस्लाविया और रूमानिया से होकर बहती हुई यूक्रेन की सीमा के निकट काला सागर में गिरती है।
- डेन्यूब नदी के तट पर बुडापेस्ट, बुखारेस्ट, वियाना और बेलग्रेड बंदरगाह स्थित है।
- यूरोप के देशों, इटली व स्वीडन में सर्वाधिक विकसित जल विद्युत केन्द्र है।
- यूरोप महाद्वीप का सबसे बड़ा नगर लंदन है, जो टेम्स नदी के तट पर बसा है।
- फ्रांस की राजधानी पेरिस जो सीन नदी के तट पर बसी है, विश्व का **सबसे सुंदर नगर** माना जाता है। इसे (फ्रांस) **फैशन की नगरी** भी कहा जाता है।
- यूरोप के हंगरी, रूमानिया और यूक्रेन गणराज्य में शीतोष्ण घास के मैदान (प्रेयरी क्षेत्र) पाये जाते हैं।
- नार्वे, स्वीडेन, फिनलैंड व साइबेरिया क्षेत्र में विश्व के प्रमुख कोणधारी वन पाये जाते हैं।

- इटली **विश्व का सर्वाधिक** अंगूर एवं जैतून उत्पादक देश है।
- यूरोप के लौह उत्पादक देशों में जर्मनी व फ्रांस का प्रमुख स्थान है।
- यूरोप के प्रमुख खनिज तेल उत्पादक देशों में फ्रांस, आस्ट्रिया, रूमानिया, पोलैंड व हंगरी का स्थान है।
- राइन नदी का जलमार्ग यूरोप का सर्वाधिक व्यस्त अंत: स्थलीय जलमार्ग है।
- यूरोप का सबसे महत्त्वपूर्ण रेलमार्ग ओरियण्ट रेलमार्ग है, जो प्रगंस के पेरिस नगर से टर्की के कुस्तुनतुनिया नगर के मध्य तक जाता है।
- क्षेत्रफल की दृष्टि से विश्व का सर्वाधिक बड़ा देश रूस यूरोप महाद्वीप में स्थित है।
- काला सागर तथा भूमध्य सागर के तट पर स्थित यूगोस्लाविया, ग्रीस, रूमानिया और अल्बानिया के सम्मिलत रूप को ही **बाल्कन राज्य** कहा जाता था।
- ग्रेट ब्रिटेन और आयरलैंड के उत्तरी भाग के सम्मिलित रूप को संयुक्त राज्य (United Kingdom) कहा जाता है। इंगलिश चैनल फ्रांस को यूनाइटेड किंगडम (UK) से अलग करता है।
- यूरोप के फिनलैंड को **झीलों का देश** कहते हैं।
- **पो नदी** को **इटली की गंगा** कहा जाता है।
- फ्रांस को **ह्वाइन यार्ड** और नार्वे को **फियोर्ड तटों** का देश कहते हैं।
- इटली को यूरोप का भारत कहा जाता है, क्योंकि यह भी भारत की तरह कृषि प्रधान देश है। यहाँ हिमालय की तरह **आल्पस पर्वत** है।
- विश्व का सबसे लंबा भूमिगत रेलमार्ग लंदन एवं पेरिस को जोड़ता है।
- आस्ट्रिया एवं इटली के बीच **ब्रेनर दर्रा** मार्ग प्रदान करता है।
- आल्पस पर्वत का सर्वाधिक विस्तार स्विटजरलैंड में है।
- गल्फ स्ट्रीम जलधारा को यूरोप के गर्म कंबल (Warm Blanket of Europe) के उपनाम से जाना जाता है।
- स्विटजरलैंड को **यूरोप का खेल का मैदान** (Playground of Europe) कहा जाता है।
- नीदरलैंड ने उत्तरी सागर के तट के साथ बड़े-बड़े तटबंध बनाकर समुद्र से भूमि प्राप्त की है। इन तटबंधों को **डाइक** कहते हैं। इस प्रकार प्राप्त भूमि को **पोल्डर** कहते हैं।
- विश्व की सबसे लंबी सुरंग फ्रांस और इटली के बीच माउंट ब्लॉक में बनी हुई है। यह 12 किमी लंबी है।
- स्विटजरलैंड और इटली के बीच **ग्रेट सेण्ट बरनार्ड दर्रा** मार्ग प्रदान करता है।
- यूरोप का यूक्रेन गणराज्य विश्व का प्रमुख गेहूँ उत्पादक क्षेत्र है, जो **विश्व का अन्न भंडार** या **रोटी की डालिया** कहलाता है।
- शैम्पेन शराब विश्व में सबसे अधिक फ्रांस में बनती है। फ्रांस **सुरा और सुंदरियों का देश** भी कहलाता है।

ऑस्ट्रेलिया

- ऑस्ट्रेलिया **विश्व का सबसे छोटा** महाद्वीप है। इसका क्षेत्रफल 77,13,000 वर्ग किमी. है। राजनीतिक दृष्टि से ऑस्ट्रेलिया एक महाद्वीप है, लेकिन भौगोलिक दृष्टि से इसमें 22 देश हैं।
- ऑस्ट्रेलिया पूर्णत: दक्षिणी गोलार्द्ध में स्थित है। मकर रेखा इसके मध्य से होकर गुजरती है। यह प्रशांत तथा हिन्द महासागर से घिरा हुआ है।
- ऑस्ट्रेलिया की खोज का श्रेय **ऐबेल तस्मान** (1642 ई.) और **जेम्स कुक** (1769 ई.) को जाता है।

- ऑस्ट्रेलिया की प्रमुख नदियाँ हैं- मर्रे-डार्लिंग, फिट्ज़राय, केप विक्टोरिया, ब्रिसबेन, कूपरक्रिक, मुर्चिसन, पिलन्डर्स।
- ऑस्ट्रेलिया और न्यूगिनी के बीच **टारेस जलसंधि** है।
- न्यूजीलैंड के मूल निवासियों को **माओरी** कहते हैं।
- ऑस्ट्रेलिया की प्रमुख पर्वत शृंखला **ग्रेट डिवाइडिंग रेंज (Great Dividing Range)** है। इस पर्वत श्रेणी एवं महाद्वीप का सर्वोच्च शिखर कोसिस्को (2,228 मीटर ऊँचा) है।
- ऑस्ट्रेलिया की **विश्वविख्यात सोने की खानें कालूगर्ली** और **कूलगार्डी** है।
- ऑस्ट्रेलिया विश्व प्रसिद्ध मैरिनो ऊन का प्रमुख उत्पादक है। यह विश्व में **सर्वाधिक ऊन निर्यातक देश** भी है।
- मेलबर्न, सिडनी, पर्थ, होबार्ड (तस्मानिया), बेलिंगटन, क्राइस्ट चर्च और ऑकलैंड (न्यूजीलैंड) ऑस्ट्रेलियाई महाद्वीप के प्रमुख बंदरगाह हैं।
- विश्व विख्यात जीव कंगारू इसी ऑस्ट्रेलियाई महाद्वीप में पाया जाता है।
- ऑस्ट्रेलिया के दक्षिण-पूर्व में स्थित न्यूजीलैंड को **दक्षिण का ब्रिटेन** कहा जाता है।
- ऑस्ट्रेलिया का सबसे लंगा रेलमार्ग ऑस्ट्रेलियाई ट्रांसकाण्टीनेन्टल रेलमार्ग है, जो पर्थ से सिडनी के मध्य स्थित है।
- ऑस्ट्रेलिया विश्व में **सर्वाधिक बॉक्साइट उत्खनित करने वाला देश** है।
- न्यूजीलैंड में **ऐमू** और **कोकाबर्रा** नामक पक्षी पाये जाते हैं।
- ऑस्ट्रेलिया के पूर्वी तटीय क्षेत्र में प्रख्यात मूँगे की चट्टानें (प्रवाल भित्ति) **ग्रेट-बैरियर रीफ** स्थित है।
- ऑस्ट्रेलिया विश्व में सर्वाधिक सीसा-अयस्क उत्खनित करने वाला देश है।
- ऑस्ट्रेलिया महाद्वीप को द लैंड ऑफ गोल्डेन फ्लीस, लैंड ऑफ कंगारू एवं प्यासी भूमि का देश कहा जाता है।
- ऑस्ट्रेलिया के प्रमुख गेहूँ उत्पादक प्रदेश हैं- विक्टोरिया एवं न्यूसाउथवेल्स।
- ऑस्ट्रेलिया महाद्वीप के प्रमुख **मरुस्थल** हैं- गिब्सन और विक्टोरिया।
- ऑस्ट्रेलिया में भेड़ पालन केन्द्रों पर काम करने वाले मजदूरों को **जेकारू** के नाम से जाना जाता है।
- ऑस्ट्रेलिया के उत्तरी क्षेत्र का मैदान **कारपेन्ट्रिया का मैदान** कहलाता है।

अंटार्कटिका

- अंटार्कटिका महाद्वीप दक्षिण ध्रुव पर स्थित है, जिस पर सदैव बर्फ जमी रहती है। इसलिए इसे **बर्फीला** या **श्वेत महाद्वीप** कहा जाता है।
- अंटार्कटिका महाद्वीप का क्षेत्रफल 14,000 वर्ग किमी है। यहाँ सामान्य रूप से मानव जीवन नहीं है।
- इस महाद्वीप पर क्रिल व पेंग्विन नामक जंतु पाये जाते हैं।
- अंटार्कटिका के बारे में सर्वप्रथम जानकारी 1820 ई. में प्राप्त हुई थी। यह लगभग 4000 मीटर मोटी बर्फ की परत से ढका हुआ है।
- भारत के अंटार्कटिका में तीन स्थाई केन्द्र हैं-

  1. दक्षिण गंगोत्री 2. मैत्री 3. भारती

10. पारिस्थितिकी

- सर्वप्रथम जर्मनवासी अर्नस्ट हेकेल नामक प्राणीविज्ञान शास्त्री ने 1869 ई. में Ecology शब्द का प्रयोग 'Ockologie' के रूप में किया। यह शब्द दो ग्रीक शब्दों Oikas=house=घर तथा Logos=study=अध्ययन से मिलकर बना है। Eclology को हिन्दी में पारिस्थितिकी कहते हैं।
- पारिस्थितिकी को सर्वप्रथम परिभाषित करने और विस्तृत अध्ययन करने का श्रेय भी अर्नस्ट हेकेल को ही प्राप्त है। इस प्रकार अर्नस्ट हेके को पारिस्थितिकि के जनक की संज्ञा दी गयी है।
- अर्नस्ट हेकेल के अनुसार जीव समुदायों (Biotic Communities) का उसके वातावरण (Environment) के साथ पारस्परिक सम्बन्धों के अध्ययन को पारिस्थितिकी कहते हैं।

पारिस्थितिकी कारक

- पारिस्थितिकी में दो कारक होते हैं- जैविक और अजैविक।
- **जैविक कारक (Biotic Factors) :** वातावरण में विभिन्न प्रकार के जीव-जन्तु रहते हैं। प्रत्येक जीव का किसी दूसरे जीव से सम्बन्ध अवश्य होता है। ये सम्बन्ध मुख्यत: निम्न प्रकार के होते हैं-

    (i) **सहजीवन (Symbiosis) :** इसमें दो जीवों का परस्पर लाभकारी सम्बन्ध होता है। जैसे- कवक और शैवाल मिलकर लाइकेन (Lichen) बनाते हैं।

    (ii) **मृतोपजीविता (Saprophytism) :** कुछ जीव सड़े-गले पदार्थों पर आश्रित रहते हैं। जैसे- कवक, नीयोरिया आदि।

    (iii) **परभक्षण (Predation) :** एक जीव दूसरे जीव का पूरी तरह से भक्षण कर लेता है। जैसे- जूफैगस और आर्थोवोट्रीस।

    (iv) **परजीविका (Parasitism) :** एक जीव हमेशा दूसरे जीव पर आश्रित रहता है और उसे हानि पहुँचाता है। जैसे- कवक, जीवाणु, विषाणु आदि।

    (v) **सहभोजिता (Commensalism) :** इस सम्बन्ध में एक जीव को हानि-लाभ नहीं होता, जबकि दूसरा जीव लाभ में रहता है। जैसे- अधिपादप (Epiphytes)।

- **अजैविक कारक (Abiotic Factors) :** पारिस्थितिकी के अजैविक कारकों में निम्न घटक शामिल हैं-

    (i) **प्रकाश (Light) :** प्रकाश एक महत्त्वपूर्ण जलवायवीय कारक है। प्रकाश के द्वारा पौधे प्रकाश संश्लेषण विधि से अपना भोजन बनाते हैं। जंतु-समुदाय भोजन के लिए पौधों पर निर्भर होता है। प्रकाश के गुण, मात्रा तथा अवधि का प्रभाव पौधों पर पड़ता है। नीले रंग के प्रकाश में प्रकाश संश्लेषण कम तथा लाल रंग में सबसे अधिक होता है। प्रकाश की अवधि (Photo period) के आधार पर पौधों को तीन भागों में बाँटा जा सकता है-

    (a) **दीर्घ प्रकाशीय पौधे (Long-day Plants) :** यथा-हेनबेन एवं पालक।

    (b) **अल्पप्रकाशीय पौधे (Short-day Plants) :** यथा-सोयाबीन एवं तंबाकू आदि।

    (c) **प्रकाश उदासीन पौधे (Day Neutral Plants) :** यथा- सूर्यमुखी, कपास, टमाटर, मिर्च।

    (ii) **ताप (Temperatur) :** ताप का प्रभाव जीवों की रचना, क्रियाओं तथा प्रजनन पर पड़ता है। ताप के बदलने के कारण पौधों की दैनिक क्रिया पर प्रभाव पड़ता है। जैविक क्रिया के लिए औसतन 10°C से 45°C तक ताप आवश्यक होता है। ताप के कारण पौधों में होने वाली अनुक्रियाएँ तापकालिता (Thermoperiodism) कहलाती है।

(iii) **आर्द्रता (Humidity) :** वायुमंडल में जलवाष्प उपस्थित होने के कारण वायु नम रहती है। आर्द्रता का सम्बन्ध वाष्पोत्सर्जन से होता है। यदि आर्द्रता कम है तो वाष्पोत्सर्जन अधिक होता है।

(iv) **वायु (Wind) :** वायु एक महत्त्वपूर्ण कारक है। इसका प्रभाव मुख्य रूप से भूमि-अपरदन, पौधों को मोड़ना, परागण एवं बीजों का प्रकीर्णन इत्यादि पर पड़ता है।

(v) **भू-आकृतिक (Topogrophic) :** इसके अंतर्गत किसी स्थल की ऊँचाई, भूमि का ढलान तथा खुला होने का प्रभाव तथा वनस्पतियों पर होने वाले बदलाव के बारे में अध्ययन करते हैं।

(iv) **मृदीय (Edophic) :** सभी वनस्पतियाँ मृदा संरचना, मृदा वायु एवं मृदा जल इत्यादि से प्रभावित होती हैं। मृदा का संघटन है-

(a) मृदा जल (Soil Water)-25%

(b) मृदा वायु (Soil Air)-25%

(c) खनिज पदार्थ (Mineral Matter)-40%

(d) ह्यूमस (Humas or Organic Matter)-10%

पारिस्थितिकी तन्त्र

- किसी स्थान पर पाये जाने वाले किसी जीव समुदाय का वातावरण से तथा अन्य जैविक समुदायों से परस्पर सम्बन्ध है। इस पारस्परिक सम्बन्ध को पारिस्थितिकी तन्त्र (Ecosystem) कहते हैं।
- पारिस्थितिकी तन्त्र शब्द का प्रयोग सर्वप्रथम ए.जी. टेन्सले (A.G. Tenssley) ने 1935 ई. में किया था।
- पारिस्थितिकी तन्त्र दो प्रकार का होता है-

(i) **प्राकृतिक :** जैसे- वन, मरुस्थल, तालाब, टुंड्रा इत्यादि।

(ii) **कृत्रिम :** मनुष्य द्वारा निर्मित जैसे- बगीचा, फसल, पार्क इत्यादि।

पारिस्थितिकी तन्त्र के घटक

- पारिस्थितिकी तन्त्र में दो मुख्य घटक होते हैं- 1. जैविक घटक (Biotic Components) 2. अजैविक घटक (Abiotic Components)।

1. **जैविक घटक (Biotic Components) :** पादपों और जन्तुओं को मिलकार जैविक घटक बनते हैं। यह तीन प्रकार के होते हैं-

(i) **उत्पादक (Producers) :** ये पौधें होते हैं और सूर्य के प्रकाश की उपस्थिति में पर्णहरिम की सहायता से खाद्य पदार्थ बनाते हैं।

(ii) **उपभोक्ता (Consumers) :** इसके अन्तर्गत विविधपोषी (Heterotrophic) जीव आते हैं। ये पौधों पर आश्रित रहते हैं। इन्हें मुख्यत: तीन वर्गों में बाँटते हैं-

(a) **प्राथमिक उपभोक्ता :** ये शाकाहारी (Herbivores) होते हैं क्योंकि सिर्फ पौधों पर ही आश्रित रहते हैं। जैसे- गाय, भेड़, बकरी, खरगोश, चूहा, कीड़े-मकोड़े इत्यादि।

(b) **द्वितीयक उपभोक्ता :** ये वे मांसाहारी (Cornivorous) हैं, जो प्राथमिक उपभोक्ता जंतुओं को अपना भोजन बनाते हैं। जैसे- चूहा का बिल्ली द्वारा, हिरण का भेड़िया द्वारा खाया जाना इत्यादि। ये शाकाहारी भी होते हैं।

(c) **तृतीयक उपभोक्ता :** इसमें वे जन्तु आते हैं, जो द्वितीयक उपभोक्ता को खाते हैं अर्थात् ये केवल मांसाहारी होते हैं। जैसे- मेढक का साँप द्वारा खाया जाना, शेर इत्यादि इस श्रेणी में आते हैं।

(iii) **अपघटन कर्ता (Decomposers) :** इस श्रेणी में जीवाणु तथा कवक आते हैं जो सभी प्रकार के उपभोक्ताओं तथा उत्पादकों को अपघटित करके वायुमंडल में अकार्बनिक तत्त्वों के रूप में विसर्जित कर देते हैं।

2. **अजैविक घटक (Abiotic Components) :** इसके अन्तर्गत प्रकाश, ताप, आर्द्रता, हवा, भूमि, पर्वत इत्यादि आते हैं। किसी भी स्थान पर जीवों का निवास इन्हीं कारकों पर निर्भर करता है। अजैविक घटक को मुख्यत: तीन घटकों में बाँटा गया है-

   (i) **अकार्बनिक घटक (Inorganic Components) :** इसके अन्तर्गत जल, विभिन्न प्रकार के लवण जैसे- कैल्शियम (Ca), पोटैशियम (K), मैगनीशियम (Mg), फॉस्फोरस (P), नाइट्रोजन (N_2) तथा सल्फर (S) आदि तथा वायु की गैसें जैसे- ऑक्सीजन (O_2), नाइट्रोजन (N_2), कार्बन डाइऑक्साइड (CO_2), हाइड्रोजन (H_2) तथा अमोनिया (NH_3) आदि सम्मिलित हैं।

   (ii) **कार्बनिक घटक (Organic Components) :** इसके अन्तर्गत मृत पौधों एवं जन्तुओं के कार्बनिक यौगिक जैसे- प्रोटीन, कार्बोहाइड्रेटस तथा वसा और उनके अपघटन द्वारा उत्पादित उत्पाद जैसे यूरिया व ह्यूमस आदि आते हैं। अपघटन की क्रिया मृतोपजीवी कवकों व जीवाणुओं द्वारा होती है। इनके द्वारा मृत जीवधारियों का कुछ भाग अकार्बनिक रूप में परिणत हो जाता है। ये पदार्थ पुन: हरे पौधे द्वारा ग्रहण कर लिए जाते हैं। इस प्रकार ये जैविक एवं अजैविक घटकों में सम्बन्ध स्थापित करते हैं।

   (iii) **भौतिक घटक (Physical Components) :** इसके अन्तर्गत विभिन्न प्रकार के जलवायुवीय कारक जैसे- प्रकाश, ताप, हवा व विद्युत आदि आते हैं। इन भौतिक घटकों में सूर्य-ऊर्जा मुख्य है, जो हरे पौधों के पर्णहरिम द्वारा विकिरण ऊर्जा के रूप में ली जाती है। पौधे इस ऊर्जा को कार्बनिक ऊर्जा में परिवर्तित करते हैं, जो कार्बनिक अणुओं के रूप में संचित रहती है। यही वह ऊर्जा है जो सम्पूर्ण जीवों में संचरित होती है और इसी के द्वारा पृथ्वी पर जीवन सम्भव है।

11. प्रदूषण

➩ वातावरण में प्राकृतिक रूप से विद्यमान प्रत्येक घटक एक संतुलित वातावरण (Balanced Environment) बनाये रखने में महत्त्वपूर्ण योगदान करता है, किन्तु आज विकास के युग में इन घटकों की मात्रा और अनुपात में काफी बदलाव आया है। वातावरण में अनावश्यक तत्त्वों की वृद्धि तथा आवश्यक तत्त्वों की कमी ही प्रदूषण (Pollution) कहलाता है। प्रदूषक (Pollutants) दो प्रकार के होते हैं-

   (i) **जैव-क्षयकारी प्रदूषक (Biodegradable Pollutants) :** ये वे प्रदूषक हैं जिन्हें प्रकृति में कुछ समय बाद सूक्ष्मजीवों द्वारा अपघटित कर दिया जाता है। जैसे- वाहितमल (Sewage), जैवीय अवशिष्ट पदार्थ एवं कूड़ा-करकट (Squalor) आदि। ध्यान रहे कि इन पदार्थों की एक सीमित मात्रा ही सूक्ष्म जीवधारियों (कवक एवं जीवाणु) द्वारा अपघटित हो पाती है। जब इनका आधिक्य हो जाता है तो इनका अपघटन सूक्ष्म जीवधारियों द्वारा नहीं हो पाता और ये पदार्थ हमारे वातावरण में प्रदूषण फैलाने लगते हैं।

   (ii) **जैव-अक्षयकारी प्रदूषक (Non-Biodegradable Pollutants) :** वे प्रदूषक, जिनका जैविक विघटन नही होता जैव-अक्षयकारी प्रदूषक कहलाते हैं। ये प्रदूषक कई साल तक प्रकृति में पड़े रहते हैं। जैसे- प्लास्टिक, डी.डी.टी. (D.D.T.- Dichloro-Diphenyl Trichloroethance) एवं पारा (Mercury) आदि।

प्रदूषण के प्रकार

1. **वायु प्रदूषण (Air pollution) :** वायु प्रदूषण मुख्यत: कारखानों, उद्योगों के धुएँ, वाहनों के धुएँ तथा जेट विमानों द्वारा छोड़ी गयी गैसों आदि कारणों से होता है।

   प्रमुख वायु प्रदूषक : कार्बन मोनोऑक्साइड (CO), सल्फर डाइऑक्साइड (SO_2), हाइड्रोजन सल्फाइड (H_2S), शीशा (Pb), हाइड्रोजन फ्लूओराइड (HF), नाइट्रोजन के ऑक्साइड (NO

तथा NO_2), हाइड्रोकार्बन, अमोनियम (NH_3), तंबाकू का धुँआ, फ्लूओराइड्स, धूल तथा धुएँ के कण, एरोसोल्स आदि।

सल्फर डाइऑक्साइड (SO_2), सल्फरट्राईऑक्साइड (SO_3), नाइट्रोजन ऑक्साइड (NO) वातावरणीय जल के साथ क्रिया करके सल्फ्यूरिक अम्ल (Sulphuric Acid) या सल्फ्यूरस अम्ल (Sulphurus Acid) तथा नाइट्रिक अम्ल (Nitric Acid) का निर्माण करते हैं। वर्षा जल के साथ ये अम्ल पृथ्वी पर आ जाते हैं, इसे ही अम्ल वर्षा (Acid Rain) कहते हैं।

नोट : मध्यप्रदेश के भोपाल में स्थित उर्वरक निर्माता कंपनी यूनियन कार्बाइड फैक्टरी में दिसंबर, 1984 ई. में हुई दुर्घटना मिथाइल आइसोसायनाइट (MIC) के कारण हुई थी।

- वायु प्रदूषण से मनुष्य के स्वास्थ्य पर बुरा प्रभाव पड़ता है। लेड (Pb) से तन्त्रिका तन्त्र सम्बन्धी रोग होता है।
- कैडमियम (Cd) रक्त दाब बढ़ा देता है जिससे ह्रदय सम्बन्धी रोग होता है।
- सिलिका के कण लौह-अयस्क के कण से मिलकर लोहे की खानों में काम करने वाले मजदूरों में लौह-सकितमयता रोग पैदा करते हैं। एक चौथाई खान श्रमिक इस रोग से पीड़ित होते हैं।
- स्मॉग (Smog) में हाइड्रोजन तथा नाइट्रोजन के ऑक्साइड पाये जाते हैं। स्मॉग से फसलों को नुकसान पहुँचता है।
- ओजोन (O_3) गैस सूर्य से निकलने वाली पराबैंगनी किरणों (Ultraviolet-rays) को पृथ्वी पर आने से रोकती है। पराबैंगनी किरणें जीवों के लिए घातक होती हैं, किन्तु वैज्ञानिक खोजों से पता चला है कि अंटार्कटिका महाद्वीप के ऊपर ओजोन स्तर में छिद्र हो गया है। ओजोन छिद्र का मुख्य कारण क्लोरो फ्लोरोकार्बन या सीएफसी (Chlorofloro Carbons या CFCs) है जो रेफ्रीजरेटर, एयर-कंडीशन आदि में प्रयोग की जाती है।
- मथुरा तेल-शोधक कारखाने से निकलने वाली सल्फ्यूरिक ऑक्साइड (SO_2) गैस से आगरा का ताजमहल धूमिल पड़ता जा रहा है।

2. **जल प्रदूषण (Water Pollution) :** जल प्रदूषण के प्रमुख स्रोत हैं- वाहितमल (Sewage), औद्योगिक त्याज्य, घरेलू अपमार्जक (Domestic Detergents), हानिकारक वनस्पतियाँ, खाद, खरपतवारनाशी (Herbicides), कीटनाशी (Pesticides), रेडियोधर्मी पदार्थ (Radioactive Substance) इत्यादि।

   - उद्योगों से निकले प्रदूषकों में शीशा, पारा, ताँबा, जस्ता, सल्फाइड आदि होते हैं, जो जल को विषाक्त बनाते हैं। जापान में पारे (Mercury) के कारण 'मिनामता' (Minamata) नामक रोग होता है।

   नोट : पृथ्वी पर उपलब्ध जल की मात्रा का केवल 2.5-3% ही स्वच्छ है।

3. **मृदा प्रदूषण (Soil Pollution):** खेतों में खरपतवार नष्ट करने वाले खरपतवारनाशी (Herbicides), कवकनाशी (Fungicides), कीटनाशी (Insecticides), चूहामारक (Rodenticides) तथा उर्वरक इत्यादि के अवशेष मृदा प्रदूषण बढ़ाते हैं।

4. **ध्वनि प्रदूषण (Sound Pollution):** सामान्य वार्तालाप का शोर-मूल्य 60 डेसीबल होता है। लेकिन अकसर गाड़ियों के तेज हार्न, हवाई जहाज का शोर इत्यादि ध्वनि प्रदूषण के प्रमुख कारण हैं।

   - अन्तरराष्ट्रीय मानक के अनुसार ध्वनि 45 डेसीबल होनी चाहिए।

5. **नाभिकीय प्रदूषण (Nuclear Pollution) :** यह प्रदूषण रेडियोएक्टिव किरणों से उत्पन्न होता है।

- **रेडियोएक्टिव (Radio-active) प्रदूषण के स्रोत निम्नलिखित है-**

  (i) चिकित्सा के क्षेत्र में उपयोग होने वाली किरणों से प्राप्त प्रदूषण।

(ii) परमाणु भट्टियों में प्रयुक्त होने वाले ईंधन से उत्पन्न प्रदूषण।

(iii) नाभिकीय शस्त्रों के उपयोग से उत्पन्न प्रदूषण।

(iv) परमाणु बिजलीघरों से निकलने वाले अपशिष्ट पदार्थों से उत्पन्न प्रदूषण।

(v) शोध कार्यों में प्रयुक्त रेडियोधर्मी पदार्थों से उत्पन्न प्रदूषण।

(vi) सूर्य की पराबैंगनी किरणों से उत्पन्न प्रदूषण।

प्रदूषण नियन्त्रण

- ⇨ प्रदूषण रोकने के लिए गंदे जल को नदियों में प्रवाहित नहीं करना चाहिए।
- ⇨ वाहितमल (Sewage) को सीवेज ट्रीटमेंट (Sewage Treatment) से शुद्ध करना चाहिए।
- ⇨ वाहनों का रखरखाव उचित ढंग से किया जाये जिससे वे अधिक धुँआ न दें।
- ⇨ उद्योगों में जहाँ कोयला जलाया जाता है, धुएँ को फिल्टर करके निकालना चाहिए।
- ⇨ कीटनाशी (Insecticides) के उपयोग पर नियन्त्रण करना चाहिए।
- ⇨ अधिक वन लगाने चाहिए जिससे वायुमंडल में ऑक्सीजन की कमी नहीं हो और कार्बन डाइऑक्साइड (CO_2) की अधिकता न हो।
- ⇨ भारत सरकार ने पर्यावरण सुरक्षा कानून (1986) में बनाया है, उसे सही ढंग से लागू किया जाये।
- ⇨ संयुक्त राष्ट्र ने विश्व में पर्यावरण सुरक्षा के लिए एक अन्तरराष्ट्रीय संस्था संयुक्त राष्ट्र पर्यावरण कार्यक्रम (United Nation Environment Programme – UNEP) की स्थापना की है।
- ⇨ पर्यावरण के प्रति जागरूकता हेतु प्रतिवर्ष 5 जून को विश्व पर्यावरण दिवस मनाया जाता है।

12. विश्व की प्रमुख फसलें

फसल	उत्पादक देश (घटते क्रम में)
चावल	चीन, भारत, इंडोनेशिया, बंगलादेश, थाईलैंड, म्यांमार
गेहूँ	चीन, भारत, सं. राज्य अमेरिका, फ्रांस, कनाडा, रूस, यूक्रेन
मक्का	सं. राज्य अमेरिका, चीन, ब्राजील, मैक्सिको, भारत, पाकिस्तान
तिलहन	ब्राजील, चीन, अर्जेण्टीना, भारत
मूँगफली	चीन, भारत, सं. राज्य अमेरिका, इंडोनेशिया,नाइजीरिया, ब्राजील, कोरिया
कपास	चीन, सं. राज्य अमेरिका, भारत, पाकिस्तान, सूडान, ब्राजील
जौ	रूस, कनाडा, जर्मनी, स्पेन
जई	रूस, कनाडा, सं. राज्य अमेरिका, ऑस्ट्रेलिया
सोयाबीन	सं. राज्य अमेरिका, ब्राजील, अर्जेण्टीना, चीन
मोटे अनाज	सं. राज्य अमेरिका, चीन, भारत, रोमानिया
चाय	भारत, चीन, श्रीलंका, कीनिया, जापान, बंगलादेश, टर्की, यूगांडा, मोजाम्बिक
चुकन्दर	रूस, फ्रांस, जर्मनी, सं. राज्य अमेरिका
कहवा	ब्राजील, कोलम्बिया, आइवरी-कोस्ट, मैक्सिको, कीनिया, क्यूबा, भारत
रबड़	थाईलैंड, मलेशिया, इंडोनेशिया, भारत, श्रीलंका
तम्बाकू	चीन, सं. राज्य अमेरिका, भारत, ब्राजील, हंगरी, बुल्गारिया, क्यूबा, जिम्बाब्वे

नारियल	मलेशिया, इंडोनेशिया, थाईलैंड, नाइजीरिया
सूर्यमुखी	रूस, यूक्रेन, अर्जेण्टीना, चीन, भारत
गन्ना	भारत, ब्राजील, क्यूबा, चीन, इंडोनेशिया, दक्षिण अफ्रीका, मॉरीशस, फिजी

13. विश्व के प्रमुख खनिज एवं उत्पादक देश

खनिज	उत्पादक देश (घटते क्रम)
लोहा	यूक्रेन, ब्राजील, ऑस्ट्रेलिया, चीन, सं. राज्य अमेरिका, आदि।
ताँबा	चिली, सं. राज्य अमेरिका, रूस, कनाडा, जायरे, जाम्बिया, पोलैंड, पेरू आदि।
मैंगनीज	यूक्रेन, गैबोन, ब्राजील, भारत आदि।
बॉक्साइट	ऑस्ट्रेलिया, गिनी, जमैका, ब्राजील, सुरीनाम, ग्रीस, भारत आदि।
जस्ता	कनाडा, जापान, सं. राज्य अमेरिका, पोलैंड, पेरू, मैक्सिको आदि।
टिन	मलेशिया, इंडोनेशिया, थाईलैंड, चीन, बोलीविया आदि।
सोना	दक्षिण अफ्रीका, पेरू, कनाडा आदि।
चाँदी	मैक्सिको, पेरू, कनाडा आदि।
हीरा	अफ्रीका महाद्वीप
अभ्रक	भारत, ब्राजील, रूस, मालागासी, दक्षिण अफ्रीका, कनाडा आदि।
कोयला	चीन, सं. राज्य अमेरिका, भारत, जर्मनी, रूस आदि।
खनिज तेल	सं. राज्य अमेरिका, रूस, सऊदी अरब, चीन, मैक्सिको, ग्रेट ब्रिटेन, ईरान, ईराक, कुवैत आदि।
यूरेनियम	कनाडा, दक्षिण अफ्रीका, सं. राज्य अमेरिका, जायरे, ऑस्ट्रेलिया, मालागासी आदि।
थोरियम	ब्राजील, ऑस्ट्रेलिया, श्रीलंका, भारत आदि।

14. विश्व के प्रमुख औद्योगिक नगर

नगर	उद्योग	नगर	उद्योग
बेलफास्ट	जहाज निर्माण	चेलियाबिंस्क	लोहा एवं इस्पात
बर्मिंघम	लोहा एवं इस्पात	डेट्रायट	ऑटोमोबाइल
एसेन (जर्मनी)	लोहा एवं इस्पात	ग्लासगो	जहाज निर्माण
हवाना	सिगार	हॉलीवुड	फिल्म उद्योग
लॉस एंजिल्स	पेट्रोलियम, फिल्म	कंशास	मांस उद्योग
कोबे	लोहा इस्पात	कीव	इंजीनियरिंग उद्योग
लियोन्स (फ्रांस)	सिल्क उद्योग	मैनचेस्टर	सूती वस्त्र उद्योग
मिलान	सिल्क वस्त्र उद्योग	फिलाडेल्फिया	लोकोमोटिव
प्लेमाउथ	जहाज निर्माण	पिट्सबर्ग	लोहा एवं इस्पात
शेफील्ड (ब्रिटेन)	कैंची, छुरी	सिएटल	वायु निर्माण

वेनिस	काँच उद्योग	व्लाडीवोस्टक	जहाज निर्माण
वेलिगटंन	डेयरी उद्योग	मुल्तान	मिट्टी के बर्तन
ढाका	कालीन उद्योग	म्यूनिख (जर्मनी)	लेंस निर्माण
नागोया	जहाज निर्माण, सूती वस्त्र	ओसाका	सूती वस्त्र, लोहा इस्पात

15. विश्व की प्रमुख जनजातियाँ

जनजाति	सम्बन्धित देश/क्षेत्र	जनजाति	सम्बन्धित देश/क्षेत्र
एस्कीमो	ग्रीनलैंड, कनाडा	रेड इंडियन	उत्तर अमेरिका (कनाडा)
खिरगीज	मध्य एशिया	पिग्मीज	कांगो बेसिन
माओरी	न्यूजीलैंड	बोरो	ब्राजील
मसाई	पूर्वी अफ्रीका (कीनिया)	इंकाथा	दक्षिण अफ्रीका
वेद्दास	श्रीलंका	हैदा	अमेरिका
नीग्रो	मध्य अफ्रीका	तार्तार	साइबेरिया
सेमांग	मलेशिया	बद्दू	अरब
यूकाधिर	साइबेरिया	पपुआन्स	न्यू गिनी
आइनू	जापान	याकू	टुण्ड्रा प्रदेश
बुशमैन	कालाहारी मरुस्थल (बोत्सवाना)	जुलु	नेटाल प्रांत (दक्षिण अफ्रीका)

16. विश्व की प्रमुख वनस्पति

1.	ट्रोपोफाइट	उष्ण कटिबंधीय जलवायु वाली घास एवं वनस्पति
2.	हाइग्रोफाइट	दलदली एवं भूमधय रेखीय उष्ण आर्द्रता वाली वनस्पति
3.	जेरोफाइट	उष्ण कटिबंधीय मरुस्थलीय क्षेत्रों की वनस्पति
4.	हाइड्रोफाइट	जलप्लावित क्षेत्रों की वनस्पति
5.	मेसोफाइट	शीतोष्ण कटिबंध क्षेत्र की वनस्पति
6.	क्रायोफाइट	टुण्ड्रा एवं शीत प्रधान क्षेत्रों की वनस्पति
7.	हैलोफाइट	नमकीन क्षेत्र में पायी जाने वाली वनस्पति
8.	लिथोफाइट	कड़ी चट्टानों में उगने वाली वनस्पति

17. विश्व के प्रमुख भौगोलिक उपनाम

1.	सात पहाड़ियों का नगर	रोम (इटली)
2.	पोप का शहर	रोम
3.	रक्तवर्ण महिला	रोम
4.	प्राचीन विश्व की सम्राज्ञी	रोम

5.	पश्चिम का बेबीलोन	रोम
6.	ईटरनल सिटी (होली सिटी)	रोम
7.	एण्टीलीज का मोतल	क्यूबा
8.	शुगर बाऊल ऑफ द वर्ल्ड	क्यूबा
9.	गगनचुम्बी इमारतों का नगर	न्यूयॉर्क (USA)
10.	पर्ल ऑफ दी ऑरियण्ट	सिंगापुर
11.	क्वेकर सिटी	फिलाडेल्फिया
12.	हवा वाला शहर/गार्डन सिटी	शिकागो (USA)
13.	चीन का शोक	ह्वांगहो नदी (पीली नदी)
14.	निरन्तर बहने वाले झरनों का शहर	क्विटो (इक्वेडोर)
15.	हर्मिट किंगडम	कोरिया
16.	लैंड ऑफ मॉर्निंग काम	कोरिया
17.	लैंड ऑफ द गोल्डेन फ्लीस	ऑस्ट्रेलिया
18.	लैंड ऑफ कंगारू	ऑस्ट्रेलिया
19.	लैंड ऑफ गोल्डेन वूल	ऑस्ट्रेलिया
20.	लैंड ऑफ थाउजेण्ड लेक्स	फिनलैंड
21.	लैंड ऑफ मिडनाइट सन	नार्वे
22.	भूमध्य सागर का द्वार	जिब्राल्टर
23.	होली लैंड	जेरूसलम (इजरायल)
24.	ग्रेनाइट सिटी	एवरडीन (स्कॉटलैंड)
25.	एमराल्ड द्वीप	आयरलैंड
26.	नील नदी की देन	मिस्र
27.	एम्पायर सिटी	न्यूयॉर्क (USA)
28.	क्वीन ऑफ एड्रियाटिक	वेनिस (इटली)
29.	अरब सागर की रानी/पूर्व का वेनिस	कोच्चि (भारत)
30.	प्लेग्राउण्ट ऑफ यूरोप	स्विटजरलैंड
31.	सूर्योदय का देश	जापान
32.	लैंड ऑफ थण्डरवोल्ट	भूटान
33.	लैंड ऑफ ह्वाइट ऐलीफैन्ट्स	थाईलैंड
34.	लैंड ऑफ दी थाउजैंड ऐलीफैन्ट्स	लाओस
35.	लिलि का देश	कनाडा
36.	नेवर-नेवर लैंड	प्रेयरीज ऑफ नार्थ
37.	हैरिंग पोंड	एटलांटिक महासागर
38.	संसार की छत	पामीर का पठार

39.	वेनिस ऑफ दी वर्ल्ड	स्टॉकहोम (स्वीडन)
40.	गोरों की कब्र	गिनी तट (प. किनारा, अफ्रीका)
41.	लैंड ऑफ केक्स	स्कॉटलैंड
42.	कॉकपिट ऑफ यूरोप	बेल्जियम
43.	सिटी ऑफ गोल्डेन गेट	सेन फ्रांस्सिको (सं. राज्य अमेरिका)
44.	स्वप्निल मीनारों वाला शहर	ऑक्सफोर्ड (इंग्लैंड)
45.	दक्षिण का ब्रिटेन	न्यूजीलैंड
46.	अंध महाद्वीप	अफ्रीका
47.	स्वर्णिम पैगोडा का देश	म्यांमार
48.	संसार का रोटी भंडार	प्रेयरीज ऑफ नार्थ अमेरिका
49.	संसार का निर्जनतम द्वीप	त्रिस्तान डी कुन्हा
50.	सात टापुओं का नगर	मुम्बई (भारत)
51.	झीलों का देश	स्कॉटलैंड
52.	पूर्व का मैनचेस्टर	ओसाका (जापान)
53.	फॉरबिडन सिटी	ल्हासा (तिब्बत)
54.	इंग्लैंड का बगीचा	केन्ट (इंग्लैंड)
55.	भारत का बगीचा	बंगलुरु (भारत)
56.	आँसुओं का प्रवेश द्वार	बाब-अल-मंउब जलडमरूमध्य
57.	मातियों का द्वीप	बहरीन
58.	यूरोप के बारूद का पीपा	बाल्कन
59.	लैंड ऑफ सैटिंग सन	ब्रिटेन
60.	श्वेत शहर	बेलग्रेड (यूगोस्लाविया)
61.	भारत का मसालों का बगीचा	केरल (भारत)
62.	स्मारकों की नगरी	वियाना (आस्ट्रिया)
63.	विश्व की जन्नत	पेरिस (फ्रांस)
64.	एशिया का पेरिस	थाईलैंड
65.	आइलैंड ऑफ क्लोब्ज	जंजीवार (तंजानिया)
66.	गार्डन प्रोविन्स ऑफ साउथ अफ्रीका	नेटाल (दक्षिण अफ्रीका)
67.	गार्डन सिटी ऑफ इंडिया	बंगलुरू (भारत)
68.	पिलर्स ऑफ हरक्युलिस	स्ट्रेट्स ऑफ जिब्राल्टर
69.	पवन चक्कियों की भूमि	नीदरलैंड
70.	हिन्द महासागर का मोती	श्रीलंका

18. विश्व के प्रसिद्ध स्थान

1.	अल अक्सा, वेलिंग वाल, टेंपल माउंट	जरूसलम (इजरायल)
2.	बकिंघम पैलेस, 10 डाउनिंग स्ट्रीट, बिलिंग्स गेट	लंदन (इंग्लैण्ड)
3.	ग्रांड केन्यन	अरिजोना (यू०एस०ए०)
4.	झुकी हुई मीनार	पीसा (इटली)
5.	मर्डेका पैलेस	जकार्ता
6.	पोर्सलिन टॉवर	नानकिंग (चीन)
7.	रेड स्क्वायर, क्रेमलिन	मास्को
8.	स्फिंग्स, पिरामिड	मिस्र
9.	सेंट सोफिया	कान्सटेंटीनोपल
10.	बेडनबर्ग गेट, ब्राउन साउस	बर्लिन (जर्मनी)
11.	कालोसियम	रोम (इटली)
12.	काबा	मक्का (सऊदी अरब
13.	लोवर, एफिल टॉवर	पेरिस (फ्रांस)
14.	पोटाला	ल्हासा (तिब्बत)
15.	श्वेत डेगेन पैगोडा	रंगून (म्यान्मार)
16.	ब्राडवे, स्ट्रीट, स्टैच्यू ऑफ लिबर्टी, एंपायर स्टेट बिल्डिंग	न्यूयार्क (यू०एस०ए०)
17.	ह्वाइट हाउस, पेंटागन	वाशिंगटन डी०सी० (यू०एस०ए०)
18.	ओपेरा हाउस	सिडनी

19. विश्व की प्रमुख भौगोलिक खोजें

1.	आर. एमण्डसन (नार्वे)	दक्षिणी ध्रुव पर पहुँचने वाला प्रथम व्यक्ति (1911 ई.)
2.	रोबट पियरी (अमेरिका)	उत्तरी ध्रुव की खोज (1909 ई.
3.	क्रिस्टोफर कोलम्बस	पश्चिम द्वीप समूह (1492), दक्षिण अमेरिका (1498 ई.)
4.	जॉन कैवेट	न्यूफाउण्डलैंड (1497 ई.)
5.	कैप्टन कुक	हवाई द्वीप समूह (1770 ई.)
6.	कोपरनिकस (पोलैंड)	सौरमंडल (1540 ई.)
7.	फर्दीनन्द-द-लेपेस	स्वेज नहर का निर्माण (1869 ई.)
8.	केपलर (जर्मन)	ग्रहों का गति-नियम (1600 ई.)
9.	लिंडबर्ग	प्रथम सोलो उड़ान पेरिस से न्यूयार्क तक (1927 ई.)
10.	वास्को-डि-गामा (पुर्तगाल)	केप ऑफ गुड होप होकर भारत आगमन (1498 ई.)
11.	फ्रिड्टजौफ नानसेन	ग्रीनलैंड एवं उत्तरी ध्रुव का पहाड़ी भाग (1888 ई.)
12.	मैगलन	विश्व का भ्रमण, एटलाण्टिक के दक्षिण से प्रशान्त महासागर की खोज (1519 ई.)

20. विश्व के महासागर

क्र.	नाम	क्षेत्रफल (वर्ग किमी. में)	गहरा स्थान	मीटर में
1.	प्रशान्त महासागर	16,57,23,740	मेरियाना गर्त	11,033
2.	अटलाण्टिक महासागर	8,29,63,800	प्यूरिटो रिको गर्त	8,392
3.	हिन्द महासागर	7,34,25,500	सुण्डा गर्त	8,152
4.	आर्कटिक महासागर	1,40,56,000	यूरेशियन बेसिन	5,450,
5,	अण्टार्कटिक महासागर	अप्राप्त	अप्राप्त	

21. विश्व की प्रमुख नहरें

क्र.	नाम	स्थान	स्थिति
1.	सू नहर	सं. रा. अमेरिका	सुपीरियर झील को ह्यूरन झील से जोड़ती है।
2.	ईरी नहर	सं. रा. अमेरिका	ईरी झील और मिशीगन झील को जोड़ती है।
3.	गोटा नहर	स्वीडन	स्टॉकहोम और गोटेनवर्ग के बीच।
4.	कील नहर	जर्मनी	उत्तरी सागर और बाल्टिक सागर के बीच।
5.	उत्तरी सागर नहर	जर्मनी	उत्तरी सागर व एम्सटरडम के बीच।
6.	मैनचेस्टर नहर	ग्रेट ब्रिटेन	मैनचेस्टर और लिवरपुल के बीच।
7.	न्यू वाटर वे	जर्मनी	उत्तरी सागर और राटरडम के बीच।
8.	वोल्गा डान नहर	रूस	रोस्टोव और स्टालिनग्राड के बीच।
9.	बेलैंड नहर	सं. रा. अमेरिका	ईरी और ओण्टोरियो के बीच।
10.	के.पी नहर	भारत	आन्ध्रप्रदेश और तमिलनाडु के बीच।
11.	स्वेज नहर	मिस्र	लाल सागर एवं भूमध्य सागर के बीच।
12.	पनामा नहर	पनामा	कैरीबियन सागर और प्रशान्त महासागर के मध्य।
13.	अल्बर्ट नहर	पश्चिमी यूरोप	एण्टवर्प लीग तथा वेनेलक्स को जोड़ती है।

22. विश्व की प्रमुख जलसन्धियाँ

क्र.	जलसन्धि	किस-किस को जोड़ती है	भौगोलिक स्थिति
1.	मलक्का	अण्डमान सागर एवं दक्षिण चीन सागर	इंडोनेशिया-मलेशिया
2.	पाक	मन्नार एवं बंगाल की खाड़ी	भारत-श्रीलंका
3.	लुजोन	दक्षिण चीन एवं फिलीपीन्स सागर	ताइवान-फिलीपीन्स
4.	बेरिंग	बंरिंग सागर एवं चुकसी सागर	अलास्का-रूस
5.	डेविस	बेफिन खाड़ी एवं अटलाण्टिक महासागर	ग्रीनलैंड-कनाडा
6.	डेनमार्क	उत्तरी अटलाण्टिक एवं आर्कटिक महासागर	इंग्लैंड-फ्रांस

7.	डोवर	इंगलिश चैनल एवं उत्तरी सागर	इंग्लैंड-फ्रांस
8.	हडसन	हडसन की खाड़ी एवं अटलाण्टिक महासागर	कनाडा
9.	जिब्राल्टर	भूमध्य सागर एवं अटलाण्टिक महासागर	स्पेन-मोरक्को
10.	कोरिया	जापान सागर एवं पूर्वी चीन सागर	जापान-कोरिया
11.	मैगेलन	प्रशान्त एवं दक्षिणी अटलाण्टिक महासागर	चीली
12.	फ्लोरिडा	मैक्सिको की खाड़ी एवं अटलाण्टिक महासागर	अमेरिका-क्यूबा
13.	बॉस	तस्मान सागर एवं दक्षिण सागर	ऑस्ट्रेलिया
14.	कुक	दक्षिण प्रशान्त महासागर	न्यूजीलैंड
15.	सुण्डा	जावा सागर एवं हिन्द महासागर	इंडोनेशिया
16.	टोकरा	पूर्वी चीन सागर एवं प्रशान्त महासागर	जापान
17.	यूकाटन	मैक्सिको की खाड़ी एवं कैरीबियन सागर	मैक्सिका-क्यूबा
18.	ओरण्टो	एड्रियाटिक सागर एवं आयोनियन सागर	इटली-अल्बानिया
19.	नार्थ चैनल	आयरिश सागर एवं अटलांटिक महासागर	आयरलैंड-इंग्लैण्ड
20.	हारमुज	फारस की खाड़ी एवं ओमान की खाड़ी	ओमान-ईरान
21.	टारस	अराफुरा सागर एवं पापुआँ की खाड़ी	न्यूगिनी-ऑस्ट्रेलिया
22.	डार्डेनलीज	मारमरा सागर एवं एजियन सागर	टर्की
23.	बासफोरस	काला सागर एवं मारमरा सागर	टर्की
24.	बेलेद्वीप	सेण्टलारेन्स खाड़ी एवं अटलाण्टिक महासागर	कनाडा
25.	फोवेक्स	तस्मान सागर एवं जावा सागर	न्यूजीलैंड
26.	कारीमाटा	दक्षिणी चीन सागर एवं जावा सागर	इंडोनेशिया
27.	मकास्सार	जावा सागर एवं सेलीबीज सागर	इंडोनेशिया
28.	सुगारू	जापान सागर एवं प्रशांत महासागर	जापान
29.	सुसीमा	जापान सागर एवं पूर्वी चीन सागर	जापान
30.	बाव एल मंडव	लाल सागर एवं अरब सागर	यमन-जिबूती

23. विश्व की प्रमुख नदियाँ

क्र.	नाम	उद्गम स्थान	गिरने का स्थान	लम्बाई (किमी.)
1.	नील	विक्टोरिया झील	भूमध्य सागर	6690
2.	अमेजन	लैगो विलफेरो	अटलाण्टिक महासागर	6296
3.	मिसीसिपी मिसौरी	रेड रॉक स्रोत (अमेरिका)	मैक्सिको की खाड़ी	6240
4.	यांगसी	तिब्बत का पठार	चीन सागर	5797
5.	ओबे	अल्टाई पर्वत	ओब की खाड़ी	5567

6.	ह्वांगहो	क्यूनलुन पर्वत	चिहिल की खाड़ी	4667
7.	येनीसी	रान्नु-ओला पर्वत	आर्कटिक महासागर	4506
8.	कांगो	लूआलया और लआपूला नदी के संगम	अलटाण्टिक महासागर	4371
9.	आमूर	शिल्का रूस आरगून के संगम	टार्टर स्ट्रेट	4352
10.	लीना	बेकाल पर्वत (रूस)	आर्कटिक महासागर	4268
11.	मैकेंजी	फिनले नदी के मुहाने से	ब्यूफोर्ट सागर	4241
12.	नाइजर	गिनी (अफ्रीका)	गिनी की खाड़ी	4184
13.	मीकांग	तिब्बत के पठार	दक्षिणी चीन सागर	4023
14.	वोल्गा	ब्लडाई पठार (रूस)	कैस्पियन सागर	3687
15.	सेनफ्रांसिस्को	दक्षिण मिनास गिटेस (ब्राजील)	अन्ध महासागर	3198
16.	सेंट लारेंस	आण्टोरियो झील	सेंट लारेंस की खाड़ी	3058
17.	ब्रह्मपुत्र	मानसरोवर झील	बंगाल की खाड़ी	2900
18.	सिन्धु	मानसरोवर झील के पास	अरब सागर	2880
19.	डेन्यूब	ब्लैक फॉरेस्ट (जर्मनी)	काला सागर	2842
20.	फरात	कारासुन और मूरत नेहरी नदी के संगम से (टर्की)	शत-अल-अरब	2799
21.	डार्लिंग	ऑस्ट्रेलिया	मर्रे नदी	2789
22.	मर्रे	ऑस्ट्रेलियन आल्पस से	हिन्द महासागर	2589
23.	नेलसन	बो नदी का ऊपरी भाग	हडसन की खाड़ी	2575
24.	पेराग्वे	माटोग्रोसो (ब्राजील)	पेराना नदी	2549
25.	यूराल	दक्षिण यूराल पर्वत (रूस)	कैस्पियन सागर	2533
26.	गंगा	गोमुख हिमानी से	बंगाल की खाड़ी	2525
27.	आमू-दरिया	निकोलस श्रेणी (पामीर)	अरल सागर	2414
28.	सालवीन	तिब्बत क्युलुन पर्वत के दक्षिण	मर्तावान की खाड़ी	2414
29.	अरकन्सास	मध्य कोलोरेडो	मिसीसिपी नदी	2348
30.	कोलोरेडो	ग्रेंडकण्ट्री	कैलीफोर्निया की खाड़ी	2333
31.	नीपर	ब्लडाई पर्वत (रूस)	काला सागर	2284
32.	ओहियो	पोटरकन्ट्री (पेन्सिवानिया)	मिसीसिपी नदी	2102
33.	इरावदी	माली और नामी नदी का संगम (म्यांमार)	बंगाल की खाड़ी	2092
34.	ओरेंज	लिसोथो	अटलाण्टिक महासागर	2092

35.	ओरीनीको	सिएरापरिगा पर्वत	अटलाण्टिक महासागर	2062
36.	कोलम्बिया	कोलम्बिया झील (कनाडा)	प्रशांत महासागर	1983
37.	डोन	टूला (रूस)	अजोब सागर	1968
38.	टिगरिस	टॉरस पर्वत (टर्की)	शत-अल-अरब	1899

24. नदियों के किनारे बसे विश्व के प्रमुख नगर

क्र.	नगर	नदी	क्र.	नगर	नदी
1.	बगदाद (ईराक)	टाइग्रिस	26.	बेलग्रेड	डेन्यूब
2.	बर्लिन (जर्मनी)	स्प्री	27.	बुडापेस्ट (हंगरी)	डेन्यूब
3.	पर्थ (ऑस्ट्रेलिया)	स्वान	28.	वाशिंगटन	पोटोमेक
4.	वारसा (पोलैंड)	विस्चुला	29.	वियाना (आस्ट्रिया)	डेन्यूब
5.	अस्वान (मिस्र)	नील	30.	टोकियो (जापान)	अराकावा
6.	सेंट लुईस (अमेरिका)	मिसीपिसी	31.	शंघाई (चीन)	यांगटिसीक्यांग
7.	रोम (इटली)	टाइबर	32.	रंगून (म्यांबार)	इरावदी
8.	लंदन (इंग्लैंड)	टेम्स	33.	ओटावा (कनाडा)	सेंट लॉरेंस
9.	पेरिस (फ्रांस)	सीन	34.	न्यूयॉर्क	हडसन
10.	मास्को (रूस)	मोस्कावा	35.	मैड्रिड (स्पेन)	मैजेनसेस
11.	प्राग (गणराज्य)	विंतावा	36.	लिस्बन (पूर्तगाल)	टंगस
12.	बोन (जर्मनी)	राइन	37.	लाहौर (पाकिस्तान)	रावी
13.	खारतूम (सूडान)	नील	38.	करांची (पाकिस्तान)	सिन्धु
14.	हांकोव (चीन)	यांगटीसिक्यांग	39.	डबलिन (आयरलैंड)	लीफें)
15.	काहिरा (मिस्र)	नील	40.	दिल्ली (भारत)	यमुना
16.	ब्यूनस आयर्स (अर्जेंटीना)	लाम्लाटा	41.	चटगाँव (बांगलादेश)	मैयाणी
17.	अंकारा (टर्की)	किजिल	42.	हैम्बर्ग (जर्मनी)	एल्ब
18.	डुंडी (स्कॉटलैंड)	टे	43.	शिकागो (अमेरिका)	शिकागो
19.	लीवरपुल (इंग्लैंड)	मर्सी	44.	ब्रिस्टल (इंग्लैंड)	एवन्
20	कोलोन (जर्मनी)	राइन	45.	बसरा (ईराक)	दजला और फरात
21.	माण्ट्रियल (कनाडा)	सेंट लारेंस	46.	क्यूबेक (कनाडा)	सेंट लारेंस
22.	सिडनी (ऑस्ट्रेलिया)	डार्लिंग	47.	लेनिनग्राड (रूस)	नेवा
23.	कीव (रूस)	नीपर	48.	स्टालिनग्राड (रूस)	वोल्गा
24.	मौलमीन (म्यांमार)	सालवीन	49.	अकयाव (म्यांमार)	इरावदी
25.	कैन्टन (चीन)	सीक्यांग	50.	डेजिंग (जर्मनी)	विस्टुला

25. विश्व की प्रमुख झीलें

क्र.	नाम	सम्बन्धित क्षेत्र	क्षेत्रफल (वर्ग किमी)
1.	कैस्पियन सागर	रूस, कजाकिस्तान, तुर्कमेनिस्तान, अजरबैजान तथा ईरान	3,71,000
2.	सुपीरियर झील	अमेरिका तथा कनाडा	82,100
3.	विक्टोरिया झील	केन्या, युगाण्डा तथा तंजानिया	69,400
4.	अरल सागर झील	कजाकिस्तान एवं उजबेकिस्तान	64,500
5.	ह्यूरन झील	संयुक्त राज्य अमेरिका तथा कनाडा	59,600
6.	मिशीगन झील	संयुक्त राज्य अमेरिका	57,800
7.	टांगानीका झील	तन्जानिया, जैम्बिया तथा जैरे	32,900
8.	बैकाल झील	रूस	31,500
9.	ग्रेट बेरियर झील	कनाडा	31,200
10.	ग्रेट स्लेव झील	कनाडा	28,438
11.	ईरी झील	संयुक्त राज्य अमेरिका तथा कनाडा	25,745
12.	विनीपेग झील	कनाडा	24,341
13.	मलावी झील	मलावी तथा मोजाम्बिक	23,310
14.	ओण्टेरिया झील	संयुक्त राज्य अमेरिका तथा कनाडा	19,529
15.	बाल्खश झील	कजाकिस्तान	18,260
16.	लडौगा झील	रूस	18,130
17.	चाड झील	नाइजीरिया, जाइजर तथा चाड	15,540
18.	ओनेगा झील	रूस	9,842
19.	आयर झील	ऑस्ट्रेलिया	9,583
20.	रूडोल्फ झील	केन्या	9,065
21.	टीटीकाका झील	पेरू-बोलीविया	9,065
22.	अथावास्का झील	कनाडा	8,081
23.	निकारागुआ झील	निकारागुआ	7,697
24.	रेन्डियर झील	कनाडा	6389
25.	इसिक कुल झील	किर्गिस्तान	6,190
26.	किन्धायी झील	चीन	5,957
27.	टोरेन्स झील	ऑस्ट्रेलिया	5,698

- बैकाल झील के पूर्वी भाग में ब्यूरेट (Buryat) नामक जनजाति पायी जाती हैं बैकाल झील विश्व की सबसे गहरी (1620 मी०) झील है।
- टांगानीका झील विश्व की सबसे लम्बी (660 किमी०) मीठे जल की झील है। यह विश्व की दूसरी सबसे गहरी (1436 मी०) झील है।

➩ कैस्पियन सागर विश्व की सबसे बड़ी झील (खारे पानी का) है।
➩ मीठे जल की सबसे बड़ी झील सुपीरियर झील है।
➩ विक्टोरिया झील तंजानिया और युगांडा के बीच अंतर्राष्ट्रीय सीमा बनाती है।

26. विश्व के प्रमुख जलप्रपात

जलप्रपात	देश	ऊँचाई (मी.)	जलप्रपात	देश	ऊँचाई (मी.)
एंजिल	वेनेजुएला	979	रिब्बोन	कैलिफोर्निया	491
योसेमाइट	कैलीफोर्निया	739	ग्रेट कामारना	गुयाना	488
दक्षिण मर्डाल्फोसेन	नार्वे	655	डेल्ला	कनाडा	440
तुगेला	दक्षिण अफ्रीका	614	गवार्नी	फ्रांस	422
कुकवेनन	वेनेजुएला	610	जोग (गरसोप्पा)	भारत	253
सूथरलैंड	न्यूजीलैंड	580	न्याग्रा	कनाडा एवं अमेरिका की सीमा पर	120

➩ एंजिल जलप्रपात कैरो नदी पर स्थित है।
➩ जोग जलप्रपात शरावती नदी पर स्थित है। इसे महात्मा गांधी जलप्रपात भी कहते हैं।

27. विश्व के प्रमुख द्वीप

क्र.	नाम	अवस्थिति	क्षेत्रफल (वर्ग किमी)
1.	ग्रीनलैंड	आर्कटिक महासागर	21,75,000
2.	न्यू गिनी	पश्चिमी प्रशांत महासागर	789,900
3.	बोर्निकी	प्रशांत महासागर	7,51,000
4.	मेडागास्कर	हिन्द महासागर	5,87,041
5.	बेफिन द्वीप (कनाडा)	उत्तरी आर्कटिक महासागर	5,07,451
6.	सुमात्रा (इंडोनेशिया)	हिन्द महासागर	4,22,200
7.	होन्शू (जापान)	उत्तरी-पश्चिम प्रशांत महासागर	2,30,092
8.	ब्रिटेन (ग्रेट ब्रिटेन)	उत्तरी अटलाण्टिक महासागर	2,29,849
9.	विक्टोरिया द्वीप (कनाडा)	उत्तरी ध्रुव महासागर	2,17,290
10.	ईलिसमेरे द्वीप (कनाडा)	उत्तरी ध्रुव महासागर	1,96,236
11.	सुलोवेसी (इंडोनेशिया)	हिन्द महासागर	1,78,700
12.	दक्षिण द्वीप (न्यूजीलैंड)	दक्षिणी-पश्चिमी प्रशांत महासागर	1,50,460
13.	जावा द्वीप (इंडोनेशिया)	हिन्द महासागर	1,26,400

14.	उत्तरी द्वीप (न्यूजीलैंड)	दक्षिणी-पश्चिमी प्रशांत महासागर	1,14,687
15.	क्यूबा	कैरीबियन सागर	1,10,922
16.	लुजोन द्वीप	पश्चिमी प्रशांत महासागर	1,04,688
17.	आइसलैंड	उत्तरी अटलाण्टिक महासागर	1,03,000
18.	आयरलैंड	उत्तरी अटलाण्टिक महासागर	82,460
19.	तस्मानिया	दक्षिणी-पश्चिमी प्रशांत महासागर	67,900
20.	श्रीलंका	हिन्द महासागर	65,600

28. विश्व के प्रमुख पठार

⇨ **ग्रीनलैंड का पठार :** अन्ध महासागर के उत्तरी भाग में लगभग 21,75,600 वर्ग किमी क्षेत्र में हिम से ढँका विशाल पठार है। इसे ग्रीनलैंड का पठार कहा जाता है।

⇨ **कोलम्बिया का पठार :** यह संयुक्त राज्य अमेरिका के ओरगन, वाशिंगटन और इडाहो राज्यों के मध्य 4,62,500 वर्ग किमी० क्षेत्र में विस्तृत रूप में फैला है।

⇨ **मैक्सिको का पठार :** यह पठार पश्चिम सियारामाद्रे और पूर्वी सियारामाद्रे पर्वत-श्रेणियों के मध्य स्थित है।

⇨ **तिब्बत का पठार :** यह हिमालय के उत्तर और क्यूनलुन पर्वत के दक्षिण में 4,000 से 5,000 मीटर तक की ऊँचाई पर स्थित है।

⇨ **मंगोलिया का पठार :** यह चीन के उत्तरी-मध्य भाग में मंगोलिया गणराज्य में स्थित है।

⇨ **ब्राजील का पठार :** दक्षिण अमेरिका के मध्य पूर्वी भाग में यह पठार त्रिभुजाकार रूप में स्थित है।

⇨ **बोलीविया का पठार :** यह पठार 800 किमी० लम्बा और 128 किमी० चौड़ा तथा इसकी औसत ऊँचाई 3,110 मी० है। यह बोलीविया के एण्डीज पर्वतमाला क्षेत्र में विस्तृत रूप में फैला हुआ है।

⇨ **अलास्का का पठार :** इसका निर्माण यूकन और उसकी सहायक नदियों द्वारा हुई है, अतः इसे यूकन का पठार भी कहा जाता है। कनाडा की ओर इसकी ऊँचाई लगभग 900 मी० है।

⇨ **ग्रेट बेसिन का पठार :** यह कोलम्बिया पठार के दक्षिण में कोलोरेडो और कोलम्बिया नदियों के मध्य 5,25,000 वर्ग किमी० क्षेत्र में विस्तृत है।

⇨ **कोलोरेडो का पठार :** यह ग्रेट बेसिन के दक्षिण में स्थित है तथा इसका विस्तार युटाह और एरीजोना राज्यों में पाया जाता है।

⇨ **दक्कन का पठार :** यह पठार दक्षिण भारत में स्थित है। इसे तीन ओर से पर्वत-श्रेणियों ने घेर रखा है। इसके पूर्व में पूर्वी घाट, पश्चिम में पश्चिमी घाट तथा उत्तर में विंध्याचल एवं सतपुड़ा की श्रेणियाँ हैं।

⇨ **ईरान का पठार :** इसे एशिया माइनर का पठार या ईरान का मध्यवर्ती पठार भी कहते हैं। इसकी औसत ऊँचाई 900-1500 मीटर के मध्य है।

⇨ **अरब का पठार :** यह दक्षिण-पश्चिम एशिया में स्थित है। इसके पूर्व में फारस की खाड़ी, पश्चिम में लाल सागर, उत्तर-पश्चिम में भूमध्य सागर और दक्षिण में अरब सागर स्थित है।

⇨ **अनातोलिया का पठार :** यह टर्की के एन्टिक एवं टारस श्रेणियों के मध्य स्थित है। इसे टर्की का पठार भी कहते हैं। इसकी औसत ऊँचाई 800 मीटर है।

- **अबीसीनिया का पठार :** यह पठार पूर्वी अफ्रीका के इथियोपिया एवं सोमालिया के क्षेत्र में विस्तृत रूप में फैला है।
- **मेडागास्कर का पठार :** मेडागास्कर द्वीप अफ्रीका के दक्षिण-पूर्व हिन्द महासागर में स्थित है। इस द्वीप के मध्यवर्ती भाग पठारी है, जिसे मेडागास्कर या मालागासी का पठार कहा जाता है।
- **ऑस्ट्रेलिया का पठार :** ऑस्ट्रेलिया के पश्चिमी भाग में ऑस्ट्रेलिया का पठार स्थित है इसकी सामान्य ऊँचाई 180 से 600 मी॰ के मध्य है। इस पठार का दक्षिणी भाग मरुस्थलीय है।
- **चियापास का पठार :** यह दक्षिणी मैक्सिको में प्रशान्त महासागर के तट पर स्थित है। इसके उत्तर में तबास्को, दक्षिणी-पश्चिम में तेहुआ-न्टेपेक की खाड़ी, पूर्व में ग्वाटेमाला और पश्चिम में ओकस्का और बेराक्रुज स्थित है।
- **मेसेटा का पठार :** स्पेन के आइबेरियन प्रायद्वीप पर मेसेटा का पठार स्थित है। इस पठार की औसत ऊँचाई 610 मी॰ है।
- **इण्डो-चीन का पठार :** यह दक्षिणी एशिया के पूर्वी प्रायद्वीप पर स्थित है। इस भाग पर सालविन, सीकांग, मीकांग, मीनाम आदि नदियाँ प्रवाहित होती हैं।

29. विश्व के प्रमुख पर्वत-शिखर

पर्वत शिखर	देश	ऊँचाई (मी.)	पर्वत-शिखर	देश	ऊँचाई (मी.)
एवरेस्ट	नेपाल	8,848	ग्रेशरब्रम	पाकिस्तान	8,068
के-2 (गाडविन आस्टिन)	भारत	8,611	गोसांईथान	चीन	8,018
कांचनजंगा	नेपाल-भारत	8,598	नन्दादेवी	भारत	7,817
लहात्से 1	नेपाल	8,501	राकापोशी	पाकिस्तान	7,788
मकालू 1	नेपाल-चीन	8,481	कामेट	भारत-चीन	7,756
धौलागिरी	नेपाल	8,172	नाम्वावर्वा	चीन	7,756
नंगा पर्वत	भारत	8,126	गुर्लमान्धाता	चीन	7,728
अन्नपूर्णा	नेपाल	8,078	तिरिचमीर	पाकिस्तान	7,728

30. विश्व के प्रमुख रेगिस्तान

क्र.	रेगिस्तान	क्षेत्रफल (किमी)	विस्तार क्षेत्र
1.	सहारा	84,00,000	अल्जीरिया, चाड, लीबिया, माली, मारितानिया, नाइजर, सूडान, टयूनीशिया, मिस्र और मोरक्को।
2.	ऑस्ट्रेलियन	15,50,000	ग्रेट सैन्ड्री, ग्रेट विक्टोरिया, सिम्पसन, गिब्सन तथा स्टुअर्ट रेगिस्तानी क्षेत्र इसमें सम्मिलित हैं।
3.	अरेबियन	13,00,000	दक्षिण अरब, सऊदी अरब, यमन, सीरिया, खाली क्षेत्र एवं नाफुद क्षेत्र के रेगिस्तान सम्मिलित हैं।
4.	गोबी	10,40,000	मंगोलिया और चीन

5.	कालाहारी	5,20,000	बोत्सवाना (अफ्रीका मध्य)
6.	टाकला माकन	3,20,000	सीक्यांग (चीन)
7.	सोनोरन	3,10,000	एरीजोना एवं कैलीफोर्निया, (यू.एस.ए. तथा मैक्सिको)
8.	नामिब	3,10,000	दक्षिण अफ्रीका (नामीबिया)
9.	कराकुम	2,70,000	तुर्कमेनिस्तान
10.	थार	2,60,000	उत्तरी-पश्चिमी भारत और पाकिस्तान
11.	सोमाली	2,60,000	सोमालिया (अफ्रीका)
12.	अटाकामा	1,80,000	उत्तरी चिली (दक्षिण अमेरिका)
13.	काजिलकुम	1,80,000	उजबेकिस्तान, कजाकिस्तान
14.	दस्ते-ए-लुट	52,000	पूर्वी ईरान
15.	मोजाब	35,000	दक्षिणी कैलीफोर्निया (संयुक्त राज्य अमेरिका)
16.	द सितों डे सेचूरा	26,000	उत्तरी-पश्चिमी पेरू (दक्षिणी अमेरिका)

नोट : काराकुम और काजिलकुम दोनों को सम्मिलित रूप को तुर्किस्तान मरुस्थल के नाम से भी जाना जाता है।

31. विश्व के प्रमुख जलडमरूमध्य

जलडमरूमध्य	सम्बन्धित सागर	भू-भाग जिनको अलग करता है
बेरिंग	आर्कटिक एवं बेरिंग सागर	अलास्का (संयुक्त राज्य अमेरिका) व रूस
जिब्राल्टर	भूमध्य सागर एवं अटलाण्टिक	यूरोप (स्पेन) एवं अफ्रीका (मोरक्को)
डोबर	उत्तरी सागर एवं अटलाण्टिक	ब्रिटेन एवं फ्रांस
मलक्का	जावा सागर एवं बंगाल की खाड़ी	मलाया एवं सुमात्रा
फ्लोरिडा	मैक्सिको की खाड़ी एवं अटलाण्टिक	फ्लोरिडा (संयुक्त राज्य अमेरिका) एवं वेस्टइंडीज
पाक	बंगाल की खाड़ी एवं अरब सागर	भारत एवं श्रीलंका

32. विश्व के भू-आवेष्ठित देश

भू-आवेष्ठित देश वह देश है, जिसमें समुद्री तट रेखा नहीं पायी जाती। ये देश चारों ओर से अन्य देशों की भौगोलिक सीमाओं से घिरे रहते हैं। विश्व में कुल 44 देश भू-आवेष्ठित हैं।

एशिया	अफगानिस्तान, नेपाल, मंगोलिया, लाओस, अजरबैजान, उज्बेकिस्तान, तुर्कमेनिस्तान, भूटान, कजाकिस्तान, किर्गिस्तान, तजाकिस्तान।
यूरोप	ऑस्ट्रिया, चेक गणराज्य, स्लोवाकिया, लक्जमबर्ग, स्विट्जरलैंड, हंगरी, मेसीडोनिया, सर्बिया, वेटिकन सिटी, आर्मीनिया, बेलारूस, अंडोरा, लिचेंस्टीन, माल्डोवा।

अफ्रीका	बोत्सवाना, बुरुण्डी, चाड़, लेसोथो, मलावी, माली, नाइजर, जिम्बाब्वे (दक्षिण रोडेशिया), लुआंडा, स्वाजीलैंड, युगांडा, जाम्बिया (उत्तरी रोडेशिया), बुरकिना फासो (अपर बोल्टा), रवांडा।
दक्षिण अमेरिका	बोलीविया, पराग्वे।

33. विश्व के प्रमुख देशों की राजधानी एवं मुद्रा

एशिया							
क्र.	देश	राजधानी	मुद्रा	क्र.	देश	राजधानी	मुद्रा
1.	भारत	नई दिल्ली	रुपया	24.	तुर्की	अंकारा	लीरा
2.	बांगलादेश	ढाका	टका	25.	इजराइल	जेरूसलम	न्यू शेकेल
3.	भूटान	थिम्पू	न्युलट्रम	26.	जॉर्डन	अम्मान	दिनार
4.	नेपाल	काठमांडू	रुपया	27.	कतर	दोहा	रियाल
5.	म्यांमार	नेय पईताव	क्यात	28.	कम्बोडिया	न्होमपेन्ह	रिएल
6.	पाकिस्तान	इस्लामाबाद	रुपया	29.	उ. कोरिया	प्योंगप्यांग	वॉन
7.	अफगानिस्तान	काबुल	अफगानी	30.	द. कोरिया	सिओल	वॉन
8.	चीन	बीजिंग	युआन	31.	मकाऊ	मकाऊ	पटाका
9.	श्रीलंका	कोलम्बो	रुपया	32.	जापान	टोक्यो	येन
10.	ईरान	तेहरान	रियाल	33.	ब्रुनेई	बंदरसेरी	डालर
11.	ईराक	बगदाद	दिनार	34.	साइप्रस	निकोसिया	पाउंड
12.	इंडोनेशिया	जकार्ता	रुपिया	35.	हांगकांग	विक्टोरिया	डालर
13.	बहरीन	मनामा	दिनार	36.	गुआम	अगाना	डालर
14.	मंगोलिया	उलानबटोर	तुगरिक	37.	ओमान	मस्कट	रियाल
15.	मलेशिया	क्वालालंपुर	रिंगगिट	38.	फिलीपींस	मनीला	पीसो
16.	मालदीव	माले	रुपया	39.	सीरिया	दमिश्क	पाउंड
17.	लेबनान	बेरुत	पाउंड	40.	सऊदी अरब	रियाद	रियाल
18.	लाओस	वियन्तियान	न्यूकिपलाओ	41.	सिंगापुर	सिंगापुर	डालर
19.	कुवैत	कुवैत सिटी	दिनार	42.	उजबेकिस्तान	ताशकंद	रूबल
20.	वियतनाम	हनोई	डाग	43.	कजाकिस्तान	अलमाटा	रूबल
21.	ताइवान	ताइपे	डालर	44.	किर्गिस्तान	फ्रेंजी	सोम
22.	थाईलैंड	बैंकाक	बहत	45.	यमन	साना	रियाल
23.	सं. अरब अमीरात	अबूधावी	दिरहम				

अफ्रीका							
1.	अंगोला	लुआंडा	क्वांजा	28.	मालागासी	अन्तानानरीबो	फ्रेंक
2.	अल्जीरिया	अल्जीयर्स	दीनार	29.	मलावी	लिलाँगवे	क्वाचा
3.	मारिशस	पोर्ट लुईस	रुपया	30.	बोत्सवाना	गेबोरोन	पुला
4.	मोरक्को	रबात	दिरहम	31.	बुरूंडी	बुजुमबुरा	फ्रेंक
5.	मोजाम्बिक	मपूतो	मेटीकल	32.	केमरून	याओंडे	फ्रेंक
6.	नामीबिया	विंडहॉक	रैंड	33.	कांगो	ब्राजाविले	फ्रेंक
7.	नाइजर	नियामी	फ्रैंक	34.	बेनिन	पोर्टो-नोवो	फ्रेंक
8.	नाइजीरिया	लागो	नैरा	35.	कैप वर्डे	प्रैआ	ऐस्कुडो
9.	रवांडा	किगाली	फ्रैंक	36.	चाड	एन दजामेनां	फ्रेंक
10.	सेनेगल	डकार	फ्रैंक	37.	माली	बमाको	फ्रेंक
11.	सोमालिया	मोगादिशू	शिलिंग	38.	मारीतानिया	नौकचोट्ट	ओगुवा
12.	द. अफ्रीका	प्रिटोरिया	रैंड	39.	रियूनियन	सेंट-डेनिस	फ्रेंक
13.	सूडान	खारतूम	पाउंड	40.	स्वाजीलैंड	म्बाबने	लिलान्गनी
14.	तंजानिया	डोडोमा	शिलिंग	41.	सियेरा लिओन	फ्री टाउन	लियोन
15.	सेशेल्स	विक्टोरिया	रुपया	42.	इरीट्रिया	अस्मारा	बिर्र
16.	ट्यूनीशिया	ट्यूनिश	दीनार	43.	लेसोथो	मसेरू	लोति
17.	युगांडा	कंपाला	शिलिंग	44.	लाइबेरिया	मोनराविया	फ्रेंक
18.	जांबिया	लुसाका	क्वाचा	45.	गेबोन	लिब्रेविले	फ्रेंक
19.	जिम्बाब्वे	हरारे	डालर	46.	गांबिया	बंजुल	दलासी
20.	कांगो	किंशासा	जैरे	47.	जिबूती	जिबूती	फ्रेंक
21.	टोगो	लोमे	फ्रेंक	48.	म.अ. गण.	बांगुई	फ्रेंक
22.	मिस्र	काहिरा	पाउंड	49.	बुर्किना फासो	क्वागादौगो	फ्रेंक
23.	इथिओपिया	अदिस अबाबा	बिर्र	50.	कोमोरोस	मोरोनी	फ्रेंक
24.	घाना	अक्रा	केडी	51.	कोटे द आइबरी	यामोउस्क्रो	फ्रेंक
25.	गिनी	कोनाक्रे	फ्रेंक	52.	गुयाना	मालाबो	फ्रेंक
26.	केन्या	नैरोबी	शिलिंग	53.	गिनी बिसाऊ	बिसाऊ	पीसो
27.	लीबिया	हून (त्रिपोली)	दीनार	54. 55.	साओटोम दक्षिण सूडान	साओटोम जुबा	डोब्रा सूडानी पाउंड

उत्तरी अमेरिका एवं कैरीबियन सागरीय देश							
1.	कनाडा	ओटावा	डालर	16.	ग्वाटेमाला	ग्वाटेमाला सिटी	क्वाट्जाल
2.	क्यूबा	हवाना	पीसो	17.	निकारागुआ	मनागुआ	न्यू कोरडोवा
3.	पनामा	पनामा सिटी	बाल बोआ	18.	जमैका	किंगस्टन	डालर
4.	बर्मूडा	हेमिल्टन	डालर	19.	ग्रेनाडा	सेंट जॉर्ज	डालर
5.	बहामाज	नसाऊ	डालर	20.	ग्वाडेलोप	बस्से-तेरे	फ्रेंक
6.	बारबाडोज	ब्रिजटाउन	डालर	21.	बल सल्वाडोर	सान सल्वाडोर	कोलन
7.	कोस्टारिका	सान जोस	कोलन	22.	ग्रीनलैंड	नूक	क्रोन
8.	बेलीज	बेलमोपान	डालर	23.	हैती	पोर्ट-ओ-प्रिंस	गोर्डे
9.	मैक्सिको	मैक्सिको सिटी	पीसो	24.	मार्टिनीक	फोर्ट-डे-फ्रांस	फ्रेंक
10.	सं. राज्य अमेरिका	वाशिंगटन (डी. सी.)	डालर	25.	एंटीगुआ व बरबुडा	सेंट जान्स	कोलन
11.	डोमीनिका	रोसेऊ	डालर	26.	सेंट ल्यूसिया	कैस्टिज	डालर
12.	डोमीनियन गणतन्त्र	सैंटो डोमिंगो	पीसो	27.	सेंट किट्स व नेविस	बेस्सेतेरे	डालर
13.	होंडुरस	तेगुसिगल्पा	लेम्पीरा	28.	प्यूटोरिको	सान जुआन	डालर
14.	नीदरलैंड एंटिल्स	ब्लेम्स्टड	गिल्डर	29.	सेंट विसेंट व ग्रेनेडाइंस	किंगसटाउन	डालर
15.	वर्जिन द्वीप समूह	चारलोटे अमाली	डालर				
दक्षिणी अमेरिका							
1.	ब्राजील	साओ पाउलो	क्रुजैरा	8.	पेरू	लीमा	न्यू सोल
2.	चिली	सांतियागो	पीसा	9.	कोलंबिया	बोगोटा	पीसो
3.	इक्वाडोर	क्विटो	सुक्रे	10.	गुयाना	जॉर्ज टाउन	डालर
4.	सुरीनाम	परामारिबो	गिल्डर	11.	पराग्वे	असनश्यान	गुआरानी
5.	वेनेजुएला	काराकस	बोलिवर	12.	उरुग्वे	मोंटेवीडिओ	पीसो
6.	अर्जेंटीना	ब्यूनस आयार्स	अर्जेण्टीनो	13.	अरुबा	ओरंजेस्टेड	गिल्डर
7.	त्रिनिदाद व टोबेगो	पोर्ट ऑफ स्पेन	डालर	14. 15.	बोलीविया फ्रेंच गुयाना	लापाज कोयेन्ने	बोलिवियानों फ्रेंक

यूरोप							
1.	रूस	मास्को	रूबल	24.	आस्ट्रिया	वियाना	शिलिंग
2.	स्पेन	मेड्रिड	पेसेता	25.	आर्मेनिया	येरेवान	रूबल
3.	पोलैण्ड	वारसा	ज्लोती	26.	चेक गणराज्य	प्राग	कोरूना
4.	नार्वे	ओस्लो	क्रोन	27.	रोमानिया	बुखारेस्ट	ल्यू
5.	पुर्तगाल	लिस्बन	एस्कुडो	28.	माल्टा	वालेटा	पाउंड
6.	फ्रांस	पेरिस	फ्रेंक	29.	लिचेंटीन	वालेटा	पाउंड
7.	जर्मनी	बर्लिन	ड्यूश मार्क	30.	सान मारिनो	सान मारिनो	लीरा
8.	यूनान	एथेंस	ड्राचमा	31.	बोस्निया-हर्जेगोविना	सरायेवो	दीनार
9.	हंगरी	बुडापेस्ट	फ्रोरिंट	32.	डेनमार्क	कोपेनहेगन	क्रोन
10.	अंडोरा	अंडोरा ला विले	फ्रेंक, पेसेता	33.	लिथुआनिया	विल्नियस	लितास
11.	अजरबैजान	बाकू	मनात	34.	एस्तोनिया	ताल्लिन	क्रून
12.	जार्जिया	तिब्लिसी	रूबल	35.	स्वीडन	स्टॉकहोम	क्रोना
13.	आयरलैंड	डबलिन	पाउंड	36.	स्विट्जरलैंड	बर्न	फ्रेंक
14.	लक्समबर्ग	लक्समबर्ग	फ्रेंक	37.	ताजिकिस्तान	दुशानवे	रूबल
15.	बेल्जियम	ब्रुसेल्स	फ्रेंक	38.	मेसीडोनिया	स्कोपजे	दीनार
16.	बुल्गारिया	सोफिया	लेवा	39.	स्लोबेनिया	ल्यूकिल्यान	दीनार
17.	अल्बानिया	तिराना	लेक	40.	सर्बिया	बेलग्रेड	दीनार
18.	लातविया	रीगा	रूबल	41.	यूक्रेन	कीव	हिरविनिया
19.	बेला रूस	मिनस्क	रूबल	42.	तुर्कमेनिस्तान	आशखाबाद	रूबल
20.	मोल्दाविया	किशीनेव	रूबल	43.	फिनलैंड	हेलसिंकी	मारक्का
21.	क्रोशिया	जागरेव	दीनार	44.	नीदरलैंड	एमस्टरडम	गिल्डर
22.	इटली	रोम	लीरा	45.	आइसलैंड	रिक्याविक	क्रोना
23.	स्लोवाक गणराज्य	ब्रातिस्लावा	क्राउन	46.	ग्रेट ब्रिटेन	लंदन	पाउंड
ओसनियाई देश							
1.	आस्ट्रेलिया	कनेबरा	डालर	9.	फिजी	सुवा	डालर
2.	न्यूजीलैंड	बेलिंग्टन	डालर	10.	मार्शलद्वीप	मजुरो	डालर
3.	माइक्रोनेशिया	पीलीकीर	डारल	11.	नारू	यारेन	डालर
4.	टोंगा	नुकोअलाफा	पांग	12.	तुवालू	फुनाफुटी	डालर
5.	वानाआतू	पोर्ट विला	वातू	13.	प. सामोआ	एपिआ	ताला

6.	किरिबाती	बैरिकी	डालर	14.	न्यू कैलीडोनिया	नौमिया	फ्रेंक
7.	पापुआ न्यू गिनी	पोर्ट मोरेस्वी	किना	15.	पलाऊ (बेलाऊ)	कोडोर	USA डालर
8.	फ्रेंच पोलिनेशिया	पापीते	फ्रेंक	16.	सोलोमन द्वीप समूह	होनियारा	डालर

34. विश्व प्रसिद्ध स्थल

स्थान	देश/स्थान	विशेषता
ह्वाइट सैंड्स	यू०एस०ए०	अमेरिका ने जुलाई, 1945 में पहला नाभिकीय विस्फोट यहीं किया था।
बिलिंग्स गेट	लंदन	यह ब्रिज लंदन का प्रसिद्ध मछली बाजार है।
स्टैच्यू ऑफ लिबर्टी	न्यूयार्क (USA)	इसे 1867 में प्रसिद्ध मूर्तिकार फ्रेडरिक ऑगस्ट बर्थोल्डी ने डिजायन किया था। इस मूर्ति का टाइटिल है– 'लिबर्टी एनलाइटिंग द वर्ल्ड।' इस प्रतिमा के ताज में सात नुकीली आकृतियाँ बनी हुई हैं, जो सातों महाद्वीप का प्रतीक है। इसकी ऊँचाई 151 फुट इंच है। यह मूर्ति स्वतन्त्रता का प्रतीक है। 28 अक्टूबर, 1886 को संयुक्त राज्य अमेरिका ने इस आधिकारिक रूप से स्वीकार किया था।
रेड स्क्वायर	रूस	क्रेमलिन स्थित यह एक प्रसिद्ध स्थान है, जहाँ लेनिन की समाधि है।
एलिसी पैलेस	फ्रांस	यह फ्रांस के राष्ट्रपति का सरकारी आवास है।
लापनॉर	चीन	चीन का प्रमुख परमाणु संस्थान है। यह सीक्यांग मरुस्थल में स्थित है।
कान्स	फ्रांस	यहां प्रतिवर्ष फिल्म महोत्सव आयोजित किया जाता है।
पेंटागन	USA	यह USA के रक्षा मंत्रालय की बिल्डिंग है। वर्जीनिया में स्थित यह बिल्डिंग विश्व का सबसे बड़े कार्यालय की बिल्डिंग मानी जाती है।
डिज्नीलैंड	USA	यह एक मनोरंजन पार्क है, जो कैलिफोर्निया के अनाहीम नामक स्थान पर बना हुआ है। इसका निर्माण वाल्टर इलियास डिज्नी ने 1955 में करवाया था।
अराविले	भारत	यह यूनेस्को द्वारा घोषित विश्व का पहला अन्तरराष्ट्रीय नगर है। यह पांडिचेरी में स्थित है। इसकी स्थापना अरबिन्दो सोसायटी की मीरा अल्फेसा (Mira Alfassa) 'द मदर' के द्वारा 28 फरवरी, 1968 को की गयी थी।

भारत का भूगोल

1. सामान्य परिचय

- भारत एशिया महाद्वीप का एक देश है, जो एशिया के दक्षिणी भाग में हिन्द महासागर के शीर्ष पर तीन ओर समुद्र से घिरा हुआ है। पूरा भारत उत्तरी गोलार्द्ध में स्थित है।
- भारत का अक्षांशीय विस्तार 8°4' ये 37°6' उत्तरी अक्षांश तक है जबकि देशांतरीय विस्तार 68°7' से 97°25' पूर्वी देशांतर तक है।
- 82½° पूर्वी देशांतर उसके लगभग मध्य से होकर गुजरती है। इसी देशांतर को देश का मानक समय माना गया है। यह इलाहाबाद के निकट नैनी से होकर गुजरती है।
- भारत का क्षेत्रफल 32,87,263 वर्ग किमी है।
- पूर्व से पश्चिम तक इसकी लंबाई 2,933 किमी तथा उत्तर से दक्षिण तक लंबाई 3,214 किमी है।
- इसकी स्थलीय सीमा की लंबाई 15,200 किमी तथा जलीय (तटीय) सीमा की लंबाई 7516.5 किमी है, परंतु मुख्य भूमि के समुद्री भाग की लंबाई 6,100 किमी है।
- क्षेत्रफल के दृष्टिकोण से भारत विश्व का **7वाँ** सबसे बड़ा देश है, जबकि जनसंख्या के दृष्टिकोण से यह विश्व का दूसरा सबसे बड़ा देश है।
- क्षेत्रफल की दृष्टि से भारत से छः बड़े देश हैं- रूस, कनाडा, ब्राजील, संयुक्त राज्य अमेरिका, ऑस्ट्रेलिया तथा चीन।
- भारत का क्षेत्रफल सम्पूर्ण विश्व के क्षेत्रफल का 2.42 है। जबकि इसकी जनसंख्या सम्पूर्ण विश्व की जनसंख्या का 17.5 प्रतिशत है। (2011 के जनगणना के अनुसार)
- जनसंख्या के दृष्टिकोण से विश्व के 8 बड़े देश हैं- चीन, भारत, संयुक्त राज्य अमेरिका, इंडोनेशिया, ब्राजील, पाकिस्तान, बांगलादेश एवं रूस।

भारत के 7 पड़ोसी देशों के साथ सीमाओं की लंबाई

देश	लंबाई (किमी०)	सीमा से संबद्ध भारतीय राज्य
बांग्लादेश	4096.7	असम, मेघालय, मिजोरम, त्रिपुरा एवं पश्चिम बंगाल
चीन	3488.0	जम्मू-कश्मीर, हिमाचल प्रदेश, उत्तराखण्ड, सिक्किम एवं अरुणाचल प्रदेश
पाकिस्तान	3323.0	गुजरात, राजस्थान, पंजाब एवं जम्मू-कश्मीर
नेपाल	1751.0	उत्तर प्रदेश, बिहार, पश्चिम बंगाल, सिक्किम एवं उत्तराखण्ड
म्यांमार	1643.0	अरुणाचल प्रदेश, नगालैंड, मिजोरम एवं मणिपुर
भूटान	699.0	सिक्किम, असम, पश्चिम बंगाल एवं अरुणाचल प्रदेश
अफगानिस्तान	106.0	जम्मू-कश्मीर (पाक-अधिकृत)
कुल	15106.7	स्रोतः गृह मंत्रालय वार्षिक रिपोर्ट - 2010-11, पृष्ठ-40
नोटः भाारत के कुल 17 राज्य पड़ोसी देश की सीमा से जुड़ते हैं।		

- भारत की आकृति पूर्णतः त्रिभुजाकार न होकर चतुष्कोणीय है एवं यह भूमध्य रेखा के उत्तर में स्थित है।

- कर्क रेखा लगभग भारत के मध्य से गुजरती है। कर्क रेखा जिन प्रदेशों से होकर गुजरती है वे हैं- गुजरात, राजस्थान, मध्यप्रदेश, झारखंड, पश्चिम बंगाल, त्रिपुरा तथा मिजोरम।
- भारत का मानक समय ग्रीनविच मीन टाइम (GMT) से 5 घंटा 30 मिनट आगे है।
- भारत का **सबसे दक्षिणी बिन्दु इंदिरा प्वॉइंट** है। यह निकोबार द्वीप समूह में स्थित है। इसके पूर्व नाम हैं- ला हि चिंग, पिगमेलियन प्वॉइंट तथा पारसन प्वॉइंट। यह भूमध्य रेखा से 876 किमी दूर है। भारत का **सबसे उत्तरी बिन्दु इंदिरा-कॉल** जम्मू कश्मीर राज्य में है।
- **कोलाबा प्वॉइंट** मुम्बई में, **प्वॉइंट कालीमेरे** तमिलनाडु में एवं **प्वॉइंट पेड्रो** जाफना (श्रीलंका के उत्तर-पूर्व) में है।
- भारत 29 राज्यों एवं 7 केन्द्र शासित प्रदेशों का एक संघ है।
- भारत के निकटतम पड़ोसी देश हैं- पाकिस्तान, अफगानिस्तान, चीन, नेपाल, भूटान, म्यांमार तथा बांगलादेश है।
- दक्षिण में श्रीलंका भारत से **पाक जलसंधि** तथा **मन्नार की खाड़ी** द्वारा अलग हिन्द महासागर में स्थित पड़ोसी देश है।
- श्रीलंका के बाद भारत का दूसरा निकटतम समुद्री पड़ोसी देश इंडोनेशिया है, जो निकोबार द्वीप समूह के अंतिम द्वीप ग्रेट निकोबार के दक्षिण में स्थित है।
- भूटान जैसा पड़ोसी देश एक विशेष संधि द्वारा भारत पर निर्भर करता है एवं इसकी प्रतिरक्षा, विकास आदि कार्यों का उत्तरदायित्व भारत पर है।
- पाकिस्तान और भारत की सीमा को स्पर्श करने वाले भारतीय राज्य हैं- जम्मू-कश्मीर, पंजाब, राजस्थान तथा गुजरात।
- अफगानिस्तान की सीमा को स्पर्श करने वाला एकमात्र भारतीय राज्य है- जम्मू-कश्मीर।

पड़ोसी देशों से लगा सबसे लंबा संबद्ध राज्य

देश	सबसे लंबा संबद्ध राज्य
बांग्लादेश	पश्चिम बंगाल
चीन	जम्मू-कश्मीर
पाकिस्तान	राजस्थान
नेपाल	बिहार
म्यांमार	मिजोरम
भूटान	असम
अफगानिस्तान	जम्मू-कश्मीर

- भारत और चीन की सीमा से सटे भारतीय राज्य हैं- जम्मू-कश्मीर, हिमाचल प्रदेश, उत्तराखंड, सिक्किम तथा अरुणाचल प्रदेश है।
- म्यान्मार की सीमा को स्पर्श करने वाले भारतीय राज्य हैं- अरुणाचल प्रदेश, नगालैंड, मणिपुर तथा मिजोरम।
- बांगलादेश और भारत की सीमा से सटे भारतीय राज्य हैं- मिजोरम, त्रिपुरा, असम, मेघालय तथा पश्चिम बंगाल।
- पूर्वोत्तर भारतीय राज्यों में नगालैंड, मणिपुर, अरुणाचल प्रदेश एवं सिक्किम की सीमाएँ, बांगलादेश से नहीं मिलती है।
- भारतीय उपमहाद्वीप में सम्मिलित देश हैं- भारत, पाकिस्तान, बांगलादेश, नेपाल व भूटान।
- भारत के पड़ोसी देशों- पाकिस्तान, अफगानिस्तान, चीन, नेपाल, भूटान, म्यान्मार और बांगलादेश के साथ भारत की सीमा की लंबाई क्रमशः 3,310 किमी, 80 किमी, 3,917 किमी, 1,752 किमी, 587 किमी, 1,458 किमी एवं 4,096 किमी है।

- भारत एवं चीन की सीमा को **मैकमोहन रेखा** कहते हैं। यह रेखा 1914 ई. में शिमला में निर्धारित की गयी थी। इसकी उत्तरी-पूर्वी सीमा की लंबाई लगभग 4224 किमी है।
- भारत और अफगानिस्तान के बीच **डुरण्ड रेखा** है, जो 1896 ई. में सर डुरण्ड द्वारा निर्धारित की गयी थी। अब यह रेखा अफगानिस्तान एवं पाकिस्तान के बीच है।
- भारत और पाकिस्तान के बीच **रेडक्लिफ रेखा** है जो 15 अगस्त, 1947 को सर एम. रेडक्लिफ के द्वारा निर्धारित की गयी थी।
- भारतीय राज्यों में गुजरात राज्य की तटरेखा सर्वाधिक लंबी (1200 किमी) है। इसके बाद आंध्रप्रदेश की तटरेखा लंबी है। भारत के 9 राज्य तटरेखा से लगे हैं।
- जम्मू-कश्मीर के लद्दाख क्षेत्र में स्थित काराकोरम दर्रा भारत का सबसे ऊँचा दर्रा (5624 मीटर) है। यहाँ से चीन को जाने वाली एक सड़क बनायी गयी है।

भारत के प्रमुख दर्रे

दर्रे	राज्य
काराकोरम दर्रा	जम्मू-कश्मीर
जोजिला दर्रा	जम्मू-कश्मीर
पीरपंजाल दर्रा	जम्मू-कश्मीर
बनिहाल दर्रा	जम्मू-कश्मीर
बुर्जिल दर्रा	जम्मू-कश्मीर
शिपकीला दर्रा	हिमाचल प्रदेश
रोहतांग दर्रा	हिमाचल प्रदेश
लिपुलेख दर्रा	उत्तराखंड
माना दर्रा	उत्तराखंड
नीति दर्रा	उत्तराखंड
नाथूला दर्रा	सिक्किम
जैलेप्ला दर्रा	सिक्किम
बोम्डिला दर्रा	अरुणाचल प्रदेश
यांग्याप दर्रा	अरुणाचल प्रदेश
दिफू दर्रा	अरुणाचल प्रदेश
तुजु दर्रा	मणिपुर

- **जोजिला दर्रे** का निर्माण सिंधु नदी द्वारा, **शिपकीला दर्रे** का निर्माण सतलज नदी द्वारा एवं जैलेप्ला दर्रे का निर्माण तिस्ता नदी द्वारा हुआ है।
- शिपकीला दर्रा शिमला से तिब्बत को जोड़ता है।
- बुर्जिल दर्रा श्रीनगर से गिलगित को जोड़ता है।
- बनिहाल दर्रे से जम्मू से श्रीनगर जाने का मार्ग गुजरता है। **जवाहर सुरंग** इसी में स्थित है।
- तीन अर्द्ध-चन्द्राकार समुद्र तट कन्याकुमारी में मिलते हैं।
- नेपाल की सीमा को स्पर्श करने वाले भारतीय राज्य हैं– उत्तराखंड, उत्तरप्रदेश, बिहार, पश्चिम बंगाल एवं सिक्किम।
- भूटान की सीमा को स्पर्श करने वाले भारतीय राज्य हैं– सिक्किम, पश्चिम बंगाल, असम एवं अरुणाचल प्रदेश।

2. भारत का भौगोलिक स्वरूप

- भारत का विशाल क्षेत्र भौतिक दृष्टि से सर्वत्र समान नहीं है, बल्कि इसके संरचना में काफी विविधता पायी जाती है।
- देश के कुल क्षेत्रफल के 10.7% भाग पर उच्च पर्वत श्रेणियों का विस्तार पाया जाता है जिनकी ऊँचाई समुद्र तल से 2,135 मीटर या उससे अधिक है।
- समुद्र से 305 से 915 मीटर तक ऊँचाई वाले पठारी भाग का विस्तार भी देश के 27.7% क्षेत्र पर है जबकि शेष 43.0% भाग पर विस्तृत मैदान पाये जाते हैं।

- भौतिक संरचना की दृष्टि से भारत को सामान्यत: चार भौतिक या प्राकृतिक भागों में बाँटा गया है, जो इस प्रकार है- 1. उत्तर का पर्वतीय प्रदेश 2. उत्तर का विशाल मैदान 3. प्रायद्वीपीय पठार 4. समुद्रतटीय मैदान।

1. उत्तर का पर्वतीय प्रदेश

- इस प्रदेश को **हिमालय पर्वतीय प्रदेश के रूप में भी** जाना जाता है, जो देश की उत्तरी सीमा पर **एक चाप** (Arc) के आकार में 5,000 किमी की लंबाई में फैला है। इसका क्षेत्रफल लगभग 5 लाख वर्ग किमी है। इसका उद्गम पामीर की गाँठ से हुआ है।
- भू-वैज्ञानिकों के मतानुसार जहाँ आज हिमालय पहाड़ हैं, वहाँ टेथिस नामक उथला समुद्र था।
- हिमालय की उत्पत्ति के सम्बन्ध में आधुनिक सिद्धान्त प्लेट विवर्तनिकी (Plate Tectonics) है।
- अरावली की पहाड़ियाँ राजस्थान राज्य में है तथा इसका विस्तार दिल्ली तक है। यह सबसे पुरानी चट्टानों से बनी है। इसकी सबसे ऊँची चोटी माउंट आबू पर स्थिर **गुरु शिखर** है। इसकी ऊँचाई 1,722 मीटर है।
- भौतिक दृष्टि से हिमालय पर्वत में चार समानांतर श्रेणियाँ मिलती हैं, जो निम्न है-

(i) **ट्रांस अथवा तिब्बत हिमालय श्रेणी**

- यह सबसे उत्तर में स्थित है।
- इस श्रेणी की औसत ऊँचाई 3,100 से 3,700 मीटर तक है।
- यह श्रेणी बंगाल की खाड़ी में गिरने वाली नदियों तथा उत्तर दिशा में भू-आवेष्ठित झीलों से निकलने वाली नदियों के बीच जल विभाजक की भूमिका निभाती है।

(ii) **महान अथवा वृहत् अथवा आंतरिक हिमालय श्रेणी**

- यह हिमालय पर्वतमाला की प्रमुख तथा सर्वोच्च श्रेणी है। इसकी औसत ऊँचाई 6,000 मीटर है।
- इस श्रेणी में विश्व की सर्वोच्च पर्वत चोटियाँ पायी जाती हैं जिनमें प्रमुख है- माउंट एवरेस्ट (8,848 मीटर), नंदा देवी (7,817 मीटर), नंगा पर्वत (8,126 मीटर), गोसाांई थान (8,013 मीटर), कंचनजंघा (8,598 मीटर), मकालू (8,481 मीटर), अन्नपूर्णा (8,078 मीटर), मनसालू (8,156 मीटर), हरामोश (7,397 मीटर) तथा धौलागिरि (8,172 मीटर)। इनमें कंचनजंघा, नंगा पर्वत और नंदा देवी भारत की सीमा में है और शेष नेपाल में है।
- इसी श्रेणी में भारत के प्रमुख दर्रे अवस्थित हैं।
- दुनिया की सबसे ऊँची पर्वत चोटी माउंट एवरेस्ट (8,848 मीटर) को नेपाल में सागरमाथा व चीन में क्योमोलांगमा कहते हैं।
- भारत में हिमालय की सबसे ऊँची चोटी कंचनजंघा (8,598 मीटर) सिक्किम में स्थित है।
- सिंधु, सतलज, दिहांग, गंगा, यमुना तथा इनकी सहायक नदियों की घाटियाँ इसी श्रेणी में स्थित है।

(iii) **लघु अथवा हिमालय श्रेणी**

- इस श्रेणी की औसत ऊँचाई 1,828 से 3,000 मीटर तक है।
- इस श्रेणी में नदियों द्वारा 1000 मीटर से भी अधिक गहरे खड्डों अथवा गार्जो का निर्माण किया गया है।

- यह श्रेणी मुख्यतः छोटी-छोटी पर्वत श्रेणियों जैसे- धौलाधार, नागटीबा, पीरपंजाल, महाभारत तथा मसूरी का सम्मिलित रूप है।
- इस श्रेणी के निचले भाग में देश के प्रसिद्ध पर्वतीय स्वास्थ्यवर्द्धक स्थान जैसे- शिमला, मसूरी, नैनीताल, चकराता, रानीखेत, दार्जिलिंग आदि अवस्थित हैं।
- इस श्रेणी के ढलानों पर मिलने वाले छोटे-छोटे घास के मैदानों को जम्मू-कश्मीर में मर्ग (जैसे- सोनमर्ग, गुलमर्ग आदि) तथा उत्तराखंड में बुग्याल एवं पयार कहा जाता है।

(iv) **उपहिमालय या शिवालिक श्रेणी**

- हिमालय की सबसे दक्षिण में स्थित इस श्रेणी को **बाह्य हिमालय** के नाम से भी जाना जाता है। इसकी औसत ऊँचाई 1000 मीटर तक है।
- इसका विस्तार पाकिस्तान के पोटवार पठार से पूर्व में कोसी नदी तक है।
- गोरखपुर (उत्तरप्रदेश) के समीप इसे डूंडवा श्रेणी तथा पूर्व की ओर चूरियामूरिया श्रेणी के स्थानीय नाम भी पुकारा जाता है।
- यह हिमालय पर्वत का सबसे नवीन भाग है।
- इस श्रेणी में मिट्टी और कंकड़ से बने ऊँचे मैदान मिलते हैं जिन्हें दून या द्वारा कहते हैं, जैसे- देहरादून, हरिद्वार।
- इस श्रेणी के बाद भारत के विशाल मैदान की शुरुआत होती है।

नोट : भारत की सबसे ऊँची पर्वत चोटी K-2 या गॉडविन ऑस्टिन है (ऊँचाई 8,611 मीटर) जो कि काराकोरम श्रेणी में स्थित है। यह पाक अधिकृत कश्मीर (POK) में है तथा वृहत हिमालय के उत्तर में स्थित है।

हिमालय का प्रादेशिक विभाजन		
प्रादेशिक भाग का नाम	**लंबाई (किमी में)**	**विस्तार**
पंजाब हिमालय	560	सिंधु एवं सतलज नदियों के मध्य
कुमायूँ हिमालय	320	सतलज एवं काली-नदियों के मध्य
नेपाल हिमालय	800	काली एवं तिस्ता नदियों के मध्य
असम हिमालय	720	तिस्ता एवं दिहांग नदियों के मध्य

2. उत्तर का विशाल मैदान

- भारत का यह विशाल मैदान विश्व के सबसे अधिक उपजाऊ व घनी आबादी वाले भूभागों में से एक है। इसे गंगा का मैदान भी कहते हैं।
- इस विशाल मैदान का निर्माण नदियों द्वारा बहाकर लाये गये निक्षेपों से हुआ है।
- यह मैदान **धनुषाकार** रूप में 2,414 किमी की लंबाई में देश के 7.5 लाख वर्ग किमी क्षेत्र पर फैला हुआ है।
- प्रादेशिक दृष्टि से उत्तरी राजस्थान, पंजाब, हरियाणा, उत्तरप्रदेश, बिहार, पश्चिम बंगाल, ओडिशा तथा असम में इसका विस्तार है।
- इस मैदान को मुख्यतः पश्चिमी तथा पूर्वी दो भागों में बाँटा जाता है।

- पश्चिमी मैदान का अधिकांश भाग वर्तमान पाकिस्तान के सिंध प्रांत में पड़ता है जबकि इसका कुछ भाग पंजाब व हरियाणा राज्यों में भी मिलता है। इसका निर्माण सतलज, व्यास तथा रावी एवं इनकी सहायक नदियों द्वारा किया गया है।

- पूर्वी मैदान का विस्तार उत्तरप्रदेश, बिहार तथा पश्चिम बंगाल राज्यों में है। इस मैदान में धरातलीय भू-आकृति के आधार पर बांगर तथा खादर नामक दो विशेष भाग मिलते हैं। बांगर (Banger) प्राचीनतम संग्रहीत पुरानी जलोढ़ मिट्टी के उच्च मैदानी भाग हैं, जहाँ कभी भी नदियों की बाढ़ का पानी नहीं पहुँच पाता। खादर (Khadar) की गणना नवीनतम कछारी भागों के रूप में की जाती है। यहाँ पर प्रतिवर्ष बाढ़ का पानी पहुँचने एवं नई मिट्टी का जमाव होने से वे काफी उपजाऊ माने जाते हैं।

- उत्तर के विशाल मैदान से सम्बन्धित दो प्रमुख शब्दावलियाँ हैं- भावर तथा तराई। ये अवसादी जमाव की विशेषताओं की परिचायक भी हैं।

- भावर (Bhavar) क्षेत्र हिमालय तथा गंगा के मैदान के बीच पाया जाता है जिसमें पर्वतीय भाग से नीचे आने वाली नदियों ने लगभग 8 किमी की चौड़ाई में कंकड़ों एवं पत्थरों का जमाव कर दिया है। इस पथरीले क्षेत्र में हिमालय से निकलने वाली नदियाँ प्राय: विलीन हो जाती हैं और केवल कुछ बड़ी नदियों की धारा ही धरातल पर प्रवाहित होती दिखायी पड़ती हैं।

- तराई (Traai) क्षेत्र भावर के नीचे सामानांतर स्थित है, जिसकी चौड़ाई 15 से 30 किमी तक पायी जाती है। भावर प्रदेश में विलीन हुई नदियों का जल तराई क्षेत्र में ऊपर आ जाता है। यह वास्तव में निम्न समतल मैदानी क्षेत्र है, जहाँ नदियों का जल इधर-उधर फैल जाने से दलदलों का निर्माण होता है।

3. प्रायद्वीपीय पठार

- गंगा के विशाल मैदान के दक्षिण से लेकर कन्याकुमारी तक **त्रिभुजाकार आकृति** में लगभग 16 लाख वर्ग किमी क्षेत्र पर प्रायद्वीपीय पठारी भाग फैला हुआ है। यह देश के सर्वाधिक क्षेत्रफल वाला तथा प्राचीन भौतिक प्रदेश है। इस पर प्रवाहित होने वाली नदियों ने इसको कई छोटे-छोटे पठारों में विभाजित कर दिया है।

पश्चिमी घाट के दर्रे		
दर्रा	ऊँचाई (मीटर)	स्थिति एवं महत्त्व
थाल घाट	580	नासिक एवं मुम्बई के बीच का सम्पर्क मार्ग
भोर घाट	520	मुम्बई एवं पुणे के बीच का सम्पर्क मार्ग
पाल घाट	530	कोयंबटूर एवं कोचीन के बीच का सम्पर्क मार्ग
सिनकोट	280	त्रिवेन्द्रम एवं मदुरै के बीच का सम्पर्क मार्ग

- मालवा का पठार मध्यप्रदेश एवं छत्तीसगढ़ राज्य में है। यह ज्वालामुखीय चट्टानों से निर्मित है। इससे बेतवा, पार्वती, नीवज, काली सिंध, चंबल तथा माही नदियाँ निकलती है।

- विंध्याचल का पठार झारखंड, उत्तरप्रदेश एवं छत्तीसगढ़ राज्य में है। यह परतदार चट्टानों का बना है। विंध्याचल पर्वतमाला उत्तर भारत को दक्षिण भारत से अलग करता है।

- मैकाल पठार छत्तीसगढ़ में है। मैकाल पहाड़ी का सर्वोच्च शिखर अमरकंटक (1036 मीटर)

है। यह पुरानी चट्टानों से निर्मित एक ब्लॉक पर्वत है। इसके पश्चिम की ओर से नर्मदा नदी, उत्तर की ओर से सोन नदी और दक्षिण की तरफ से महानदी निकलती है।

- छोटानागपुर स्थित रांची का पठार सम्प्राय मैदान का उदाहरण है। छोटानागपुर पठार को भारत का रूर भी कहा जाता है, क्योंकि खनिज भंडार की दृष्टि से यह भारत का सबसे सम्पन्न प्रदेश है।
- सतपुड़ा की पहाड़ियाँ मध्यप्रदेश राज्य में है। ये ज्वालामुखीय चट्टानों से निर्मित हुई है। इनकी सबसे ऊँची चोटी धूपगढ़ (1350 मीटर) है, जो महादेव पर्वत पर स्थित है। इसके पूर्वी हिस्से से ताप्ती नदी निकलती है।
- पश्चिमी घाट पर्वतमाला ताप्ती नदी के मुहाने से लेकर कुमारी अंतरीप तक लगभग 1600 किमी में विस्तृत है। इसकी औसत ऊँचाई 1200 मीटर है। पश्चिमी घाट से उत्तर में गुजरात के सौराष्ट्र प्रदेश में गिर की पहाड़ियाँ मिलती है जो एशियाई सिंह के लिए विख्यात है।
- दक्कन का पठार महाराष्ट्र राज्य में है। यह ज्वालामुखीय बेसाल्ट चट्टानों से बना है। यह काली मिट्टी का क्षेत्र है। इसके पश्चिमी हिस्से में सह्याद्रि की पहाड़ी है, जिसे पश्चिमी घाट भी कहते हैं, सह्याद्रि की सबसे ऊँची चोटी **काल्सुबाई** है। इस पठार के पूर्वी भाग को विदर्भ कहा जाता है।
- धारावाड़ का पठार कर्नाटक राज्य में है। यह परिवर्तित चट्टानों से बना है। इस पठार के पश्चिमी भाग में बाबाबुदन की पहाड़ी तथा ब्रह्मगिरी की पहाड़ी है।
- नीलगिरि की पहाड़ी तमिलनाडु में है, जो एक ब्लॉक पर्वत है। यह मुख्यत: चारनोकाइट पठार से बनी है। इसकी सबसे ऊँची चोटी डोडाबेट्टा (2637 मीटर) है जो दक्षिण भारत की दूसरी सबसे ऊँची चोटी है। 'उटकमंड या ऊटी' इसी पहाड़ी पर है।
- तमिलनाडु राज्य में नीलगिरि के दक्षिण भाग में पाल घाट दर्रा है। पाल घाट दर्रा (Pal Ghat Gap) पश्चिम एवं पूर्वी घाट का मिलन स्थल है अर्थात् पूर्वी घाट एवं पश्चिमी घाट के मिलन स्थल पर नीलगिरि पहाड़ी स्थित है।
- दक्षिण भारत की सबसे ऊँची चोटी अनाईमुडी (2695 मीटर) है। यह अन्नामलाई की पहाड़ी पर स्थित है।

  नोट : अनाईमुड़ी तीन पहाड़ियों का केन्द्र बिन्दु है। यहाँ से तीन पहाड़ी श्रृंखलाएँ तीन दिशाओं में जाती है। दक्षिण की ओर इलायची (कार्डेमम) की पहाड़ियाँ, उत्तर की ओर अन्नामलाई की पहाड़ियाँ तथा उत्तर-पूर्व की ओर पालनी की पहाड़ियाँ हैं। प्रसिद्ध पर्यटक स्थल 'कोडायकनाल' पालनी पहाड़ी में स्थित है, जो कि तमिलनाडु में है।
- पूर्वी घाट पर्वतमाला श्रृंखलाबद्ध रूप में नहीं मिलती क्योंकि महानदी, गोदावरी, कृष्णा, कावेरी नदियों ने इसे जगह-जगह पर काट दिया है।
- पूर्वी घाट की सबसे ऊँची चोटी ओडिशा की अरोयाकोंडा चोटी (विशाखापत्तनम चोटी) है।
- पूर्वी घाट को सबसे उत्तरी भाग में उत्तरी पहाड़ी (उत्तरी सरकार), मध्य में कुडप्पा पहाड़ी और दक्षिण में तमिलनाडु पहाड़ी के नाम से जाना जाता है।
- नल्लामल्ला, एर्रामल्ला, वेलीकोंडा व पालकोंडा कुडप्पा पहाड़ी के अंतर्गत एवं शेवराय व जवादी तमिलनाडु पहाड़ियों के अन्तर्गत आते हैं।
- पूर्वी घाट की औसत ऊँचाई 600 मीटर है, यद्यपि दक्षिण में बिलगिरी श्रेणी के निकट यह सर्वाधिक उँचाई प्राप्त करती है।

4. समुद्रतटीय मैदान

- दक्षिण के प्रायद्वीपीय पठारी भाग के दोनों ओर पूर्वी घाट तथा पश्चिमी घाट पर्वतमालाओं एवं सागर तट के बीच समुद्रतटीय मैदानों का विस्तार है। स्थिति के आधार पर इन्हें पूर्वी तथा पश्चिमी समुद्र तटीय मैदानों में विभाजित किया जाता है।

(i) **पूर्वी समुद्र तटीय मैदान**

- पूर्वी समुद्र तटीय मैदान पश्चिम बंगाल से कुमारी अंतरीप तक मिलता है। इसकी चौड़ाई पश्चिमी तटीय मैदान की अपेक्षा अधिक है।
- इस पर प्रवाहित होने वाली नदियों-महानदी, गोदावरी, कृष्णा, कावेरी आदि ने विस्तृत डेल्टा का निर्माण किया है।
- इस पर चिल्का तथा पुलीकट जैसी विस्तृत झीलें भी पायी जाती है।
- इसके उत्तरी भाग को उत्तरी सरकार तथा दक्षिणी भाग को कोरोमंडल तट के नाम से जाना जाता है।
- पूर्वी समुद्र तटीय मैदान को निम्न भागों में बाँटा गया है-
  (a) कन्याकुमारी से कृष्णा डेल्टा तक का तट कोरोमंडल तट।
  (b) कृष्णा डेल्टा से गोदावरी डेल्टा तक का तट गोलकुंडा तट।
  (c) कृष्णा डेल्टा से लेकर उत्तरी तटीय भाग को उत्तरी सरकार तट कहा जाता है।
- भारत के पूर्वी तट पर स्थित प्रमुख बंदरगाह हैं- पारादीप (ओडिशा), कोलकाता (पश्चिम बंगाल), विशाखापत्तनम (आंध्रप्रदेश), चेन्नई, तूतोकोरिन एवं एन्नौर (तमिलनाडु)।
- विशाखापत्तनम बंदरगाह डॉल्फिन नामक चट्टान के पीछे सुरक्षित है।
- पूर्वी तट पर स्थित प्रमुख लैगून हैं- पुलिकट (चेन्नई, तमिलनाडु), चिल्का (पुरी, ओडिशा) तथा कोलेरू (आंध्रप्रदेश)।
- पुलिकट एक वलयाकार प्रवाल झील (Atoll Lagoon) है जो श्रीहरिकोटा दीप द्वारा समुद्र से विलग है।

(ii) **पश्चिमी समुद्र तटीय मैदान**

- पश्चिमी समुद्र तटीय मैदान का विस्तार गुजरात में कच्छ की खाड़ी से लेकर कुमारी अंतरीप तक पाया जाता है। इसकी औसत चौड़ाई 64 किमी है। इस मैदान की सर्वाधिक चौड़ाई नर्मदा तथा ताप्ती नदियों के मुहानों के समीप 80 किमी तक मिलती है।
- इस मैदान का ढाल पश्चिम की ओर अत्यधिक तीव्र है, जिस पर तीव्रगामी नदियाँ प्रवाहित होती हैं।
- इस मैदान को निम्न भागों में बाँटा गया है-
  (a) गुजरात का मैदान-गुजरात का तटवर्ती क्षेत्र।
  (b) कोंकण तट- गुजरात से गोवा तक का तटीय क्षेत्र।
  (c) कन्नड़/केनरा तट- गोवा से कर्नाटक के मंगलौर तक का तटीय क्षेत्र।
  (d) मालाबार तट- मंगलौर से कन्याकुमारी तक का तटीय क्षेत्र।
- भारत के पश्चिमी तट पर स्थित प्रमुख बंदरगाह हैं- कांडला (गुजरात), मुंबई (महाराष्ट्र), मार्मागोवा (गोवा), मंगलौर (कर्नाटक), कोच्चि (केरल), न्हावासेवा (महाराष्ट्र)।

➩ मालाबार तट पर अनेक पश्च जल है, जिसे स्थानीय भाषा में कयाल (Kayal) कहते हैं।

3. भारत के द्वीप

➩ भारत में दो द्वीप समूह हैं- 1. अंडमान-निकोबार द्वीप समूह 2. लक्षद्वीप द्वीप समूह।

1. अंडमान-निकोबार द्वीप समूह

➩ अंडमान-निकोबार द्वीप समूह बंगाल की खाड़ी में स्थित है। इसमें लगभग 247 छोटे-छोटे द्वीप हैं, निकोबार में 19 द्वीप हैं। ये द्वीप वास्तव में समुद्र में डूबे हुए पर्वत शिखर हैं। लैंडफॉल द्वीप अंडमान-निकोबार द्वीप समूह का सबसे उत्तरी द्वीप है। कोको जलमार्ग इसे म्यांमार के कोको द्वीप से अलग करता है, जहाँ चीन ने निगरानी तन्त्र स्थापित किया है।

➩ बंगाल की खाड़ी में नदियों ने जलोढ़ मिट्टी के निक्षेप द्वारा अनेक द्वीपों का निर्माण किया है। हुगली के निकट 20 किमी लंबा सागर द्वीप है, जिसे गंगासागर के नाम से जाना जाता है। यहाँ न्यू मूर नामक द्वीप का निर्माण हाल ही में हुआ है।

➩ अंडमान-निकोबार द्वीप समूह की सबसे ऊँची पर्वत चोटी सैडल पीक (730 मीटर है।

➩ माउंट हेरियट दक्षिण अंडमान में तथा माउंट पुलियर निकोबार द्वीप समूह में स्थित है।

➩ इस केन्द्र शासित प्रदेश का सबसे बड़ा पत्तन (बंदरगाह) पोर्ट ब्लेयर दक्षिणी अंडमान में स्थित है।

➩ नेल्लोर के निकट श्रीहरिकोटा प्रवाल (Atoll) निर्मित द्वीप है। पुलीकट झील इसी द्वीप द्वारा समुद्र से अलग है।

2. लक्षद्वीप द्वीप समूह

➩ लक्षद्वीप द्वीप समूह अरब सागर में स्थित है। इसमें कुल 36 द्वीप है। इसमें केवल 10 द्वीप पर ही आबादी है।

➩ लक्षद्वीप का सबसे बड़ा द्वीप आण्ड्रेट है। पिटली द्वीप जहाँ मनुष्य का निवास नहीं है, वहाँ एक पक्षी अभयारण्य है।

➩ पम्बल द्वीप मन्नार की खाड़ी में स्थित है।

➩ भारत में बैरन तथा नारकोंडम नामक दो प्रसिद्ध ज्वालामुखी द्वीप है। बैरन द्वीप (अंडमान तथा निकोबार द्वीप समूह में) एक सक्रिय ज्वालामुखी है, जबकि नारकोंडम दो सुषुप्त ज्वालामुखी है।

4. भारत में नदी प्रणाली

➩ भारत में भौतिक दृष्टि से नदियों को मुख्यत: दो भागों में बाँटा गया है-

1. हिमालयीय नदियाँ एवं
2. प्रायद्वीपीय नदियाँ

1. हिमालयीय नदियाँ

➩ हिमालय से निकलने वाली नदियाँ बारह मास प्रवाहित होती हैं। इसकी कुछ प्रमुख नदियाँ निम्न हैं-

(i) **सिंधु नदी तन्त्र**

➩ सिंधु नदी का उद्‌गम स्थल तिब्बत (चीन) में मानसरोवर झील के पास स्थित सानोख्बाब हिमनद (Glacier) है।

➩ सिंधु नदी की कुल लंबाई 2,880 किमी है, जबकि भारत में इसकी लंबाई 1,114 किमी है। यह अंतत: पाकिस्तान से होकर अरब सागर में विलीन हो जाती है।

- सिंधु नदी के साथ बहने वाली सहायक नदियों में जम्मू-कश्मीर की नदियाँ हैं- गरतांग, श्योक, शिगार, नुब्रा और गिलगित।
- सिंधु तन्त्र की अन्य नदियाँ हैं- सतलज, रावी, व्यास, झेलम और चिनाब।

(ii) **गंगा नदी तन्त्र**

- गंगा नदी का उद्‌गम स्थल उत्तराखंड के उत्तरकाशी जिले में 3,900 मीटर की ऊँचाई पर स्थित गोमुख के निकट गंगोत्री हिमानी है। यहाँ इसे भागीरथी कहते हैं।
- अलकनंदा का उद्‌गम स्रोत बद्रीनाथ के ऊपर सतोपथ हिमानी (अलकापुरी हिमनद) में हैं।
- गंगा नदी का नाम गंगा देवप्रयाग के बाद पड़ता है, जहाँ अलकनंदा एवं भागीरथी आपस में मिलती है। गंगा नदी हरिद्वार के निकट मैदानी भाग में प्रवेश करती है।
- गंगा नदी की कुल लंबाई 2,525 किमी है, जिसमें से उत्तराखंड तथा उत्तरप्रदेश में 1450 किमी, बिहार में 445 किमी तथा पश्चिम बंगाल में 520 किमी है।
- गंगा की प्रमुख सहायक नदियाँ हैं- यमुना, चंबल, घाघरा, गंडक, कोसी, बेतवा, सोन एवं सिंध।
- यमुना गंगा की **सबसे बड़ी** सहायक नदी है। चंबल, सिंध, बेतवा और केन इसकी स्वयं की सहायाक नदियाँ है।
- हुगली नदी (कोलकाता में) गंगा की एक प्रमुख वितरिका (Distributry) है।
- गंगा को बांगलादेश में **पद्‌मा** के नाम से जाना जाता है।
- बंगाल की खाड़ी में गिरने से पूर्व पद्‌मा में से मेघना (Meghan) नामक एक प्रमुख वितरिका निकलती है।

(iii) **ब्रह्मपुत्र नदी तन्त्र**

- 2900 किमी लंबी ब्रह्मपुत्र नदी मानसरोवर झील के पास स्थित चीमायुंगदुंग हिमानी से निकलती है।
- तिब्बत (चीन) में ब्रह्मपुत्र का नाम **सांग्पो** एवं भारत में प्रवेश करने पर अरुणाचल प्रदेश में **दिहांग** है।
- असम में इसे **ब्रह्मपुत्र** कहा जाता है और बांगलादेश में **जमुना** कहा जाता है।
- ब्रह्मपुत्र की सहायक नदियाँ हैं- सुबनसेरी, कामेंग, धनसीरी, मानस एवं तीस्ता आदि।
- गंगा एवं ब्रह्मपुत्र विश्व की सबसे बड़ी डेल्टा, सुंदरवन डेल्टा बनाती है।

2. प्रायद्वीपीय नदियाँ

- इनमें से लगभग सभी नदियाँ मौसमी (Seasonal) होती हैं अर्थात् लगातार बारह महीने नहीं बहती बल्कि बारिश पर निर्भर होती हैं।
- इन्हें निम्नलिखित भागों में बाँटा जा सकता है-

(i) **पूर्वी प्रवाह वाली नदियाँ**

- ये सभी नदियाँ बंगाल की खाड़ी में गिरकर डेल्टा का निर्माण करती हैं। इनमें प्रमुख नदियाँ हैं- कृष्णा, गोदावरी, कावेरी, तुंगभद्रा, पेन्नार एवं महानदी।
- गोदावरी को **वृद्ध गंगा या दक्षिण गंगा** भी कहा जाता है। इसकी सहायक नदियाँ हैं- मंजरा, पेनगंगा, वर्धा, इंद्रावती, वेनगंगा, शबरी आदि।

- महानदी की सहायक नदियाँ हैं- इब, सेओनाथ, हसदो, माण्ड, जोंक, तेल आदि।
- कृष्णा की सहायक नदियाँ हैं- कोयना, दूधगंगा, पंचगंगा, भीमा, तुंगभद्रा, मूसी आदि।
- कावेरी दूसरी नदियों के मुकाबले कम मौसमी प्रकृति की है अर्थात् इसमें अधिक समय तक जल रहता है। इसका कारण है कि इसका ऊपर का हिस्सा गर्मियों में दक्षिण-पश्चिमी मानसून से और नीचे का हिस्सा सर्दियों में लौटते हुए उत्तर-पूर्वी मानसून से जल प्राप्त करता है। यह भारत की सबसे ज्यादा प्रयोग में लायी गयी (Most Harnessed) नदी है।
- कावेरी की सहायक नदियाँ हैं- हेमवती, लोकपावनी, शिमला, लक्ष्मण तीर्थ आदि।
- इसके अलावा सुवर्णरेखा और ब्राह्मणी नामक दो छोटी नदियाँ भी रांची के पठार से निकलकर बंगाल की खाड़ी में गिरती हैं। ये हुगली व महानदी के डेल्टाओं के बीच डेल्टा बनाती है।

(ii) **पश्चिमी प्रवाह वाली नदियाँ**

- ये पश्चिम की ओर बहती हैं तथा डेल्टा नहीं बनाती हैं। इनमें प्रमुख नदियाँ हैं- नर्मदा, ताप्ती, माही, लूनी, घग्घर तथा साबरमती आदि।
- नर्मदा नदी भेड़ाघाट (मध्यप्रदेश) में धुआँधार नामक जलप्रपात का निर्माण करती है। इसकी मुख्य सहायक नदियाँ हैं- हिरन, बुरनेर, बंजर, शेर, शक्कर, तवा आदि।
- ताप्ती या तापी को नर्मदा की जुड़वाँ नदी के रूप में जाना जाता है। इसकी सहायक नदियाँ हैं- पुरना, बैतूल, अरुणावती, गंजल आदि।
- लूनी को लवण नदी (Salt River) के नाम से भी जाना जाता है।
- शरावती (Sharavati) नदी पश्चिमी घाट से निकलती है। यह प्रसिद्ध जोग या गरसोप्पा जलप्रपात बनाती है, जो भारत में सबसे ऊँचा (253 मीटर अर्थात 829 फीट) जलप्रपात है।

(iii) **अंत:स्थलीय नदियाँ**

- कुछ नदियाँ ऐसी होती हैं जो सागर तक नहीं पहुँच पाती हैं। और रास्ते में ही लुप्त हो जाती हैं। ये अंत:स्थलीय (Inland Drainage) नदियाँ कहलाती हैं।
- घग्घर नदी इसका मुख्य उदाहरण है। यह एक मौसमी नदी है जो हिमालय की निचली ढालों से (कालका के समीप) निकलती है और हनुमानगढ़ (राजस्थान) में लुप्त हो जाती है। घग्घर को ही वैदिक काल की सरस्वती माना जाता हे।
- अन्य अंत:स्थलीय नदियाँ हैं- लूनी, कांतली, सावी काकनी आदि।

भारत की प्रमुख नदियाँ				
नदी	**उद्गम**	**संगम/मुहाना**	**लंबाई (किमी)**	**विशेष**
सतलज	मानसरोवर झील के समीप स्थित राकस ताल (ऊँचाई समुद्र तल से 4,555 मीटर)	चिनाब नदी	लगभग 1,500 (भारत में 1050)	शिवालिक पर्वत श्रृंखला को काटती हुई पंजाब में प्रवेश करती है। लुधियाना तथा फिरोजपुर तटवर्ती नगर है।

सिंधु	तिब्बत में मानसरोवर झील के पास सानोख्याबाब हिमनद से	अरब सागर	2,880 (भारत में 1,114)	इसकी सहायक नदियाँ हैं- सतलज, चिनाब, रावी, व्यास तथा झेलम।
रावी	कांगड़ा जिले में रोहतांग दर्रे के समीप	चिनाब नदी	725	–
व्यास	रोहतांग दर्रे के समीप व्यास कुंड से 4,330 मीटर की ऊँचाई पर	हरिके (कपूरथला) के समीप सतलज नदी	470	कुल्लू घाटी से बहती हुई धौलाधार पर्वत को पार कर पंजाब के मैदान में पहुँचती है।
झेलम	बेरीनाग (कश्मीर) के समीप शेषनाग झील	चिनाब नदी	724 (भारत में 400)	श्रीनगर में शिकारा या बजरे चलाये जाते हैं।
गंगा	गंगोत्री के पास गोमुख हिमानी (समुद्रतल से 3900 मीटर से भी अधिक ऊँचाई पर)	बंगाल की खाड़ी	2525 (भारत में)	गंगा वास्तव में भागीरथी एवं अलकनंदा नदियों का सम्मिलित नाम है। प्रमुख सहायक नदियाँ हैं- यमुना, गंडक, घाघरा, कोसी, सोन आदि।
यमुना	बंदरपूँछ के पश्चिमी ढाल पर स्थित यमुनोत्री हिमानी (ऊँचाई समुद्र तल से 6,316 मीटर)	प्रयाग (इलाहाबाद) में गंगा नदी	13,75	इसकी सहायक नदियाँ हैं- चम्बल, बेतवा तथा केन। ये तीनों की नदियाँ दक्षिण से यमुना में मिलती हैं।
चम्बल	मध्यप्रदेश में मऊ के समीप स्थित जाना पाव पहाड़ी (ऊँचाई समुद्र तल से 616 मीटर)	इटावा (उत्तरप्रदेश) से 38 किमी दूर यमुना नदी	1050	देश के सबसे गहरे खड्डों का निर्माण, इसकी सहायक नदियाँ हैं- काली सिंध, पार्वती, सिप्ता तथा बनास।
रामगंगा	नैनीताल के समीप मुख्य हिमालय श्रेणी का दक्षिणी भाग	कन्नौज के निकट गंगा नदी	696	खोन इसकी प्रमुख सहायक नदी है।
शारदा (काली गंगा)	कुमायूँ हिमालय का मिलाम (Milam) हिमनद	बहरामघाट के समीप घाघरा नदी	602	इसकी सहायक नदियाँ हैं- सर्मा, लिसार, सरयू या पूर्वी रामगंगा, चौकिया।
घाघरा या, करनाली या कौरियाला	नेपाल में तकलाकोट से 37 किमी उत्तर-पश्चिम में म्पसातुंग हिमानी	सारन तथा बलिया जिले की सीमा पर गंगा नदी	1,080	शिवालिक को पार करते समय शीशपानी नामक 180 मीटर गहरे खड्ड का निर्माण चौकिया तथा छोटी गंगा इसकी सहायक नदियाँ हैं।

गंडक (नेपाल में शालीग्राम तथा मैदानी भाग में नारायणी)	नेपाल	पटना के समीप गंगा नदी	भारत में 425	सहायक नदियाँ काली गंडक तथा त्रिशूली गंगा है। इसमें मिलने वाले गोल-गोल पत्थरों को शालीग्राम कहा जाता है।
कोसी	गोसाई थान चोटी के उत्तर में	कारागोला के दक्षिण-पश्चिम में गंगा नदी	730	इसकी मुख्य धारा अरुण नदी (तिब्बत में पंगचू) है। सहायक नदियाँ हैं- यारू, सूनकोसी, तामूर कोसी, इन्द्रावती, लीखू, दूधकोसी, भीटकोसी, ताम्बाकोसी आदि।
बेतवा या वेत्रवती	मध्यप्रदेश के रायसेन जिले में कुमरागाँव के समीप विंध्याचल पर्वत	हमीरपुर के समीप यमुना नदी	480	ऊपरी मार्ग में कई झरनों का निर्माण।
सोन	अमरकण्टक की पहाड़ियाँ	पटना के समीप गंगा नदी	780	नर्मदा के समीप उद्गम
ब्रह्मपुत्र (तिब्बत में सांपू तथा असम में दिहांग)	तिब्बत में मानसरोवर झील से 80 किमी की दूरी पर स्थित हिमानी (ऊँचाई समुद्र तल से 5,150 मीटर)	बंगाल की खाड़ी	2,900 (भारत में 916)	प्रमुख सहायक नदियाँ हैं- डिबोंग लोहित, सेसरी, नोवा, दिहांग आदि हैं। अन्य सहायक नदियाँ हैं- सवर्णसीरी, धनसीरो, मानस, धारला, तिस्ता, बूढ़ी दिहांग, धनसिरी कुलसी तथा जिंजराम।
नर्मदा	विंध्याचल पर्वत श्रेणियों में स्थित अमरकंटक नामक स्थान (ऊँचाई समुद्र तल से 1,057 मीटर)	खम्भात की खाड़ी	1,312	जबलपुर में भेड़ाघाट के समीप कपिलधारा (धुआँध ारा) प्रलप्रपात का निर्माण। डेल्टा के बजाय एश्चुअरी बनाती है।
ताप्ती	वैतूल जिले (मध्यप्रदेश) के मुल्ताई (मूलताप्ती) नगर के पास 722 मीटर की ऊँचाई)	सूरत के निकट	724	डेल्टा के बजाय एश्चुअरी बनाती है। पूरणा प्रमुख सहायक नदी है।

महानदी	छत्तीसगढ़ के रायपुर जिले में सिहावा के समीप	बंगाल की खाड़ी	815	ब्राह्मणी तथा वैतरणी सहायक नदी है।
क्षिप्रा	इन्दौर जिले को काकरी बरडी नामक पहाड़ी	चम्बल नदी	560	इसके किनारे उज्जैन का विख्यात महाकालेश्वर मंदिर है, जहाँ प्रति 12वें वर्ष कुम्भ मेला लगता है।
माही	धार जिला (मध्यप्रदेश के अमझोरा में मेहद झील)	खम्भात की खाड़ी	585	इस पर बजाज सागर बाँध (बासवाड़ा) बनाया गया है।
लूनी	अजमेर जिले में स्थित नाग पहाड़ (अरावली पर्वत) (आनासागर)	कच्छ की रन	320	इसकी मुख्य सहायक नदियाँ बाड़ी, सूकरी, मिठड़ी आदि है। यह नमकीन नदी है। थार मरुस्थल में लुप्त हो जाती है।
सोम	उदयपुर जिले के बीछा मेंड़ा नामक स्थान पर	बपेश्वर के समीप माही नदी	–	जोखम, गोमती तथा सारनी इसकी सहायक नदियाँ हैं।
साबरमती	उदयपुर जिले में अरावली पर्वत पर स्थित जयसमुद्र झील	खम्भात की खाड़ी	371	इसकी प्रमुख सहायक नदियाँ हैं- सावर, हाथमती, मेश्वा, बेतरक तथा माजम है।
आयड़ या बेडच	उदयपुर के उत्तर में स्थित गोमुंडा पहाड़ियाँ	चित्तौड़गढ़ के समीप बनास नदी	190	प्रारम्भ में इसे आयड नदी एवं उदयसागर झील के बाद बेडच नदी कहा जाता है।
कृष्णा	महाबलेश्वर के समीप पश्चिम घाट पहाड़ (ऊँचाई समुद्र तल से 1,337 मीटर)	बंगाल की खाड़ी	1401	इसकी प्रमुख सहायक नदियाँ हैं- भीमा, तुंगभद्रा, मूसी, अमरावती, कोयना, पंचगंगा, दूधगंगा, घाटप्रभा, मालप्रभा आदि।

गोदावरी	नासिक जिले (महाराष्ट्र) दक्षिण पश्चिम में 64 किमी दूर स्थित त्र्यंबक गाँव की एक पहाड़ी	बंगाल की खाड़ी	1465	इसे वृद्धगंगा या दक्षिणी गंगा भी कहा जाता है। इसकी प्रमुख सहायक नदियाँ हैं- प्रवरा, पुरना, मंजरा, बेनगंगा, वर्धा, पैनगंगा, प्राण ाहिता, इन्द्रावती, मानेर तथा सवरी।
कावेरी	कर्नाटक के कुर्ग जिले में स्थित ब्रह्म गिरि पहाड़ी (ऊँचाई समुद्र तल से 1,341 मीटर)	बंगाल की खाड़ी	800	इसे दक्षिण भारत की गंगा के रूप में भी जाना जाता है। शिवसमुद्रम जलप्रपात तथा श्रीरंगपट्टम एवं शिवसमुद्रम द्वीपों की उपस्थिति इसका महत्त्व बढ़ा देती है।
तुंगभद्रा	कर्नाटक में पश्चिम घाट पहाड़ की गंगामूल चोटी से तुंगा तथा समीप में ही काडूर से भ्रदा नदी का उद्गम	कृष्णा नदी	331	इसकी प्रमुख सहायक नदियाँ हैं- कुमुदवती, वर्धा, मगारी तथा हिन्द।
पेन्नार	नन्दीदुर्ग पहाड़ी (कर्नाटक)	बंगाल की खाड़ी	597	इसकी सहायक नदियाँ हैं- पापाधनी तथा चित्रावती।
दक्षिणी टोंस	कैमूर पहाड़ियों में स्थित तमसाकुंड जलाशय	सिरसा के समीप गंगा नदी	265	इस पर बिहार प्रपात स्थित है।
पेरियार	पेरियार झील	–	–	यह नदी केरल में प्रवाहित होती है।
उमियम	उमियम झील (मेघालय)	–	–	यह एक छोटी नदी है।
हुगली	यह गंगा की एक शाखा है, जो धुलिया (पश्चिम बंगाल) के दक्षिण गंगा से अलग होती है।	बंगाल की खाड़ी		इसकी प्रमुख सहायक नदी जलांगी है।
बैगाई	कंडल मणिकन्यूर (पश्चिम घाट) में मदुरै के समीप (तमिलनाडु)	बंगाल की खाड़ी	288	इसकी सहायक नदियाँ हैं- कुमम, वर्षानाड, सरिलियार, तेवियार, बराह तथा मंगलार।

5. भारत की प्रमुख झीलें

- भारत की **सबसे बड़ी झील चिल्का झील (ओडिशा)** है। यह **खारे पानी** की एक लैगून झील है। यह नौसेना का प्रशिक्षण केन्द्र भी है।
- भारत की **सबसे बड़ी मीठे पानी** के झील वूलर झील (जम्मू-कश्मीर) है।
- महाराष्ट्र के बुलढ़ाना जिले में स्थित लोनार झील **ज्वालामुखी क्रिया से निर्मित** झील है।
- भारत की **सबसे ऊँची हिमानी निर्मित झील** देव प्रयाग झील है। यह गढ़वाल (हिमालय) में स्थित है।
- भारत की **सबसे बड़ी कृत्रिम झील** गोविंद सागर झील पंजाब के रोपड़ जिले में सतलज नदी पर भाखड़ा नांगल बाँध से निर्मित हुआ है।
- चौरस सतह तथा अनप्रवाहित द्रोणी वाली छोटी झीलों को प्लाया कहते हैं। इसमें वर्षा का पानी जमा होता है, परंतु जल्दी ही वह वाष्प बनकर उड़ जाता है।
- सांभर एवं डीडवाना थार मरुस्थल के पूर्वी सिरे पर खारे पानी की झील है।
- भारत में **सबसे अधिक ऊँचाई पर स्थित झील** पंच पोखरी (उत्तराखंड) है।
- भारत में **मानव निर्मित सबसे बड़ी झील** इंदिरा सागर है, जो ओंकारेश्वर, महेश्वर तथा सरदार सरोवर बाँध परियोजना (गुजरात-मध्यप्रदेश) का जलाशय है।

भारत की प्रमुख झीलें

क्र.	झील	सम्बन्धित राज्य	क्र.	झील	सम्बन्धित राज्य
1.	डल झील	जम्मू-कश्मीर	15.	नागिन झील	जम्मू-कश्मीर
2.	वुलर झील	जम्मू-कश्मीर	16.	शेषनाग झील	जम्मू-कश्मीर
3.	बैरीनाग झील	जम्मू-कश्मीर	17.	अनंतनाग झील	जम्मू-कश्मीर
4.	मानस बल झील	जम्मू-कश्मीर	18.	लुनकरनसर झील	राजस्थान
5.	राजसमंद झील	राजस्थान	19.	जयसमंद झील	राजस्थान
6.	पिछौला झील	राजस्थान	20.	फतेहसागर झील	राजस्थान
7.	सांभर झील	राजस्थान	21.	डीडवाना झील	राजस्थान
8.	सातताल झील	उत्तराखंड	22.	देवताल झील	उत्तराखंड
9.	नैनीताल झील	उत्तराखंड	23.	नौकुछियाताल झील	उत्तराखंड
10.	राकसताल झील	उत्तराखंड	24.	खुरपाताल झील	उत्तराखंड
11.	मालाताल झील	उत्तराखंड	25.	कोलेरू झील	आंध्रप्रदेश
12.	हुसैनसागर झील	आंध्रप्रदेश	26.	चिल्का झील	ओडिशा
13.	पुलीकट झील	तमिलनाडु	27.	लोनार झील	महाराष्ट्र
14.	लोकटक झील	मणिपुर	28.	बेम्बानड झील	केरल

6. भारत के प्रमुख जलप्रपात

	जलप्रपात	स्थिति	ऊँचाई		जलप्रपात	स्थिति	ऊँचाई
1.	जोग या गरसोप्पा	शरावती नदी	255 मी०	6.	चूलिया	चम्बल नदी	18 मी०
2.	येन्ना	नर्मदा नदी	183 मी०	7.	पुनामा	चम्बल नदी	12 मी०
3.	शिवसमुद्रम्	कावेरी नदी	90 मी०	8.	बिहार	टोंस नदी	100 मी०
4.	गोकक्	गोकक नदी	55 मी०	9.	धुआँधार	नर्मदा नदी	10 मी०
5.	पायकारा	नीलगिरि क्षेत्र	–	10.	हुंडरू	स्वर्णरखा नदी	74 मी०

7. भारत की जलवायु

- किसी क्षेत्र में लंबे समय तक जो मौसम की स्थिति होती है, उसे उस स्थान की जलवायु कहते हैं। भारतीय जलवायु उष्णकटिबंधीय मानसूनी जलवायु है।
- किसी स्थान पर थोड़े समय की, जैसे एक दिन या एक सप्ताह की वायुमंडलीय अवस्थाओं को वहाँ का मौसम कहते हैं।
- भारत में मौसम सम्बन्धी सेवा 1875 ई. में प्रारंभ की गयी थी, तब इसका मुख्यालय शिमला में था। प्रथम विश्व विश्व युद्ध के बाद इसका मुख्यालय पुणे लाया गया। अब भारत के मौसम सम्बन्धी मानचित्र वहीं से प्रकाशित होते हैं।
- भारतीय जलवायु को दो प्रमुख तत्त्वों की उपस्थिति ने सर्वाधिक प्रभावित किया है, जो इस प्रकार है-
  - (i) **उत्तर में हिमालय पर्वत :** इसके कारण मध्य एशिया से आने वाली शीतल हवाएँ भारत में नहीं आ पाती तथा भारतीय जलवायु महाद्वीपीय जलवायु का स्वरूप प्राप्त करती है।
  - (ii) **दक्षिण में हिन्द महासागर :** इसके कारण एवं भूमध्य रेखा की समीपता के कारण उष्ण कटिबंधीय जलवायु अपने आदर्श स्वरूप में पायी जाती है, जिसकी प्रमुख विशेषताएँ हैं- दैनिक तापांतर की न्यूनता, अत्यधिक आर्द्रता वाली वायु तथा सम्पूर्ण देश में न्यूनाधिक रूप में वर्षा का होना।
- मानसूनी पवनों द्वारा समय-समय पर अपनी दिशा पूर्णतया बदल लेने के कारण भारत में निम्न चार ऋतु चक्रवात पायी जाती है-
  - (i) शीत ऋतु (15 दिसंबर से 15 मार्च तक)
  - (ii) उष्ण एवं शुष्क ग्रीष्म ऋतु (16 मार्च से 15 जून तक)
  - (iii) वर्षा ऋतु (16 जून से 15 सितंबर तक)
  - (iv) शरद ऋतु (16 सितंबर से 15 दिसंबर) तक
- उपरोक्त तिथियाँ एक सामान्य सीमा रेखा को तय करती हैं, मानसून पवनों के आगमन एवं प्रत्यावर्तन में होने वाला विलंब इनको पर्याप्त रूप से प्रभावित करता है।
- उत्तर भारत के मैदानी भागों में शीत ऋतु में वर्षा पश्चिमी विक्षोभ या जेट स्ट्रीम के कारण होती है।
- शीत ऋतु में (जनवरी-फरवरी महीने में) तमिलनाडु के तट पर (कोरोमंडल के तट पर) वर्षा लौटती हुई मानसून या उत्तरी-पश्चिमी मानसून के कारण होती है।

- ग्रीष्म ऋतु में असम एवं पश्चिम बंगाल राज्यों में तीव्र आर्द्र हवाएँ चलने लगती हैं, जिनसे गरज के साथ वर्षा हो जाती है। इन हवाओं को पूर्वी भारत में **नारवेस्टर** एवं बंगाल में **काल वैशाखी** के नाम से जाना जाता है। कर्नाटक में इसे **चेरी ब्लास्म एवं कॉफी वर्षा** कहा जाता है, जो कॉफी की कृषि के लिए लाभदायक होता है। आम की फसल के लिए लाभदायक होने के कारण इसे दक्षिण भारत में **आम्र-वर्षा (Mango Shower)** कहते हैं।

- उत्तर-पश्चिम भारत के शुष्क भागों में ग्रीष्म ऋतु में चलने वाली गर्म एवं शुष्क हवाओं को **लू (Loo)** कहा जाता है।

- वर्षा ऋतु में उत्तर-पश्चिमी भारत तथा पाकिस्तान में उष्ण दाब का क्षेत्र बन जाता है, जिसे **मानसून गर्त** कहते हैं। इसी समय उत्तरी अंत: उष्ण अभिसरण (NITC) उत्तर की ओर खिसकने लगती है, जिसके कारण विषुवत रेखीय पछुआ पवन एवं दक्षिणी गोलार्द्ध की दक्षिण-पूर्वी वाणिज्यिक पवन विषुवत रेखा को पार कर फेरेल के नियम का अनुसरण करते हुए भारत में प्रवाहित होने लगती है, जिसे दक्षिण-पश्चिम मानसून के नाम से जाना जाता है, भारत की अधिकांश वर्षा (लगभग 80%) इसी मानसून से होती है।

- भारत की प्रायद्वीपीय आकृति के कारण दक्षिण-पश्चिम मानसून दो शाखाओं में विभाजित हो जाता है- (i) अरब सागर की शाखा तथा (ii) बंगाल की खाड़ी की शाखा।

- अरब सागर शाखा का मानसून सबसे पहले भारत के केरल राज्य में जून के प्रथम सप्ताह में आता है। यहाँ यह पश्चिमी घाट पर्वत से टकरा कर केरल के तटों पर वर्षा करती है। इसे **मानसून प्रस्फोट (Brust of Monsoon)** कहा जाता है।

- गारो, खासी एवं जयंतियाँ पहाड़ियों पर बंगाल की खाड़ी से आने वाली हवाएँ (दक्षिण-पश्चिम मानसून की शाखा) अधिक वर्षा लाती है, जिसके कारण यहाँ स्थित मासिनराम (मेघालय) विश्व में सर्वाधिक वर्षा प्राप्त करने वाला स्थान है। (लगभग 11.872 मिली मीटर अर्थात् 467.4 इंच)

- मानसून की अरब शाखा तुलनात्मक रूप से अधिक शक्तिशाली होती है। दक्षिण-पश्चिम मानसून द्वारा लाये कुल आर्द्रता का 65% भाग अरब सागर से एवं 35% भाग बंगाल की खाड़ी से आता है।

- अरब सागरीय मानसून की एक शाखा सिंध नदी डेल्टा क्षेत्र से आगे बढ़कर राजस्थान के मरुस्थल से होती हुई सीधे हिमालय पर्वत से जा टकराती है एवं वहाँ धर्मशाला के निकट अधिक वर्षा कराती है। राजस्थान में इसके मार्ग में अवरोध न होने के कारण वर्षा का अभाव पाया जाता है, क्योंकि अरावली पर्वतमाला इनके समानांतर पड़ती है।

- तमिलनाडु पश्चिमी घाट के पर्वत वृष्टि छाया क्षेत्र में पड़ता है। अत: यहाँ दक्षिण-पश्चिम मानसून द्वारा काफी कम वर्षा होती है।

- शरद ऋतु को मानसून प्रत्यावर्तन का काल (Retreating of Monsoon Season) कहा जाता है। इस ऋतु में बंगाल की खाड़ी एवं अरब सागर में उष्ण कटिबंधीय चक्रवातों की उत्पत्ति होती है। इन चक्रवातों से पूर्वी तटीय क्षेत्रों में मुख्यत: आंध्रप्रदेश एवं ओडिशा तथा पश्चिमी तटीय क्षेत्र में गुजरात में काफी क्षति पहुँचती है।

मौसम के अनुसार वर्षा का वितरण		
वर्षा का मौसम	**समयावधि**	**वार्षिक वर्षा का प्रतिशत (लगभग)**
दक्षिणी-पश्चिमी मानसून	जून से सितंबर तक	73.7
परावर्ती मानसून काल	अक्टूबर से दिसंबर	13.3
शीत ऋतु अथवा उत्तरी-पश्चिमी मानसून	जनवरी-फरवरी	2.6
पूर्व-मानसून काल	मार्च से मई	10.0

8. भारत की मिट्टियाँ

- मिट्टी के अध्ययन के विज्ञान को मृदा विज्ञान (Pedology) कहा जाता है।
- भारत जैसे विशाल देश में उच्चावच तथा जलवायु सम्बन्धी दशाओं में विविधताओं के कारण मिट्टियों में प्रादेशिक भिन्नता पायी जाती है।
- भारतीय कृषि अनुसंधान परिषद् (ICAR) ने भारत की मिट्टियों का विभाजन आठ वर्गों में किया है, जो निम्नलिखित है-

1.	जलोढ़ मिट्टी (Alluvial Soil)	5.	मरुस्थलीय मिट्टी (Desert Soil)
2.	काली मिट्टी (Balck Soil)	6.	क्षारीय मिट्टी (Alkaline Soil)
3.	लाल मिट्टी (Red Soil)	7.	पीट और जैव मिट्टी (Peat and Marshy Soil)
4.	लैटेराइट मिट्टी (Laterite Soil)	8.	वनीय मिट्टी (Forest Soil)

1. जलोढ़ मिट्टी (Alluvial Soil)

- यह मिट्टी भारत के लगभग 40% भागों में विस्तृत है।
- यह नदियों द्वारा लायी गयी मिट्टी है। इस मिट्टी में पोटाश की बहुलता होती है, लेकिन नाइट्रोजन, फॉस्फोरस एवं ह्यूमस की कमी होती है।
- यह दो प्रकार की होती है- (i) बांगर (Banger) और (ii) खादर (Khadar)।
- पुराने जलोढ़ मिट्टी को बांगर तथा नई जलोढ़ मिट्टी को खादर कहा जाता है।
- जलोढ़ मिट्टी उर्वरता के दृष्टिकोण से काफी अच्छी मानी जाती है। इसमें धान, गेहूँ, मक्का, दलहन, तिलहन और आलू आदि की फसलें उगायी जाती है।

2. काली मिट्टी (Black Soil)

- इसका निर्माण बेसाल्ट चट्टानों के टूटने-फूटने से होता है। इसमें आयरन, चूना, एल्युमीनियम एवं मैग्नेशियम की बहुलता होती है। इस मिट्टी का रंग काला टिटेनीफेरस मैग्नेटाइट एवं जीवाश्म (Humus) की उपस्थिति के कारण होता है।
- काली मिट्टी को रेगुर मिट्टी के नाम से भी जाना जाता है।
- कपास की खेती के लिए यह सर्वाधिक उपयुक्त होती है। अत: इसे कपासी मिट्टी (Cotton Soil) भी कहा जाता है।
- भारत में यह मिट्टी गुजरात, महाराष्ट्र, मध्यप्रदेश के पश्चिमी क्षेत्र, ओडिशा के दक्षिणी क्षेत्र,

कर्नाटक के उत्तरी जिला, आंध्रप्रदेश के दक्षिण समुद्रतटीय क्षेत्र, तमिलनाडु के सलेम, रामनाथपुरम, कोयम्बटूर तथा तिरूनलवैली जिले एवं राजस्थान के बूँदी एवं टोंक जिलों में पायी जाती है।

3. लाल मिट्टी (Red Soil)

- इसका निर्माण जलवायविक परिवर्तनों के परिणामस्वरूप रवेदार एवं कायांतरित शैलों के विघटन एवं वियोजन से होता है। इस मिट्टी में सिलिका एवं आयरन की बहुलता होती है।
- लाल मिट्टी का लाल रंग लौह-ऑक्साइड की उपस्थिति के कारण होता है, लेकिन जलयोजित रूप में यह पीली दिखायी पड़ती है।
- यह अम्लीय प्रकृति की मिट्टी होती है। इसमें नाइट्रोजन, फॉस्फोरस एवं ह्यूमस की कमी होती है। यह मिट्टी प्राय: उर्वरता विहीन बंजरभूमि के रूप में पायी जाती है।
- इस मिट्टी में कपास, गेहूँ, दालों तथा मोटे अनाजों की कृषि की जाती है।
- भारत में यह मिट्टी आंध्रप्रदेश एवं मध्यप्रदेश की पूर्वी भाग, छोटानागपुर के पठारी क्षेत्र, पश्चिम बंगाल के उत्तरी-पश्चिमी जिलों, मेघालय की गारो, खासी एवं जयंतिया के पहाड़ी क्षेत्रों, नगालैंड, राजस्थान में अरावली के पूर्वी क्षेत्र, महाराष्ट्र, तमिलनाडु एवं कर्नाटक के कुछ भागों में पायी जाती है।
- चूना का प्रयोग कर लाल मिट्टी की उर्वरता बढ़ायी जा सकती है।

4. लैटेराइट मिट्टी (Laterite Soil)

- इस मिट्टी का निर्माण मानसूनी जलवायु की आर्द्रता एवं शुष्कता के क्रमिक परिवर्तन के परिणामस्वरूप उत्पन्न विशिष्ट परिस्थितियों के कारण होता है। इसमें आयरन एवं सिलिका की बहुलता होती है।
- शैलों के टूट-फूट से निर्मित होने वाली इस मिट्टी को गहरी लाल लैटेराइट, सफेद लैटेराइट तथा भूमिगत जलवायी लैटेराइट के रूप में वर्गीकृत किया जाता है।
- गहरी लाल लैटेराइट में लौह ऑक्साइड तथा पोटाश की बहुलता होती है। इसकी उर्वरता कम होती है, लेकिन निचले भाग में कुछ खेती की जाती है।
- सफेद लैटेराइट की उर्वरता सबसे कम होती है और केओलिन के कारण इसका रंग सफेद होता है। भूमिगत जलवायी लैटेराइट काफी उपजाऊ होती है, क्योंकि वर्षाकाल में लौह ऑक्साइड जल के साथ घुलकर नीचे चले जाते हैं।
- लैटेराइट मिट्टी चाय की खेती के लिए सर्वाधिक उपयुक्त होती है।

5. मरुस्थलीय मिट्टी (Desert Soil)

- अरावली श्रेणी के पश्चिम में जलवायु की शुष्कता तथा भीषण ताप के कारण नंगी चट्टानों के विखंडित होने से इस मिट्टी का निर्माण हुआ है।
- यह मिट्टी राजस्थान तथा हरियाणा की दक्षिण-पश्चिमी भाग में पायी जाती है।
- इसमें सिंचाई की उपलब्धता के द्वारा कृषि कार्य संभव है।

6. क्षारीय मिट्टी (Alkaline Soil)

- ये अनुर्वर एवं अनुत्पादक रेह, ऊसर एवं कल्लर के रूप में भी जानी जाती है।
- ये मिट्टियाँ सोडियम व मैग्नेशियम की अधिकता के कारण लवणीय तथा कैल्शियम व पोटैशियम की अधिकता के कारण क्षारीय हो गयी है।

- यह मिट्टी राजस्थान पंजाब, हरियाणा, उत्तरप्रदेश, बिहार, महाराष्ट्र, तमिलनाडु के शुष्क व अर्द्धशुष्क क्षेत्रों में पायी जाती है।

7. पीट एवं जैव मिट्टी (Peat and Marshy Soil)

- उच्च घुलनशील लवण एवं जैविक पदार्थों से युक्त यह मिट्टी केरल के अलप्पी व कोहायम जिले, बिहार के पूर्वोत्तर भाग, तमिलनाडु, उत्तरप्रदेश तथा पश्चिम बंगाल के कुछ क्षेत्रों में मिलती है।

8. वनीय मिट्टी (Forest Soil)

- इस प्रकार की मिट्टी अधिकांशत: वनों एवं पर्वतीय क्षेत्रों में मिलती है।
- ये मिट्टियाँ उन क्षेत्रों को घेरती है जहाँ या तो पर्वतीय ढाल हो या वन्य क्षेत्रों में घाटियाँ हो।
- इस मिट्टी में जैविक पदार्थों एवं नाइट्रोजन की अधिकता होती है।

9. भारत में कृषि

- भारत एक कृषि प्रधान देश है, एवं यहाँ की लगभग 55% आबादी कृषि व उससे संबद्ध कार्यों में संलग्न है। कृषि से जहाँ हमारे देश की जनसंख्या को खाद्य सुरक्षा उपलब्ध होती है, वहीं उद्योगों को कच्चा माल भी प्राप्त होता है।
- भारत के कुल क्षेत्रफल का लगभग 51% भाग पर कृषि, 4% भू-भाग पर चारागाह, लगभग 21% भूमि पर वन तथा 24% भूमि बंजर तथा बिना उपयोग की है।
- भारत के सकल घरेलू उत्पाद (GDP) में कृषि व उससे सम्बन्धित क्षेत्रों का योगदान लगभग 15% है।
- भारत को 15 कृषि जलवायुविक प्रदेशों में विभक्त किया गया है।
- विश्व में चावल उत्पादन में चीन के बाद भारत का दूसरा स्थान है। भारत में खाद्यान्नों के अन्तर्गत आने वाले कुल क्षेत्र के 47% भाग पर चावल की खेती की जाती है।
- विश्व में गेहूँ के उत्पादन में भारत का चीन के बाद दूसरा स्थान है। देश की कुल कृषि योग्य भूमि के लगभग 15% भाग पर गेहूँ की खेती की जाती है।
- देश में गेहूँ के उत्पादन में उत्तरप्रदेश का प्रथम स्थान है, जबकि प्रति हेक्टेयर उत्पादन में पंजाब का स्थान प्रथम है।
- भारत में हरित क्रान्ति (Green Revolution) का सबसे अधिक प्रभाव गेहूँ एवं चावल की कृषि पर पड़ा है, परंतु चावल की तुलना में गेहूँ के उत्पादन में अधिक वृद्धि हुई है।
- प्रथम में हरित क्रान्ति लाने का श्रेय डॉ. एम.एस. स्वामीनाथन को है। भारत में हरित क्रान्ति की शुरुआत 1966-1967 ई. में हुई।
- भारत हरित क्रान्ति के बाद 1983-1984 ई. में द्वितीय हरित क्रान्ति की शुरुआत हुई, जिसमें अधिक अनाज उत्पादन, निवेश एवं कृषकों को दी जाने वाली सेवाओं का विस्तार हुआ।
- तिलहन प्रौद्योगिकी मिशन की स्थापना 1986 ई. में हुई।
- भारत विश्व में उर्वरकों का तीसरा सबसे बड़ा उत्पादक और दूसरा सबसे बड़ा उपभोक्ता देश है।
- पोटैशियम उर्वरक का पूरी तरह आयात किया जाता है।
- आम, केला, चीकू, खट्टे नींबू, काजू, नारियल, काली मिर्च, अदरक तथा हल्दी के उत्पादन में भारत का विश्व में प्रथम स्थान है।

➪ फलों तथा सब्जियों के उत्पादन में भारत का विश्व में दूसरा स्थान है।

ऋतुओं के आधार पर फसलों का वर्गीकरण

1. **रबी की फसल :** यह सामान्यतया अक्टूबर-नवंबर में बोकर अप्रैल-मई तक काट ली जाती है। सिंचाई की सहायता से तैयार होने वाली इस फसल में मुख्यतः गेहूँ, जौ, चना, मटर, सरसों, राई आदि की कृषि की जाती है।
2. **खरीफ की फसल :** यह वर्षाकाल की फसल है, जो जून-जुलाई में बोने के पश्चात् सितंबर-अक्टूबर तक काट ली जाती है। इसके अन्तर्गत चावल, ज्वार, बाजरा, रागी, मक्का, जूट, मूँगफली, कपास, सन, तंबाकू, मूँग, उड़द, लोबिया आदि की कृषि की जाती है।
3. **जायद की फसल :** यह फसल रबी एवं खरीफ के मध्यवर्ती काल में अर्थात् मार्च में बोने के पश्चात् जून तक काट ली जाती है। इसमें सिंचाई के सहारे सब्जियों तथा तरबूज, खरबूज, ककड़ी, खीरा, करेला आदि की कृषि की जाती है। मूँग व कुल्थी जैसी दलहन फसलें भी इस समय उगायी जाती है।

फसलें और उत्पादक राज्य	
फसल	**उत्पादक राज्य (घटते क्रम में)**
चावल	पश्चिम बंगाल, उत्तरप्रदेश, आन्ध्रप्रदेश, बिहार एवं पंजाब
गेहूँ	उत्तरप्रदेश, पंजाब, हरियाणा, बिहार, मध्यप्रदेश एवं राजस्थान
ज्वार	महाराष्ट्र, कर्नाटक, मध्यप्रदेश एवं आंध्रप्रदेश
बाजरा	गुजरात, राजस्थान एवं उत्तरप्रदेश
दलहन	मध्यप्रदेश, उत्तरप्रदेश, पंजाब, हरियाणा, राजस्थान, बिहार, पश्चिम बंगाल, गुजरात एवं ओडिशा
जौ	उत्तरप्रदेश, राजस्थान, बिहार एवं पंजाब
गन्ना	उत्तरप्रदेश, महाराष्ट्र, तमिलनाडु, कर्नाटक, हरियाणा, आंध्रप्रदेश, तेलंगाना एवं पंजाब
मूँगफली	गुजरात, आंध्रप्रदेश, तमिलनाडु, कर्नाटक, महाराष्ट्र एवं मध्यप्रदेश
चाय	असम, पश्चिम बंगाल, तमिलनाडु, केरल, त्रिपुरा, कर्नाटक एवं हिमाचल प्रदेश
कहवा	कर्नाटक, तमिलनाडु, केरल, आंध्रप्रदेश एवं महाराष्ट्र
कपास	गुजरात, महाराष्ट्र, मध्यप्रदेश, पंजाब, कर्नाटक, हरियाणा, राजस्थान, तमिलनाडु, आंध्रप्रदेश एवं तेलंगाना
रबड़	केरल, तमिलनाडु, कर्नाटक, असम एवं अंडमान निकोबार द्वीप समूह
पटसन	पश्चिम बंगाल, बिहार, असम, ओडिशा, एवं उत्तरप्रदेश
तम्बाकू	आंध्रप्रदेश, तेलंगाना, गुजरात, बिहार, उत्तरप्रदेश, महाराष्ट्र, पश्चिम बंगाल एवं तमिलनाडु
काली मिर्च	केरल, कर्नाटक, तमिलनाडु एवं पदुचेरी
हल्दी	आंध्रप्रदेश, ओडिशा, तमिलनाडु, महाराष्ट्र एवं बिहार
काजू	केरल, महाराष्ट्र एंव आंध्रप्रदेश

10. भारत में सिंचाई

- भारत की जलवायु वर्ष भर कृषि उत्पादकता के अनुकूल है, परंतु यहाँ सभी मौसमों में आर्द्रता आपूर्ति नहीं हो पाती, अत: सिंचाई आवश्यक हो जाता है।
- कृषि की गहनता बढ़ाने एवं हरित क्रान्ति लाने में सिंचाई की महती भूमिका रही है।
- भारत में सिंचाई के प्रमुख साधनों के अन्तर्गत- नहरें, कुएँ, नलकूप, डीजल पंपसेट, तालाब आदि आते हैं।
- भारत में सिंचाई परियोजनाओं को तीन वर्गों में बाँटा गया है जो इस प्रकार है–

1. लघु सिंचाई परियोजनाएँ

- इनसे 2000 हेक्टेयर से कम क्षेत्र की सिंचाई होती है।
- इसके अन्तर्गत कुआँ, नलकूप, डीजल पंपसेट, तालाब, ड्रिप सिंचाई, स्प्रिंकलर, एनीकट आदि शामिल किये जाते हैं।
- भारत की सिंचाई आवश्यकताओं के लगभग 62% सिंचाई की आपूर्ति लघु सिंचाई परियोजनाओं से होती है।

2. मध्यम सिंचाई परियोजनाएँ

- इनसे 2000 से 10,000 हेक्टेयर तक क्षेत्र की सिंचाई होती है।
- इसके अन्तर्गत नहरी सिंचाई प्रमुख हैं।

3. वृहत् सिंचाई परियोजनाएँ

- इनसे 10,000 हेक्टेयर से अधिक क्षेत्रों की सिंचाई होती है।
- इसके लिए बड़े बाँध बनाकर नहरें निकाली जाती हैं।
- बड़ी व मध्यम सिंचाई परियोजना से देश की 38% सिंचाई आवश्यकताओं की पूर्ति होती है।
- विश्व का सर्वाधिक सिंचित क्षेत्र चीन (21%) में है।
- भारत में शुद्ध बोये गये क्षेत्र (1360 लाख हेक्टेयर) के लगभग 33% भाग पर सिंचाई की सुविधा उपलब्ध है।
- वर्तमान में कुआँ और नलकूप भारत में सिंचाई का प्रमुख साधन है।
- देश में सर्वाधिक नलकूप व पंपसेट तमिलनाडु (18%) में पाये जाते हैं। महाराष्ट्र (15.6%) का दूसरा स्थान है। केवल नलकूपों की सर्वाधिक सघनता वाला राज्य उत्तरप्रदेश है।
- प्रायद्वीपीय भारत में सिंचाई का प्रमुख साधन तालाब है। तालाब द्वारा सर्वाधिक सिंचाई तमिलनाडु राज्य में की जाती है।

11. भारत के खनिज संसाधन

- भारत विश्व के प्रमुख खनिज संसाधन संपन्न देशों में आता है। चूँकि भारत की भूगर्भिक संरचना में प्राचीन दृढ़ भूखंडों का योगदान है, अत: यहाँ लगभग सभी प्रकार के खनिजों की प्राप्ति होती है।
- भारत में खनिजों के सर्वेक्षण एवं विकास के लिए जीओलॉजिकल सर्वे ऑफ इंडिया (GSI) जिसका मुख्यालय कोलकाता में है तथा भारतीय खान ब्यूरो (IBM) जिसका मुख्यालय नागपुर में है, जिम्मेदार हैं।
- भारत में पाये जाने वाले खनिजों को मुख्यत: तीन वर्गों में बाँटा गया है–

1. **धात्विक खनिज :** लोहा, मैंगनीज, टंगस्टन, ताँबा, सीसा, जस्ता, बाक्साइट, सोना, चाँदी, इल्मेनाइट, बैराइट, मैग्नेसाइट, सिल्मेनाइट, टिन आदि।
2. **अधात्विक खनिज :** अभ्रक, एस्बेस्टस, पायराइट, नमक, जिप्सम, हीरा, किएनाइट, इमारती पत्थर, संगमरमर, चूना-पत्थर, विभिन्न प्रकार की मिट्टियाँ आदि।
3. **अणुशक्ति के खनिज :** यूरेनियम, थोरियम, इल्मेनाइट, बैरीलियम, जिरकॉन, सुरमा, ग्रेफाइट आदि।
4. **जीवाश्म ईंधन :** कोयला, खनिज तेल तथा प्राकृतिक गैस आदि।

प्रमुख खनिज पदार्थ उनसे संबंद्धित राज्य		
खनिज पदार्थ	**संबंद्धित राज्य**	**विशेष बिन्दु**
लौह अयस्क	ओडिशा (सोनाई, क्योंझर, मयूरभंज), झारखंड (सिंहभूम, हजारीबाग, पलामू एवं धनबाद), छत्तीसगढ़ (बस्तर, दुर्ग, रायपुर, रायगढ़, बिलासपुर), मध्यप्रदेश (जबलपुर), कर्नाटक (बेलारी, चिकमंगलूर, चीतल दुर्ग) महाराष्ट्र (रत्नागिरि एवं चाँदा), तमिलनाडु (सलेम, तिरुचिरापल्ली), गोवा	झारखंड एवं ओडिशा राज्यों में देश का लगभग 75% लोहा प्राप्त किया जाता है। भारत लौह अयस्क का निर्यात- जापान, चेक, स्लोवाकिया, इटली, श्रीलंका आदि को करता है। कुल संचित भंडार की दृष्टि से भारत का विश्व में प्रथम स्थान है।
मैंगनीज	झारखंड (सिंहभूम), महाराष्ट्र (नागपुर और भंडारा), ओडिशा (क्योंझर, सुंदरगढ़) आन्ध्रप्रदेश (काकुलमणि), कर्नाटक (शिमोगा एवं बेलारी) गुजरात (पंचमहल) राजस्थान (बांसवाड़ा)	मैंगनीज उत्पादन में भारत का विश्व में तीसरा स्थान है। ओडिशा देश का सर्वाधिक मैंगनीज उत्पादन करने वाला राज्य है।
कोयला	झारखंड (धनबाद, सिंहभूम, गिरिडीह), पश्चिम बंगाल (रानीगंज, आसनसोल), छत्तीसगढ़ (रायगढ़), ओडिशा (देसगढ़ तथा तलचर), असम (माकूम, लखीमपुर), महाराष्ट्र (चाँदा), आंध्रप्रदेश (सिंगरेनी), मेघालय, जम्मू-कश्मीर, नगालैंड आदि	कोयले के उत्पादन में भारत का विश्व में तीसरा स्थान है। भारत में कोयले के उत्पादन में प्रथम तीन राज्य क्रमशः- झारखंड, छत्तीसगढ़, ओडिशा। एंथ्रेसाइट सबसे उत्तम श्रेणी का कोयला है।
ताँबा	झारखंड (धनबाद, सिंहभूम, हजारीबाग), राजस्थान (खेतड़ी, झुंझुनू, भीलवाड़ा, अलवर, एवं सिरोही), महाराष्ट्र (कोल्हापुर) कर्नाटक (चीतल दुर्ग, हासन, रायचूर), मध्यप्रदेश (बालाघाट), आंध्रप्रदेश (अग्नि गुण्डल)	भारत में ताँबा के उत्पादन में प्रथम तीन राज्य हैं- मध्यप्रदेश, राजस्थान, झारखंड। राजस्थान के जवारखान से जस्ते के साथ ताँबा भी निकाला जाता है।

बॉक्साइट	ओडिशा, झारखंड (कोडरमा, हजारीबाग), बिहार (गया एवं मुंगेर), महाराष्ट्र (नागपुर, भंडारा तथा रत्नागिरि), राजस्थान (अजमेर, शाहपुर), आंध्रप्रदेश (नेल्लोर)	भारत में बॉक्साइट का उत्पादन सबसे अधिक ओडिशा (कुल उत्पादन का 50%) होता है।
अभ्रक	झारखंड (पलामू), गुजरात (खेड़ा) मध्यप्रदेश (कटनी, बालाघाट, जबलपुर), छत्तीसगढ़ (बिलासपुर), राजस्थान	अभ्रक के उत्पादन में भारत का विश्व में प्रथम स्थान है। राजस्थान में 51% अभ्रक है।
सोना	कर्नाटक (कोलार तथा हट्टी की खान), आंध्रप्रदेश (अनन्तपुर, वारंगल), तमिलनाडु (नीलगिरि एवं सलेम), झारखंड (सिंहभूम)	देश की कुल स्वर्ण उत्पादन का 98% भाग अकेले कर्नाटक राज्य से प्राप्त किया जाता है।
जस्ता	राजस्थान (उदयपुर), ओडिशा, जम्मू-कश्मीर (उत्पादन में द्वितीय स्थान)	राजस्थान (उत्पादन में प्रथम) के जवारखान जस्ता उत्पादन के लिए प्रसिद्ध है।
पेट्रोलियम	असम (डिगबोई, सुरमा घाटी) गुजरात (खम्भात, अंकलेश्वर) महाराष्ट्र (मुम्बई हाई)	
यूरेनियम	झारखंड (रांची, हजारीबाग, सिंहभूम)	झारखंड प्रथम स्थान पर है।
मैग्नेजाइट	उत्तराखंड, राजस्थान, तमिलनाडु, आंध्र प्रदेश	इसका सर्वाधिक भंडार 68% उत्तराखंड में है।
थोरियम	राजस्थान (पाली, भीलवाड़ा)	विश्व का सबसे बड़ा थोरियम निर्माता देश भारत है।
चाँदी	राजस्थान (जवारखान) कर्नाटक (चित्रदुर्ग बेलारी) आंध्रप्रदेश (कुड़प्पा, गुण्टुर) झारखंड (संथाल परगाना, सिंहभूम)	
क्रोमाइट	झारखंड एवं ओडिशा	इसके उत्पादन में ओडिशा प्रथम स्थान पर है।
टंगस्टन	राजस्थान, तमिलनाडु, कर्नाटक	इसके मुख्य भंडार देगाना (राजस्थान) में है।
हीरा	मध्यप्रदेश (पन्ना खान)	
सीसा	झारखंड (हजारीबाग), राजस्थान (चिचोली)	
लिग्नाइट	तमिलनाडु, राजस्थान	इसका सर्वाधिक भंडार तमिलनाडु में है।

12. भारत के उद्योग

1. लौह–इस्पात उद्योग

- देश में पहला लौह इस्पात कारखाना 1874 ई. में कुल्टी (पश्चिम बंगाल) नामक स्थान पर बराकर लौह कंपनी के रूप में स्थापित किया गया था।
- देश में सबसे पहला लौह-इस्पात बड़े पैमाने का कारखाना 1907 ई. में तत्कालीन बिहार राज्य में साकची नामक स्थान पर जमशेदजी टाटा द्वारा स्थापित किया गया था।

स्वतन्त्रता से पूर्व स्थापित लौह-इस्पात कारखाना

(i) **भारतीय लौह-इस्पात कंपनी :** इसकी स्थापना 1918 ई. में पश्चिम बंगाल की दामोदर नदी घाटी में हीरापुर (वर्तमान बर्नपुर) नामक स्थान पर की गयी थी।

(ii) **मैसूर आयरन एण्ड स्टील वर्क्स :** 1923 ई. में मैसूर राज्य (वर्तमान कर्नाटक) के भद्रावती नामक स्थान पर स्थापित की गयी थी। इसका वर्तमान नाम विश्वेश्वरैया आयरन एण्ड स्टील कंपनी लिमिटेड (VISCL) है।

(iii) **स्टील कॉरपोरेशन ऑफ बंगाल :** इसकी स्थापना 1937 ई. में बर्नपुर (पश्चिम बंगाल) में की गयी थी। बाद में इसे 1953 ई. में भारतीय लौह-इस्पात कंपनी (IISCO) में मिला दिया है।

स्वतन्त्रता के बाद स्थापित लौह-इस्पात कारखाना

(i) **दूसरी पंचवर्षीय योजना काल (1956-1961) में स्थापित कारखाना**

(a) **भिलाई इस्पात संयत्र :** इसकी स्थापना 1955 ई. में तत्कालीन मध्यप्रदेश के भिलाई में पूर्व सोवियत संघ की सहायता से की गयी थी।

(b) **हिंदुस्तान स्टील लिमिटेड, राउरकेला :** इसकी स्थापना 1953 ई. में ओडिशा के राउरकेला नामक स्थान पर पश्चिमी जर्मनी की सहायता से की गयी थी।

(c) **हिंदुस्तान स्टील लिमिटेड, दुर्गापुर :** इसकी स्थापना 1956 ई. में पश्चिम बंगाल के दुर्गापुर नामक स्थान पर ब्रिटेन की सहायता से की गयी थी।

(ii) **तृतीय पंचवर्षीय योजना काल में स्थापित कारखाना**

(a) **बोकारो प्लांट :** इसकी स्थापना 1968 ई. में तत्कालीन बिहार राज्य के बोकारो नामक स्थान पर पूर्व सोवियत संघ की सहायता से की गयी थी।

(iii) **चौथी पंचवर्षीय योजना काल में स्थापित कारखाना**

(a) **सलेम इस्पात :** सलेम (तमिलनाडु)

(b) **विशाखापत्तनम इस्पात संयंत्र :** विशाखापत्तनम (आंध्रप्रदेश)

(c) **विजयनगर इस्पात संयंत्र :** हास्पेट, जिला बेलारी (कर्नाटक)

- **स्टील अथॉरिटी ऑफ इंडिया (SAIL) :** भारत सरकार ने 1974 ई. में स्टील अथॉरिटी ऑफ इंडिया लिमिडेड की स्थापना की। दुर्गापुर, भिलाई, राउरकेला, बोकारो, बर्नपुर, सलेम, विश्वेश्वरैया आयरन एण्ड स्टील कंपनी का प्रबंधन इसी के अधीन है।

2. एल्युमिनियम उद्योग

- भारत में एल्युमिनियम का पहला कारखाना 1937 ई. में पश्चिम बंगाल में आसनसोल के निकट जे.के. नगर में स्थापित किया गया था।

- 1938 ई. में चार कारखाने तत्कालीन बिहार राज्य के मुरी, केरल के अलवाये, पश्चिम बंगाल के बेलूर तथा ओडिशा के हीराकुण्ड में स्थापित किये गये।
- हिंदुस्तान एल्युमिनियम कार्पोरेशन (हिण्डाल्को) की स्थापना तत्कालीन मध्यप्रदेश के कोरबा नामक स्थान पर की गयी।
- मद्रास एल्युमिनियम कंपनी तमिलनाडु के मैदुर नामक स्थान पर स्थापित की गयी।

3. सूती वस्त्र उद्योग

- आधुनिक ढ़ंग से सूती वस्त्र की पहली मिल की स्थापना 1818 ई. में कोलकाता के समीप फोर्ट ग्लास्टर में की गयी थी, किन्तु यह असफल रही थी।
- सबसे पहला सफल आधुनिक सूती कपड़ा कारखाना 1854 ई. में बम्बई में कवासजी डावर द्वारा खोला गया, जिसमें 1856 ई. से उत्पादन प्रारंभ हुआ।
- सूती वस्त्र उद्योग का सर्वाधिक केन्द्रीकरण महाराष्ट्र एवं गुजरात राज्य में है। अन्य प्रमुख राज्य हैं- पश्चिम बंगाल, मध्यप्रदेश, तमिलनाडु, आंध्रप्रदेश, केरल, उत्तरप्रदेश।
- मुम्बई को भारत के सूती वस्त्रों की राजधानी के उपनाम से जाना जाता है।
- कानपुर को उत्तर भारत का मैनचेस्टर कहा जाता है।
- कोयम्बटूर (तमिलनाडु) को दक्षिण भारत का मैनचेस्टर कहा जाता है।
- अहमदाबाद को भारत का बोस्टन कहा जाता है।

4. जूट उद्योग

- सोने का रेशा (Golden Fibre) के नाम से प्रसिद्ध जूट के रेशों से सामानों का निर्माण करने में भारत का विश्व में प्रथम स्थान है।
- जूट का पहला कारखाना कोलकाता के समीप रिशरा नामक स्थान में 1859 ई. में लगाया गया था।
- भारतीय जूट निगम की स्थापना 1971 ई. में जूट के आयात, निर्यात एवं आंतरिक बाजार की देखभाल के लिए की गयी है।
- भारत पूरे विश्व में 35% जूट के समानों का निर्माण करता है।

जूट उद्योग से सम्बन्धित प्रमुख राज्य	
पश्चिम बंगाल	टीटागढ़, रिशरा, बाली, अगरपाड़ा, बाँसबेरियाँ, कान किनारा, उलबेरिया, सीरामपुर, बजबज, हावड़ा, श्यामनगर, शिवपुर, सियालदह, बिरलापुर, होलीनगर, बैरकपुर
आंध्रप्रदेश	विशाखापत्तनम, गुण्डूर
उत्तरप्रदेश	कानपुर, सहजनवाँ (गोरखपुर)
बिहार	पूर्णिया, कटिहार, सहरसा, दरभंगा

5. चीनी उद्योग

- भारत विश्व का सबसे बड़ा चीनी उत्पादक देश है। वजनह्रासी उद्योग होने के कारण इसका मुख्य सकेन्द्रण कच्चे माल के क्षेत्र में है।
- यह उद्योग सबसे पहले बेतिया (पश्चिमी चंपारण, बिहार) में 1840 ई. में लगया गया था, परंतु इसका वास्तविक विकास 1931 से प्रारंभ होता है जिस समय सरकार ने पहली बार इस उद्योग को संरक्षण दिया।

- 1960 ई. तक उत्तरप्रदेश व बिहार मुख्य चीनी उत्पादक राज्य थे, किन्तु उसके बाद दक्षिणी भारत में अनुकूल जलवायु व काली मृदा का क्षेत्र होने तथा नमी संरक्षण की क्षमता एवं ट्यूबवेल सिंचाई का विकास होने के कारण इस उद्योग में विकेन्द्रीकरण की उभरी।
- दक्षिण भारत में गन्ने की उत्पादकता व प्रति टन रस उपलब्धता अधिक होने के कारण अब यह उत्पादन की दृष्टि से महत्त्वपूर्ण प्रदेश बन गया है।
- यह उद्योग मुख्यतः उत्तरप्रदेश, महाराष्ट्र, बिहार, तमिलनाडु, मध्यप्रदेश, आंध्रप्रदेश, पंजाब, हरियाणा, पश्चिम बंगाल एवं राजस्थान राज्य में है।

चीनी उद्योग से सम्बन्धित प्रमुख राज्य	
उत्तरप्रदेश	देवरिया, भटनी, पडरौना, गोरखपुर, गौरी बाजार, सिसवाँ बाजार, बस्ती, गोंडा, बलरामपुर, बारांबकी, सीतापुर, हरदोई, बिजनौर, मेरठ, सहारनपुर, मुरादाबाद, बुलन्दशहर, कानपुर, फैजाबाद एवं मुजफ्फरनगर आदि।
बिहार	मोतीहारी, सुगौली, मझौलिया, चनपटिया, नरकटियागंज, मढ़हौरा, सासामूसा, गोपालगंज, मोतीपुर, डालमियानगर, सारण, समस्तीपुर, दरभंगा, चम्पारण, हसनपुर, मुजफ्फपुर आदि।
महाराष्ट्र	मनसद, नासिक, अहमदनगर, पूना, शोलापुर एवं कोल्हापुर।
पश्चिम बंगाल	तेलडांगा, पलासी, हावड़ा, एवं मुर्शिदाबाद।
पंजाब	हमीरा, फगवाड़ा, अमृतसर।
हरियाणा	जगधारी एवं रोहतक।
तमिलनाडु	अरकाट, मदुरै, कोयम्बटूर, तिरुचिरापल्ली।
आंध्रप्रदेश	सीतापुरम्, पीठापुरम्, बेजवाड़ा, हास्पेट, साभल कोट।
राजस्थान	गंगानगर एवं भूपाल सागर।

6. सीमेंट उद्योग

- विश्व में सबसे पहले आधुनिक रूप से सीमेंट का निर्माण 1824 ई. में ब्रिटेन के पोर्टलैंड नामक स्थान पर किया गया था।
- सीमेंट उद्योग देश के सर्वाधिक उन्नत उद्योगों में हैं। आवास निर्माण एवं देश के ढाँचागत क्षेत्र में इसकी महत्त्वपूर्ण भूमिका होती है।
- भारत में आधुनिक ढंग से सीमेंट बनाने का पहला कारखाना 1904 ई. में मद्रास में लगाया गया था, जो असफल रहा।
- मद्रास के कारखाने के बाद 1912-1913 ई. की अवधि में इंडियन सीमेंट कंपनी (ICC) लिमिटेड द्वारा गुजरात के पोरबंदर नामक स्थान पर कारखाने की स्थापना की गयी, जिसमें 1914 ई. से उत्पादन प्रारंभ हुआ।
- एसोसिएट सीमेंट कंपनी लिमिटेड (ACC) की स्थापना 1934 ई. में की गयी थी।
- राजस्थान भारत का सबसे बड़ा सीमेंट उत्पादक राज्य है।

सीमेंट उद्योग से सम्बन्धित प्रमुख राज्य	
राजस्थान	जयपुर, लखेरी
मध्यप्रदेश	सतना, कटनी, जबलपुर, बनमोर (ग्वालियर), रतलाम
छत्तीसगढ़	दुर्ग, जामुल, तिलदा, मंधार, अलकतरा
उत्तरप्रदेश	मिर्जापुर, चुर्क
झारखंड	जपला, खेलारी, सिन्दरी और झींकपानी
ओडिशा	राजगंगपुर
आंध्रप्रदेश	कृष्णा, विजयवाड़ा, मनचेरियल, मछेरिया, पनयम
कर्नाटक	भोजपुर, भद्रावती, बागलकोट, बंगलौर
तमिलनाडु	डालमियापुरम्, मधुकराय, तुलकापट्टी
केरल	कोट्टायम
गुजरात	पोरबंदर/द्वारका, सीका (जामनगर), भावनगर, सेवालियम और रानायाय
पंजाब	सूरजपुर
हरियाणा	चरखी दादरी

7. कागज उद्योग

- ⇨ आधुनिक ढंग से भारत में कागज का पहला कारखाना 1716 ई. में मद्रास के समीप ट्रंकवार नामक स्थान पर डॉ. विलियम कोर द्वारा स्थापित किया गया, जो असफल रहा।
- ⇨ कागज का पहला सफल कारखाना 1879 ई. में लखनऊ में लगाया गया।
- ⇨ पश्चिम बंगाल भारत का सबसे बड़ा कागज उत्पादक राज्य है।
- ⇨ मध्य प्रदेश के नेपानगर में अखबारी कागज तथा होशंगाबाद में नोट छापने के कागज बनाने का सरकारी कारखाना है।

कागज उद्योग से सम्बन्धित प्रमुख राज्य	
पश्चिम बंगाल	टीटागढ़, रानीगंज, नैहाटी, त्रिवेणी, कोलकाता, किनाडा, हुगली, बड़ानगर, शिवराफूली आदि
आंध्रप्रदेश	राजमहेन्द्री, सिरपुर, कागजपुर, तिरुपति आदि
उत्तरप्रदेश	सिकन्दराबाद, मेरठ, सहारनपुर, पिपराइच, मुजफ्फपुर, पिलखुआ, लखनऊ, नैनी (इलाहाबाद) आदि
झारखंड	संथाल परगना
बिहार	पटना, बरौनी, समस्तीपुर
मध्यप्रदेश	नेपानगर (अखबारी कागज बनाने का सरकारी कारखाना)
तमिलनाडु	पट्टीपलायम (सलेम), चरणमहादेवी (तिरुनलवैली), उदमलपेट तथा पालनी
महाराष्ट्र	मुम्बई, पुणे, बल्लारपुर, चन्द्रपुर, कल्याण, कराड, पिम्परी, भिवण्डी, रोहा
गुजरात	वापी, सूरत, बड़ोदरा, राजकोट, बरजोद, उदावाड़ा आदि

8. रासायनिक उर्वरक उद्योग

- ऐतिहासिक रूप से देश में सुपर फॉस्फेट उर्वरक का पहला कारखाना 1906 में तमिलनाडु के रानीपेट नामक स्थान पर स्थापित किया गया था।
- 1944 ई. में कर्नाटक के बैलेगुला नामक स्थान पर मैसूर केमिकल्स एण्ड फर्टिलाइजर्स के नाम से अमोनिया उर्वरक का कारखाना लगाया गया।
- 1947 ई. में अमोनियम सल्फेट का पहला कारखाना केरल के अल्वाय नामक स्थान पर खोला गया।
- भारत में उर्वरक निगम की स्थापना 1951 ई. में की गयी, जिसके तहत एशिया का सबसे बड़ा उर्वरक सन्यंत्र सिन्दरी (झारखंड) में स्थापित किया गया।
- भारत विश्व का तीसरा सबसे बड़ा रासायनिक उर्वरक उत्पादक एवं उपभोक्ता है।
- भारत पोटाश उर्वरक के लिए पूरी तरह आयात पर निर्भर है।
- भारत में नाइट्रोजनी उर्वरक की खपत सबसे अधिक है।

रासायनिक उर्वरक उत्पादन से सम्बन्धित प्रमुख राज्य	
झारखंड	सिन्दरी
बिहार	बरौनी
उत्तरप्रदेश	कानपुर, गोरखपुर, इलाहाबाद (फूलपुर)
ओडिशा	राउरकेला, तलचर
राजस्थान	खेतड़ी, सलादीपुर एवं कोटा
महाराष्ट्र	मुम्बई, ट्राम्बे, अम्बरनाथ तथा लोनी
पश्चिम बंगाल	बर्नपुर, हल्दिया, रिशरा तथा खारदाह
कर्नाटक	मंगलौर, बेलागुला तथा मुनीराबाद
तमिलनाडु	न्येवली, रानीपेट, इन्नौर, कोयम्बटूर, तूतीकोरन, आवाडी एवं मनाली
गुजरात	कांडला, बड़ोदरा, हजीरा, भावनगर
आंध्रप्रदेश	विशाखापट्टनम, तादेपल्ली तनूकू, रामागुडम

9. जलयान निर्माण उद्योग

- भारत में जलयान निर्माण का प्रथम कारखाना 1941 में सिंधिया स्टीम नेवीगेशन कंपनी द्वारा विशाखापट्टनम में स्थापित किया गया था। 1952 ई. में भारत सरकार द्वारा इसका अधिग्रहण करके हिंदुस्तान शिपयार्ड विशाखापट्टनम नाम दिया गया है।
- सार्वजनिक क्षेत्र की अन्य इकाइयाँ जो जलयानों का निर्माण करती है, निम्नलिखित हैं-
  - (i) गार्डेनरीच वर्कशॉप लिमिटेड-कोलकाता (पश्चिम बंगाल)
  - (ii) गोवा शिपयार्ड लिमिटेड-गोवा
  - (iii) मंझगाँव डाक लिमिटेड-मुम्बई (महाराष्ट्र)

10. वायुयान निर्माण उद्योग

- भारत में वायुयान निर्माण का पहला कारखाना 1940 ई. में बंगलौर में 'हिंदुस्तान एयरक्राफ्ट कंपनी' के नाम स्थापित किया गया जो आज 'हिंदुस्तान एयरोनॉटिक्स लिमिटेड (HAL) के नाम से जाना जाता है।

- वर्तमान में HAL की पाँच इकाइयाँ बंगलोर में ही है। इसके अतिरिक्त कोरापुट, कोरवा, नासिक, बैरकपुर, लखनऊ, हैदराबाद तथा कानपुर में एक-एक इकाइयाँ वायुयानों के निर्माण कार्य में संलग्न है।

11. मोटरगाड़ी उद्योग

- मोटरगाड़ी को विकास उद्योग के नाम से जाना जाता है।
- मोटरगाड़ी से सम्बन्धित प्रमुख इकाइयाँ हैं- हिंदुस्तान मोटर (कोलकाता), प्रीमियर ऑटोमोबाइल्स लि. (मुम्बई), अशोक लिलैण्ड (चेन्नई), टाटा इंजीनियरिंग एण्ड लोकोमोटिव कम्पनी लि. (जमशेदपुर), महिन्द्रा एण्ड महिन्द्रा लि. (पुणे), मारूती उद्योग लि. गुड़गाँव (हरियाणा) और सनराइज इंडस्ट्रीज बंगलौर।

नोट: कुछ वर्ष पूर्व हिंदुस्तान मोटर (कोलकता) बंद हो गया।

12. शीशा उद्योग

- भारत में शीशा उद्योग का केन्द्रीकरण रेल की सुविधा वाले स्थानों में देखने में मिलता है।
- शीशा उद्योग का विकास मुख्यत: पश्चिम बंगाल, उत्तरप्रदेश, महाराष्ट्र एवं तमिलनाडु राज्य में हुआ है।
- उत्तरप्रदेश के फिरोजाबाद एवं शिकोहाबाद भारत में शीशा उद्योग के महत्त्वपूर्ण केन्द्र हैं।

शीशा उद्योग से सम्बन्धित प्रमुख राज्य	
पश्चिम बंगाल	बेलगछिया, सीतारामपुर, रिसड़ा, वर्द्धमान, रानीगंज एवं आसनसोल
उत्तरप्रदेश	नैनी (इलाहाबाद), रामनगर (वाराणसी), बहजोई (मुरादाबाद), बालाबाली (बिजनौर) एवं फिरोजाबाद
झारखंड	काण्ड्रा (जमशेदपुर), भुरकुण्डा (हजारीबाग), धनबाद
बिहार	पटना एवं कहलगाँव
गुजरात	बड़ौदा, मौरवी
राजस्थान	जयपुर
अन्य स्थान	अम्बाला, अमृतसर, हैदराबाद, जबलपुर, बंगलौर एवं गुवाहाटी

13. दवा निर्माण उद्योग

- यह एक हल्का उद्योग है। इसी कारण कच्चे माल या बाजार के स्थान पर कोल्ड स्टोरेज, एयरकंडीशनर, परिवहन व अन्य संरचनात्मक सुविधाओं की इस उद्योग की अवस्थिति में अधिक महत्त्वपूर्ण भूमिका है।
- उपरोक्त सुविधाएँ महानगरीय क्षेत्रों में बेहतर ढंग से उपलब्ध है, इसीलिए यहाँ इनका बेहतर विकास हुआ है।
- 1954 ई. में हिंदुस्तान एंटीबायोटिक्स लिमिटेड की स्थापना की गयी, जिसके प्रमुख केन्द्र हैं- बंगलुरू, नागपुर, व पिंपरी (पुणे)।
- 1960 ई. में इंडियन ड्रग एण्ड फॉर्मास्युटिकल लिमिटेड (IDPL) की स्थापना की गयी। ऋषिकेश, हैदराबाद, चेन्नई, गुड़गाँव व मुजफ्फरपुर में इसकी इकाइयाँ हैं।
- भारत में दवा निर्माण उद्योग के प्रमुख केन्द्र हैं- मुम्बई, दिल्ली, कानपुर, हरिद्वार, ऋषिकेश, अहमदाबाद, पुणे, पिंपरी (पेन्सिलीन), मथुरा, हैदराबाद।

- परंपरागत दवा उद्योग के अंतर्गत डाबर, वैद्यनाथ, ऊँझा, हमदर्द, हिमालया एवं पतांजलि जैसी कंपनियाँ निरंतर नये उत्पादों के उत्पादन दिशा में प्रयासरत हैं।

14. अभियांत्रिकी उद्योग

- इस उद्योग से सम्बन्धित प्रमुख स्थान हैं- हटिया (रांची, झारखंड), दुर्गापुर (पश्चिम बंगाल), विशाखापत्तनम (आंध्रप्रदेश), नैनी (इलाहाबाद), बंगलुरु, अजमेर, जादवपुर (कोलकाता)।
- भारी इंजीनियरिंग निगम लिमिटेड (HEC) रांची की स्थापना 1958 ई. में की गयी थी।

15. रेलवे उपकरण निर्माण उद्योग

- भारत रेल के इंजनों, सवारी डिब्बों तथा माल ढोने वाले डिब्बों के निर्माण में पूर्णतया आत्मनिर्भर है।
- भारत में रेलवे उपकरण से सम्बन्धित पहली कंपनी झारखंड के सिंहभूम जिले में 'पेनिसुलर लोकोमोटिव कंपनी' 1921 ई. में स्थापित की गयी थी। बाद में इसका नाम 'टाटा इंजीनियरिंग एण्ड लोकोमोटिव कंपनी (टेल्को) रखा गया।
- भारत में रेल इंजन का सबसे पुराना कारखाना चितरंजन (पश्चिम बंगाल) में है। इस कारखाने की स्थापना 26 जनवरी, 1950 ई. में चितरंजन लोकोमोटिव वर्क्स के नाम से हुई। वर्तमान में यहाँ विद्युत इंजन का निर्माण हो रहा है।
- डीजल से चलने वाले इंजनों का निर्माण मडुआडीह (वाराणसी) के डीजल लोकोमोटिव वर्क्स (DLW) में होता है।
- रेलवे इंजन निर्माण का कार्य जमशेदपुर (झारखंड) में भी होता है।
- बिहार के मढ़ौरा (सारण) में डीजल इंजन व मधेपुरा में विद्युत इंजन कारखाना लगाया जा रहा है।
- रेल के डिब्बे बनाने का प्रमुख केन्द्र चेन्नई के समीप पेराम्बूर नामक स्थान पर 1925 ई. में स्थापित किया गया है। इसके अन्य प्रमुख केन्द्र बंगलुरु तथा कोलकाता हैं। पंजाब के कपूरथला में इंटीग्रल कोच फैक्ट्री की स्थापना की गयी है।
- रायबरेली (उत्तरप्रदेश) व कचरापाड़ा (पश्चिम बंगाल) में रेलवे कोच फैक्ट्री की नई उत्पादन इकाई स्थापित की जा रही है।
- सोनपुर (सारण, बिहार) में रेल व्हील फैक्ट्री स्थापित की गयी है।

16. बिजली के समान

- बिजली के समान का निर्माण हरिद्वार (रानीपुर), भोपाल, हैदराबाद के निकट रामचन्द्रपुरम, तिरुचिरापल्ली एवं कोलकाता में होता है।

17. ऊनी वस्त्र

- भारत में ऊन की पहली मिल 1870 ई. में कानपुर में स्थापित की गयी, परन्तु इस उद्योग का वास्तविक विकास 1950 ई. के बाद ही हुआ।
- वर्तमान समय में ऊनी वस्त्र उद्योग मुख्य रूप से पंजाब, हरियाणा, उत्तरप्रदेश, महाराष्ट्र एवं गुजरात राज्यों में स्थापित है।

ऊनी वस्त्र से सम्बन्धित प्रमुख राज्य	
उत्तरप्रदेश	मिर्जापुर, आगरा, मुजफ्फरनगर, शाहजहाँपुर
पंजाब	अमृतसर, धारीवाल
जम्मू-कश्मीर	श्रीनगर
राजस्थान	जयपुर, भीलवाड़ा, बीकानेर, जोधपुर
कर्नाटक	बंगलौर, मैसूर

➪ पंजाब में लुधियाना, जालंधर, धारीवाल और अमृतसर ऊनी वस्त्र उद्योग के महत्त्वपूर्ण केन्द्र है।

18. रेशम उद्योग

➪ भारत एक ऐसा देश है, जहाँ शहतूती, एरी, तसर एवं मूँगा सभी चार किस्मों की रेशम का उत्पादन होता है।

➪ भारत का दो तिहाई शहतूती रेशम कर्नाटक से प्राप्त होता है।

➪ गैर-शहतूती रेशम मुख्यत: असम, बिहार और मध्यप्रदेश से प्राप्त होता है।

रेशम उद्योग से सम्बन्धित प्रमुख राज्य	
जम्मू-कश्मीर	श्रीनगर, जम्मू, उधमपुर, अनन्तनाग, बारामूला
उत्तरप्रदेश	मिर्जापुर, वाराणसी, शाहजहाँपुर
पश्चिम बंगाल	मुर्शिदाबाद, बांकुड़ा, हावड़ा, चौबीस परगना
तमिलनाडु	सलेम, तंजौर, कांजीवरम् तिरुचिरापल्ली, कोयम्बटूर
बिहार	भागलपुर, गया, पटना
कर्नाटक	बंगलौर, मैसूर
गुजरात	अहमदाबाद, सूरत, भावनगर, पोरबंदर

19. चर्म उद्योग

➪ भारत में चर्म उद्योग के मुख्य केन्द्र हैं- कानपुर, आगरा, मुम्बई, कोलकाता, पटना तथा बंगलुरु।

➪ कानपुर चर्म उद्योग का सबसे बड़ा केन्द्र है। यह जूते बनाने के लिए प्रसिद्ध है।

➪ आगरा में चर्म उद्योग के लगभग 150 कारखाने हैं।

13. भारत में परिवहन

1. सड़क परिवहन

➪ भारत दुनिया के सबसे बड़ी सड़क-प्रणाली वाले देशों में से एक है। देश में सड़कों की कुल लंबाई लगभग 46.9 लाख किमी है।

➪ भारत में प्रबंधन के आधार पर सड़कों को तीन वर्गों में रखा गया है। ये हैं- (i) राष्ट्रीय राजमार्ग (National Highways) (ii) राज्य राजमार्ग (State Highways) तथा (iii) सीमावर्ती सड़कें (Border Roads)।

(i) राष्ट्रीय राजमार्ग (National Highways)

➪ इसके निर्माण, प्रबंधन एवं रख-रखाव की जिम्मेदारी भारत सरकार द्वारा निभायी जाती है। इसका नियंत्रण केन्द्रीय लोक निर्माण विभाग (CPWD) द्वारा किया जाता है।

➪ वर्तमान में राष्ट्रीय राजमार्ग के अंतर्गत कुल 96,214 किमी लंबी सड़कें शामिल हैं। देश की सड़कों की कुल लंबाई का यह लगभग 2% ही है किन्तु ये सम्पूर्ण देश के सड़क परिवहन का लगभग 40% यातायात सम्पन्न कराती है।

➪ राष्ट्रीय राजमार्ग संख्या 1 और 2 को सम्मिलित रूप से **ग्रांड ट्रंक रोड** (G.T. Road) कहा जाता है।

➪ राष्ट्रीय राजमार्ग संख्या 1A में ही जवाहर सुरंग स्थित है। यह राजमार्ग जालंधर से जम्मू व श्रीनगर होते हुए उरी तक जाती है। जम्मू और श्रीनगर को जोड़ने वाले बनिहाल दर्रे में ही जवाहर सुरंग स्थित है।

- भारत का सबसे लंबा राष्ट्रीय राजमार्ग 7 है, जो उत्तरप्रदेश में 128 किमी, मध्यप्रदेश में 504 किमी, महाराष्ट्र में 232 किमी, आंध्रप्रदेश में 753 किमी, कर्नाटक में 125 किमी, तमिलनाडु में 627 किमी (कुल 2,369 किमी) लंबी है।
- भारत का सबसे छोटा राष्ट्रीय राजमार्ग 47A है, जिसकी लंबाई मात्र 6 किमी है। यह केरल के बेम्बानद झील में स्थित वेलिंगटन द्वीप में है।
- राष्ट्रीय राजमार्ग-15 राजस्थान के मरुस्थल से होकर गुजरता है।
- स्वर्णिम चतुर्भुज परियोजना, चार महानगरों दिल्ली, मुम्बई, चेन्नई, व कोलकाता को जोड़ने वाली चार लेन वाले द्रुत मार्गी राष्ट्रीय राजमार्ग परियोजना है। इस सड़क मार्ग की लंबाई 5846 किमी है। अब इस परियोजना के तहत शामिल सड़कों को कहीं-कहीं छह लेन में बदला जा रहा है।
- राष्ट्रीय राजमार्ग विकास कार्यक्रम के अन्तर्गत बनने वाली उत्तर-दक्षिण गलियारा से श्रीनगर को कन्याकुमारी से तथा पूर्व-पश्चिम गलियारा से सिलचर को पोरबंदर से जोड़ा गया है। इसकी कुल लंबाई 7,522 किमी है।
- विश्व की सबसे ऊँची सड़क मनाली-लेह राजमार्ग है।

कुछ प्रमुख राष्ट्रीय राजमार्ग	
राष्ट्रीय राजमार्ग	कहाँ से कहाँ तक
NH-1	दिल्ली-अमृतसर (पाक सीमा तक)
NH-2	दिल्ली-कोलकाता
NH-3	आगरा-मुम्बई
NH-4	थाणे-चेन्नई
NH-5	बाहरागोरा-चेन्नई (पूर्वी तट के साथ)
NH-6	कोलकाता-मुम्बई
NH-7	वाराणसी-कन्याकुमारी (देश में सबसे अधिक लंबा)
NH-8	दिल्ली, जयपुर-मुम्बई
NH-9	मुम्बई-विजयवाड़ा
NH-10	दिल्ली-फजिल्का
NH-15	पठानकोट-सामाखिआली (भारत-पाकिस्तान सीमा के साथ)
NH-17	पानवेल-इडापेल्ली (पश्चिमी तट के साथ)
NH-28	दिल्ली-लखनऊ

(ii) **राज्य राजमार्ग (State Highways)**
- इसके निर्माण एवं रखरखाव की जिम्मेदारी राज्य सरकार की होती है।
- ये सड़कें राज्य की राजधानियों को जिला मुख्यालयों से जोड़ती हैं।

(iii) **सीमावर्ती सड़कें (Border Roads)**
- सीमावर्ती सड़कों का निर्माण एवं प्रबंधन सीमा सड़क विकास बोर्ड द्वारा किया जाता है।

- सीमा सड़क संगठन (BRO) की स्थापना 1960 ई. में हुई थी।
- भारत में सबसे अधिक सड़कों वाला राज्य महाराष्ट्र है।
- भारत में सर्वाधिक पक्की सड़कों वाला राज्य भी महाराष्ट्र है।
- भारत में सर्वाधिक कच्ची सड़कों वाला राज्य ओडिशा है।
- भारत में सड़कों का सर्वाधिक घनत्व केरल में तथा सबसे कम जम्मू-कश्मीर में है।
- सड़क निर्माण क्षेत्र में निजी भागीदारी को बढ़ावा देने के लिए सरकार ने बनाओ, चलाओ और हस्तांतरित करो (BOT) की नीति अपनाई है।
- प्रधानमन्त्री ग्राम सड़क योजना (PMGSY) के अन्तर्गत 500 की आबादी वाले सभी गाँवों को बारहमासी सड़कों से जोड़ना है।

2. रेल परिवहन

- भारतीय रेल एशिया की सबसे बड़ी तथा विश्व की दूसरी सबसे बड़ी रेल व्यवस्था है।
- भारत में पहली बार रेल व्यवस्था की शुरुआत 16 अप्रैल, 1853 ई. मुम्बई से थाणे के बीच प्रारंभ हुई थी। इसकी लंबाई 34 किमी थी।
- विश्व में सबसे पहली रेलगाड़ी 1825 ई. में लीवरपुल से मैनचेस्टर के बीच चली थी।

देश में रेलमार्गों की स्थिति एक नजर में	
रेलमार्ग का प्रकार (% में)	**पटरियों की चौड़ाई**
बड़ी लाइन (82.49%)	1.676 मीटर
मीटर लाइन (13.23%)	1.00 मीटर
छोटी लाइन (4.27%)	0.762 और 0.610 मीटर

- भारतीय रेलवे बोर्ड की स्थापना मार्च 1905 ई. में की गयी थी।
- **एटवर्थ समिति** के सुझाव पर 1924 ई. में रेल बजट को आम बजट से अलग करने का निर्णय हुआ। 1925 में पहली बार रेल बजट अलग से पेश किया गया।
- भारतीय रेल का **राष्ट्रीयकरण** 1950 ई. में किया गया।
- विश्व में अनेक प्रकार की रेल लाइनें विद्यमान हैं, जिसके कारण परिवहन सम्बन्धी समस्या बढ़ जाती है। छोटी रेल लाइनों का परिवहन अधिक समय लेने वाला तथा बहुत खर्चीला है। इस समस्या के निराकरण के लिए भारतीय रेलवे द्वारा **यूनीगेज प्रोजेक्ट अर्थात् एक समान रेलवे लाइन** की परियोजना 1992 ई. में प्रारंभ की गयी जिसके अन्तर्गत देश की सभी छोटी व मीटर (मध्यम) लाइनों को बड़ी लाइनों में परिवर्तित किया जाना है।
- देश की सबसे लंबी दूरी तय करने वाली रेलगाड़ी **विवेक एक्सप्रेस** है, जो डिब्रूगढ़ (असम) से कन्याकुमारी (तमिलनाडु) तक जाती है। इस दौरान यह 4,286 किमी दूरी तय करती है।
- विश्व का सबसे लंगा रेलमार्ग ट्रांस-साइबेरियन रेलमार्ग है, जो लेनिनग्राड से ब्लाडीवॉस्टक तक 9,438 किमी लंबा है।
- वर्तमान में भारतीय रेल व्यवस्था के अन्तर्गत कुल 65,808 किमी लंबी रेलमार्ग बिछाई गयी है। इसका लगभग 32.84% भाग विद्युतीकृत है।
- भारत में **बिजली से चलने वाली प्रथम रेलगाड़ी** डेक्कन क्वीन थी, जो बम्बई एवं पुणे के मध्य चली थी।
- भारतीय रेल प्रशासन तथा प्रबंध की जिम्मेवारी रेलवे बोर्ड पर है। रेलवे को **17 मंडलों** (Zones) में बाँटा गया है। प्रत्येक मंडल का प्रधान महाप्रबंधक होता है।

- भारत का **सबसे बड़ा रेलवे क्षेत्र/मंडल** उत्तर रेलवे (लंबाई 10, 980 किमी) है। इसके बाद पश्चिमी रेलवे का स्थान आता है।
- कोंकण रेलवे मुंबई के निकट रोह से मंगलौर (कर्नाटक) के बीच बनायी गयी है। 760 किमी लंबे इस रेलमार्ग पर 26 जनवरी, 1998 ई. में यातायात आरंभ हो गयी। इस रेलमार्ग पर रेलगाड़ियों की गतिसीमा 160 किमी/घंटा निर्धारित की गयी है। इस रेलमार्ग से लाभान्वित होने वाले राज्य हैं- महाराष्ट्र, गोवा, कर्नाटक एवं केरल।
- कश्मीर का शेष भारत के साथ रेल सम्पर्क स्थापित करने के लिए जम्मू से उधमपुर, कटरा, काजीगुंड व श्रीनगर होते हुए बारामूला तक जम्मू-बारामूला रेलमार्ग परियोजना को कार्यान्वित किया गया है। इस रेलमार्ग की समस्त लंबाई 342 किमी है।

प्रमुख रेल मंडल

भारतीय रेलवे क्षेत्र	मुख्यालय
मध्य रेलवे	मुम्बई (सेंट्रल)
पूर्वी रेलवे	कोलकाता
उत्तर रेलवे	नई दिल्ली
उत्तर-पूर्वी रेलवे	गोरखपुर
उत्तर-पूर्वी सीमान्त रेलवे	मालीगाँव (गुवाहाटी)
दक्षिणी रेलवे	चेन्नई
दक्षिण-मध्य रेलवे	सिकन्दाबाद
दक्षिण-पूर्वी रेलवे	कोलकाता
पश्चिमी रेलवे	मुम्बई (चर्चगेट)
पूर्वी-मध्य रेलवे	हाजीपुर
पूर्वी-तटवर्ती रेलवे	भुवनेश्वर
उत्तर-मध्य रेलवे	इलाहाबाद
उत्तर-पश्चिमी रेलवे	जयपुर
दक्षिण-पूर्व मध्य रेलवे	बिलासपुर
दक्षिण-पश्चिम रेलवे	हुबली
पश्चिम-मध्य रेलवे	जबलपुर
कोलकाता मेट्रो रेलवे	कोलकाता

- **कोलकाता मेट्रो रेल सेवा**- 1972 ई. में बनी यह योजना 1975 ई. में अमल में आयी। दमदम से टालीगंज के लिए शुरू की गयी इस भूमिगत रेलमार्ग की वर्तमान लंबाई 25 किमी है। इसमें 23 स्टेशन है। यह कोलकाता के भीड़-भाड़ वाले इलाकों को जोड़ती है।
- **दिल्ली मेट्रो रेल सेवा**- यह परियोजना जापान और कोरिया की कंपनियों के सहयोग से बनायी गयी है। इसके अन्तर्गत सबसे पहली रेल सेवा 25 दिसंबर, 2002 को तीस हजारी से शाहदरा के बीच चलाई गयी, उसके बाद से दिल्ली मेट्रो का अत्यधिक विस्तार हुआ है और अब इसका विस्तार नोएडा, गाजियाबाद, गुड़गाँव, फरीदाबाद, बल्लभगढ़ तक हो गया है।
- **बंगलुरु मेट्रो रेल सेवा**- इसकी शुरुआत 20 अक्टूबर, 2011 से शुरू हुआ। बंगलुरू मेट्रो को **'नम्मा मेट्रो'** नाम दिया गया है। इस मेट्रो सेवा का विकास जापान के सहयोग से किया गया है।
- **जयपुर मेट्रो रेल सेवा**- राजस्थान की राजधानी में निर्मित इस मेट्रो रेल सेवा का परिचालन दिसंबर 2014 से प्रारंभ हो गया।
- **रैपिड मेट्रो सेवा**- यह देश की पहली निजी मेट्रो सेवा है, जो गुड़गाँव (हरियाणा) में रैपिड मेट्रो लिमिटेड द्वारा बनाया गया है। 5 किमी लंबी यह मेट्रो सेवा गुड़गाँव के सिंकदपुर मेट्रो स्टेशन से NH-8 तक है।
- लखनऊ, चेन्नई, हैदराबाद तथा भोपाल आदि शहरों में भी मेट्रो रेल सेवा का निर्माण कार्य चल रहा है।

- **मोनो रेल सेवा**- इस रेल सेवा का उद्घाटन 1 फरवरी, 2014 को मुम्बई में किया गया। वडाला से चेंबूर के बीच 8.93 किमी लंबी मोनो रेल से 2 फरवरी, 2014 को यात्री सेवा प्रारंभ हो गयी। इस रेल सेवा में चार कोच हैं, जिनमें 560 यात्री सफर कर सकते हैं। हरेक कोच में 18 यात्रियों की बैठने की जगह है, जबकि 124 यात्री खड़े होकर सफर कर सकते हैं।

3. वायु परिवहन

- भारत में वायु परिवहन की शुरुआत 1911 ई. में हुई, जब इलाहाबाद से नैनी के बीच **विश्व की प्रथम** विमान डाक सेवा का परिवहन किया गया।
- 1933 ई. में इंडियन नेशनल एयरवेज कम्पनी की स्थापना हुई। 1953 ई. में सभी वैमानिक कम्पनियों का राष्ट्रीयकरण करके उन्हें दो नवनिर्मित निगमों के अधीन रखा गया-1. भारतीय विमान निगम 2. एयर इंडिया।
- भारतीय विमान निगम (Indian Airlines Corporation) का मुख्यालय नई दिल्ली में है। यह देश के आंतरिक भागों के अतिरिक्त समीपवर्ती देशों यथा- नेपाल, बांगलादेश, पाकिस्तान, अफगानिस्तान, श्रीलंका, म्यांमार तथा मालद्वीप को भी अपनी सेवाएँ उपलब्ध कराता है।
- एयर इंडिया (Air India) विदेशों के लिए सेवाएँ उपलब्ध कराता है।
- 1981 ई. में देश में घरेलू उड़ान के लिए वायुदूत नामक तीसरे निगम की स्थापना की गयी थी, जिसका बाद में भारतीय विमान निगम में विलय कर दिया गया।
- 24 अगस्त, 2007 को सार्वजनिक क्षेत्र की विमानन कम्पनियाँ एयर इंडिया एवं भारतीय विमान निगम (इंडियन एयरलांइस) का विलय हो गया। अब इन दोनों कम्पनियों को नेशनल एविएशन कम्पनी ऑफ इंडिया लिमिटेड (NACIL) नाम दिया गया जिसका कारपोरेट ऑफिस मुम्बई में है।

देश प्रमुख अन्तरराष्ट्रीय हवाई अड्डे		
1.	इन्दिरा गांधी अं० हवाई अड्डा	नई दिल्ली
2.	छत्रपति शिवाजी अं० हवाई अड्डा	मुम्बई
3.	नेताजी सु० बोस अं० हवाई अड्डा	कोलकाता
4.	अन्ना अं० हवाई अड्डा	चेन्नई
5.	बाबा साहेब अम्बेडकर अं० हवाई अड्डा	नागपुर
6.	स० बल्लभभाई पटेल अं० हवाई अड्डा	अहमदाबाद
7.	गोपीनाथ बारडोली अं० हवाई अड्डा	गुवाहाटी
8.	चौधरी चरण सिंह अं० हवाई अड्डा	लखनऊ
9.	श्री गुरु रामदास जी अं० हवाई अड्डा	अमृतसर
10.	त्रिवेन्द्रम अं० हवाई अड्डा	तिरुअनन्तपुरम
11.	कालीकाट अं० हवाई अड्डा	कोझोकोड
12.	शेख अलआलम अं० हवाई अड्डा	श्रीनगर
13.	राजीव गांधी अं० हवाई अड्डा	हैदराबाद
14.	कोचीन अं० हवाई अड्डा	कोच्चि
15.	वीर सावरकर अं० हवाई अड्डा	पोर्ट ब्लेयर
16.	दाबोलिम अं० हवाई अड्डा	गोवा
17.	कैम्पेगोड़ा अं० हवाई अड्डा	बंगलुरु
18.	मंगलुरु* अं० हवाई अड्डा	मंगलुरु
19.	देवी अहिल्लयाबाई होल्कर अं० हवाई अड्डा	इंदौर
20.	जयपुर अं० हवाई अड्डा	जयपुर
21.	कोयम्बटूर* अं० हवाई अड्डा	कोयम्बटूर
22.	तिरुचिरापल्ली* अं० हवाई अड्डा	तिरुचिरापल्ली
23.	लाल बहादुर शास्त्री* अं० हवाई अड्डा	वाराणसी
*	इन घरेलू हवाई अड्डे को अक्टूबर, 2012 में अन्तरराष्ट्रीय हवाई अड्डे का दर्जा मिला।	

- नवंबर 2010 से नेशनल एविएशन कम्पनी ऑफ इंडिया लिमिटेड (NACIL) का नाम बदलकर 'एयर इंडिया' कर दिया गया है।
- अब घरेलू व अन्तरराष्ट्रीय उड़ानों के लिए ब्रांड नाम 'एयर इंडिया' है।
- भारतीय विमानपत्तन प्राधिकरण (AAI) का गठन 1 अप्रैल, 1995 ई. को किया गया था। प्राधिकरण देश में 23 अन्तरराष्ट्रीय हवाई अड्डों और 87 घरेलू हवाई अड्डे और 25 नागरिक विमान टर्मिनलों सहित 135 हवाई अड्डों का प्रबंधन कर रहा है।

4. जल परिवहन

- भारत के अंतर्देशीय जलमार्गों के विकास, रख-रखाव तथा नियमन के लिए 1986 ई. में भारतीय अन्तर्देशीय जलमार्ग प्राधिकरण (Inland Waterways Authority of India) की स्थापना की गयी जिसे 1987 ई. में एक निगम का दर्जा दे दिया गया। इसका **मुख्यालय नोएडा** में है, जबकि **क्षेत्रीय कार्यालय** पटना, कोलकाता, गुवाहाटी व कोच्चि में है।
- राष्ट्रीय अन्तर्देशीय नौ-वहन संस्थान पटना में है।

भारत के राष्ट्रीय जलमार्ग		
जलमार्ग	**कहाँ से कहाँ तक**	**लंबाई (किमी)**
N.W.-1	इलाहाबाद से हल्दिया	1,620
N.W.-2	सदिया से धुबरी	891
N.W.-3	कोल्लम से कोट्टापुरम	205
N.W.-4	काकीनाडा से पडुचेरी	1095
N.W.-5	तलचर से पारादीप	623
N.W.-6	भांगा से लखीमपुर तट	121

- केन्द्रीय जल परिवहन निगम का **मुख्यालय** कोलकाता में है।
- राष्ट्रीय जल क्रीड़ा संस्थान गोवा में है।
- देश के जलमार्गों को दो भागों में बाँटा गया है- 1. आंतरिक जलमार्ग, 2. सामुद्रिक जलमार्ग
    1. **आंतरिक जलमार्ग-** यह परिवहन नदियों, नहरों एवं झीलों के द्वारा होता है। हल्दिया से इलाहाबाद तक के जलमार्ग को 22 अक्टूबर, 1986 ई. को राष्ट्रीय जलमार्ग संख्या-1 घोषित किया गया।
    2. **सामुद्रिक जलमार्ग-** इस दृष्टि से भारत का सम्पूर्ण प्रायद्वीपीय तटीय भाग काफी महत्त्वपूर्ण भूमिका निभाता है। देश भर के मुख्य भूमि की 5000 किमी लंबी तटरेखा पर 13 बड़े एवं 185 छोटे व मझोले बंदरगाह स्थित है।

भारत के प्रमुख बंदरगाह			
क्र.	**नाम**	**राज्य**	**नदी/खाड़ी एवं समुद्र**
1.	कोलकाता	पश्चिम बंगाल	हुगली नदी
2.	मुम्बई	महाराष्ट्र	अरब सागर
3.	चेन्नई	तमिलनाडु	बंगाल की खाड़ी
4.	कोच्चि	केरल	अरब सागर
5.	विशाखापत्तनम	आंध्रप्रदेश	बंगाल की खाड़ी
6.	पारादीप	ओडिशा	बंगाल की खाड़ी
7.	तूतीकोरिन	तमिलनाडु	बंगाल की खाड़ी
8.	मार्मागोवा	गोवा	अरब सागर
9.	कांडला	गुजरात	अरब सागर
10.	न्यू मंगलौर	कर्नाटक	अरब सागर
11.	न्हावाशेवा (जवाहरलाल नेहरू)	महाराष्ट्र	अरब सागर
12.	एन्नौर	तमिलनाडु	बंगाल की खाड़ी
13.	पोर्ट ब्लेयर	अंडमान	बंगाल की खाड़ी

- देश का **सबसे बड़ा बंदरगाह** मुम्बई में है।
- बड़े बंदरगाहों का नियंत्रण केन्द्र सरकार करती है, जबकि छोटे बंदरगाह संविधान की समवर्ती सूची में शामिल है, जिनका प्रबंधन सम्बन्धित राज्य सरकार करती है।
- देश का **सर्वश्रेष्ठ प्राकृतिक बंदरगाह** विशाखापत्तनम है। यह भारत का **सबसे गहरा** बंदरगाह है।
- गुजरात स्थित कांडला एक **ज्वारीय बंदरगाह** है। यह **मुक्त व्यापार क्षेत्र** वाला बंदरगाह है।
- चेन्नई एक **कृत्रिम बंदरगाह** है। यह भारत का **सबसे प्राचीन** बंदरगाह है।
- कुद्रेमुख से लौह-अयस्क का ईरान को निर्यात न्यू मंगलौर बंदरगाह से किया जाता है।

नोटः गुजरात स्थित दाहेज देश का प्रथम बदंरगाह है, जो रसायनों के निपटाने हेतु स्थापित किया गया है। इसलिए इस रसायन बंदरगाह भी कहा जाता है।

14. भारत की जनगणना-2011

- भारतीय संविधान की धारा 246 के अनुसार देश की जनगणना कराने का दायित्व संघ सरकार को सौंपा गया है। यह संविधान की सातवीं अनुसूची की क्रम संख्या 69 पर अंकित है।
- भारत में जनगणना की शुरुआत 1872 ई. में लार्ड रिपन के कार्यकाल में हुई थी।
- 1881 ई. में लार्ड रिपन के समय से प्रत्येक दस वर्ष के अंतराल पर जनसंख्या का क्रमवार आकलन प्रारंभ हुआ।
- वर्ष 2011 की जनगणना भारत की 15वीं (1872 से प्रारंभ) जनगणना है एवं स्वतन्त्र भारत की 7वीं जनगणना है।
- वर्ष 2011 जनगणना 21वीं शताब्दी की दूसरी जनगणना है।

जनगणना 2011 सम्बन्धी मुख्य बातें

- वर्ष 2011 की जनगणना के अनुसार भारत की जनसंख्या विश्व की कुल जनसंख्या का 17.5 प्रतिशत है।
- देश में महिलाओं की कुल आबादी 58 करोड़ 74 लाख एवं पुरुषों की कुल आबादी 62 करोड़ 31 लाख है।
- भारत की जनसंख्या की दशकीय वृद्धि (2001-2011) 17.7% है, जबकि वार्षिक वृद्धि दर 1.64% है।
- 2001-2011 के दौरान कुल जनसंख्या में 18.18 करोड़ की वृद्धि हुई है।
- 1911-21 के दशक के बाद यह पहला दशक है, जब जनसंख्या में कुल वृद्धि पिछले दशक से कम रही है।
- पुरुषों की आबादी में 17 प्रतिशत और महिलाओं की आबादी में 18 प्रतिशत की बढ़ोत्तरी हुई है।
- 2011 के जनगणना के अनुसार पिछले दस वर्षों (2001-2011) में भारत का लिंगानुपात 933 से बढ़कर 943 हो गया है, जो वर्ष 1961 के बाद सर्वाधिक है, लेकिन 0-6 आयु वर्ग के बच्चों का लिंगानुपात 927 से घटकर 919 हो गया है। यह अनुपात स्वतन्त्र भारत का सबसे निचला स्तर है।
- भारत में जन्म दर में गिरावट आयी है। कुल जनसंख्या के मुकाबले बच्चों की जनसंख्या (0-6 वर्ष की आयु) का अनुपात 2001 में 15.9 प्रतिशत से गिरकर 2011 में 13.6 प्रतिशत हो गया, जो भारत में घटती उर्वरता का सूचक है। 0-6 वर्ष तक के बच्चों की संख्या घटी है।
- नगालैंड देश का एकमात्र राज्य है जिसकी जनसंख्या में कमी आयी है। इस दशक (2001-2011) में नगालैंड की जनसंख्या वृद्धि दर 0.6 प्रतिशत रही। जबकि पिछले दशक (1991-2011) में सर्वाधिक जनसंख्या वृद्धि दर (64.53%) नगालैंड की रही थी।

- हरियाणा और चंडीगढ़ में कम से कम 110 वर्षों में सबसे बेहतर महिला अनुपात दर्ज किया गया है, जो क्रमशः 879 और 818 है, लेकिन यह अब भी देश में सबसे बदतर है जो इस बात का संकेत है कि भ्रूण हत्याएँ अब भी जारी है।
- सबसे बेहतर लिंगानुपात (प्रति 1000 पुरुषों पर स्त्रियों की संख्या) वाले दो राज्य केरल (1,084) और पुदुच्चेरी (1,037) है।
- सबसे कम लिंगानुपात वाला केंन्द्रशासित प्रदेश दमन और दीव है। यहाँ की लिंगानुपात 618 है।
- इस जनगणना के अनुसार देश में सर्वाधिक जनसंख्या वृद्धि दर वाले दो जिले क्रमशः अरुणाचल प्रदेश और पुदुच्चेरी के कुरंगकुमे (111.01%) और यमन (77.15%) है।
- इस जनगणना के अनुसार देश में न्यूनतम जनसंख्या वृद्धि दर वाले जिले क्रमशः नगालैंड के लांगलेंग (–58.39%) एवं किफरे (–30.50%) है।
- इस जनगणना के अनुसार देश में सर्वाधिक दशकीय वृद्धि दर वाले केन्द्रशासित क्षेत्र क्रमशः दादरा एवं नगर हवेली (55.9%) और दमन व दीप (53.6%) हैं।
- इस जनगणना के अनुसार निम्नतम दशकीय वृद्धि दर वाले दो राज्य क्षेत्र नगालैंड (–0.6%) और केरल (4.9%) है।
- इस जनगणना के अनुसार देश में सर्वाधिक जनसंख्या वाले दो जिले हैं- महाराष्ट्र का ठाणे (1,10,54,131) और पश्चिम बंगाल का उत्तर चौबीस परगना (1,00,82,852)।
- इस जनगणना के अनुसार देश में न्यूनतम जनसंख्या वाले दो जिले हैं- दिबांग घाटी (अरुणाचल प्रदेश) 7948 एवं अंजाव (अरुणाचल प्रदेश) 2189।
- इस जनगणना के अनुसार सर्वाधिक जनघत्व वाला राज्य बिहार (1106) हो गया। इसके पूर्व यह स्थान पश्चिम बंगाल को प्राप्त था।
- इस जनगणना के अनुसार सबसे कम जनघनत्व वाला राज्य अरुणाचल प्रदेश (17) है।
- इस जनगणना के अनुसार सर्वाधिक और न्यूनतम लिंगानुपात वाले राज्य हैं- केरल (1084) और हरियाणा (879)।
- इस जनगणना के अनुसार सर्वाधिक और न्यूनतम साक्षरता वाले राज्य क्रमशः हैं- केरल (94%) और बिहार (61.8%)।
- इस जनगणना में उसे साक्षर माना गया है जिसकी उम्र 7 वर्ष या अधिक है एवं जो किसी भाषा में पढ़ने के साथ-साथ लिखने में भी सक्षम हो।
- पुरुषों के मुकाबले महिलाओं की साक्षरता दर में तेजी से वृद्धि हुई है। पिछले दशक में महिलाओं की साक्षरता दर में 12% एवं पुरुषों के साक्षरता दर में 7% की वृद्धि दर्ज की गयी है।

जनगणना-2011 के राज्यवार अंतिम आँकड़े

राज्य/के.प्र. के कोड	भारत/राज्य/केन्द्रशासित प्रदेश	जनसंख्या (करोड़ में)			लिंगानुपात प्रति 1000 पुरुष पर	जनघनत्व (व्यक्ति/वर्ग किमी)	दशकीय वृद्धि प्रतिशत में)	साक्षरता (प्रतिशत में)		
		व्यक्ति	पुरुष	महिलाएँ				व्यक्ति	पुरुष	महिलाएँ
1	2	3	4	5	7	8	9	10	11	12
	भारत	**121.05**	**62.31**	**58.74**	**943**	**382**	**17.7**	**73.0**	**80.9**	**64.6**
1	जम्मू-कश्मीर	1.25	0.66	0.59	889	124	23.6	67.2	76.8	56.4
2.	हिमाचल प्रदेश	0.68	0.34	0.33	972	123	12.9	82.8	89.5	75.9

3.	पंजाब	2.77	1.46	1.31	895	551	13.9	75.8	80.4	70.7
4	चंडीगढ़	0.10	0.05	0.04	818	8258	17.2	86.0	90.0	81.2
5.	उत्तराखंड	1.00	0.51	0.49	963	189	18.8	78.8	87.4	70.0
6.	हरियाणा	2.53	0.34	1.18	879	573	19.90	75.6	84.1	65.9
7	दिल्ली	1.67	0.89	0.78	868	11320	21.2	86.2	90.9	80.8
8	राजस्थान	6.85	3.55	3.29	928	200	21.3	66.1	79.2	52.1
9.	उत्तरप्रदेश	19.98	10.44	9.53	912	829	20.2	67.7	77.3	57.2
10	बिहार	10.40	5.42	4.98	918	1106	25.4	61.8	71.2	51.5
11	सिक्किम	0.061	0.032	0.028	890	86	12.9	81.4	86.6	75.6
12	अरुणाचल प्रदेश	0.13	0.071	0.066	938	17	26.0	65.4	72.6	57.7
13	नगालैंड	0.19	0.10	0.09	931	119	0.6	79.6	82.8	76.1
14	मणिपुर	0.25	0.12	0.12	992	115	18.65	79.2	86.1	72.4
15	मिजोरम	0.109	0.055	0.054	976	52	23.5	91.3	93.3	89.3
16	त्रिपुरा	0.367	0.187	0.179	960	350	14.8	87.2	91.5	82.7
17	मेघालय	0.296	0.149	0.14	989	132	27.9	74.4	76.0	72.9
18	असम	3.11	1.59	1.52	958	398	17.1	72.2	77.8	66.3
19	प. बंगाल	9.13	4.69	4.44	950	1028	13.8	76.3	81.7	70.5
20	झारखंड	3.29	1.69	1.60	949	414	22.4	66.4	76.8	55.4
21	ओडिशा	4.19	2.12	2.07	979	270	14.0	72.9	81.6	64.0
22	छत्तीसगढ़	2.55	1.28	1.27	991	189	22.6	70.3	80.3	60.2
23	मध्यप्रदेश	7.25	3.76	3.49	931	236	20.30	69.3	78.7	59.2
24	गुजरात	6.03	3.14	2.89	919	308	19.3	78.0	85.8	69.7
25	दमन दीव	0.02	0.01	0.009	618	2191	53.8	87.1	91.5	79.5
26	दादर नगर हवेली	0.034	0.019	0.014	774	700	55.9	76.2	85.2	64.3
27	महाराष्ट्र	11.23	5.82	5.41	929	365	16.0	82.3	88.4	75.9
28	आंध्रप्रदेश	8.45	4.24	4.21	993	308	11.0	67.0	74.9	59.1
29	कर्नाटक	6.10	3.09	3.01	973	319	15.67	75.4	82.5	68.1
30	गोवा	0.145	0.073	0.071	973	394	8.2	88.7	92.6	84.7
31	लक्षद्वीप	0.006	0.003	0.003	947	2149	6.3	91.8	95.6	87.9
32	केरल	3.34	1.60	1.73	1084	860	4.9	94.0	96.1	92.1
33	तमिलनाडु	7.21	3.61	3.60	996	555	15.60	80.1	86.8	73.4
34.	पुदुच्चेरी	0.124	0.061	0.063	1037	2547	28.1	85.8	91.3	80.7
35	अंडमान निकाबार	0.038	0.020	0.017	876	46	6.9	86.6	90.3	82.4

ग्रामीण-नगरीय जनसंख्या 2011 (अंतिम आँकड़े)					
क्र.	राज्य/के.शा. प्रदेश	ग्रामीण जनसंख्या	नगरीय जनसंख्या	ग्रामीण जनसंख्या का %	नगरीय जनसंख्या का %
1.	जम्मू और कश्मीर	91,08,060	34,33,242	72.6	27.4
2.	हिमाचल प्रदेश	61,76,050	6,88,552	90.0	10.0
3.	पंजाब	1,73,44,192	1,03,99,146	62.5	37.5
4.	चंडीगढ़	28,991	10,26,459	2.7	97.3
5.	उत्तराखंड	70,36,954	30,49,338	69.8	30.2
6.	हरियाणा	1,65,09,359	88,42,103	65.1	34.9
7.	दिल्ली	4,19,042	1,63,68,899	2.5	97.5
8.	राजस्थान	5,15,00,352	1,70,48,085	75.1	24.9
9.	उत्तरप्रदेश	15,53,17,278	4,44,95,063	77.7	22.3
10.	बिहार	9,23,41,436	1,17,58,016	88.7	11.3
11.	सिक्किम	4,56,999	1,53,578	74.8	25.2
12.	अरुणाचल प्रदेश	10,66,358	3,17,369	77.1	22.9
13.	नगालैंड	14,07,536	5,70,966	71.1	28.9
14.	मणिपुर	17,36,236	8,34,154	67.5	32.5
15.	मिजोरम	5,25,435	5,71,771	47.9	52.1
16.	त्रिपुरा	27,12,464	9,61,453	73.8	26.2
17.	मेघालय	23,71,439	5,95,450	79.9	20.1
18.	असम	2,68,07,034	43,98,542	85.9	14.1
19.	पश्चिम बंगाल	6,21,83,113	2,90,93,002	68.1	31.9
20.	झारखंड	2,50,55,073	79,33,061	76.0	24.0
21.	ओडिशा	3,49,70,562	70,03,656	83.3	16.7
22.	छत्तीसगढ़	1,96,07,961	59,37,237	76.8	23.2
23.	मध्यप्रदेश	5,25,57,404	2,0069,405	72.4	27.6
24.	गुजरात	3,46,94,609	2,57,45,083	57.4	42.6
25.	दमन और दीव	60,396	1,82,851	24.8	75.2
26.	दादरा एवं नगर हवेली	1,83,114	1,60,595	53.3	46.7
27.	महाराष्ट्र	6,15,56,074	5,08,18,259	54.8	45.2
28.	आंध्रप्रदेश	5,63,61,702	2,82,19,075	66.6	33.4

29.	कर्नाटक	3,74,69,335	2,36,25,962	61.3	38.7
30.	गोवा	5,51,731	9,06,814	37.8	62.2
31.	लक्षद्वीप	14,141	50,332	21.9	78.1
32.	केरल	1,74,71,135	1,59,34,926	52.3	47.7
33.	तमिलनाडु	3,72,29,590	3,49,17,440	51.6	48.4
34.	पुदुच्चेरी	3,95,200	8,52,753	31.7	68.3
35.	अंडमान निकोबार	2,37,093	1,43,488	62.3	37.7
	भारत	83,34,63,448	37,71,06,125	68.8	31.2

15. भारत की प्रमुख बहुउद्देशीय नदी घाटी परियोजनाएँ

क्र.	परियोजना का नाम	नदी	लाभान्वित राज्य
1.	भाखड़ा नांगल परियोजना	सतलज नदी	पंजाब, हरियाणा, हिमाचल प्रदेश, राजस्थान
2.	व्यास परियोजना	व्यास नदी	राजस्थान, पंजाब, हरियाणा हिमाचल प्रदेश
3.	दामोदर घाटी योजना	दामोदर नदी	झारखंड, पश्चिम बंगाल
4.	हीराकुड बाँध परियोजना	महानदी	ओडिशा
5.	चम्बल परियोजना	चम्बल नदी	राजस्थान, मध्यप्रदेश
6.	तुंगभद्रा परियोजना	तुंगभद्रा नदी	तेलंगाना तथा कर्नाटक
7.	मयूरपक्षी परियोजना	मयूराक्षी नदी	पश्चिम बंगाल
8.	नागार्जुन सागर परियोजना	कृष्णा नदी	आंध्रप्रदेश तथा तेलंगाना
9.	कोसी परियोजना	कोसी नदी	बिहार तथा नेपाल
10.	गण्डक नदी परियोजना	गण्डक नदी	बिहार, नेपाल, उत्तर प्रदेश
11.	फरक्का परियोजना	गंगा, भागीरथी	पश्चिम बंगाल
12.	काकड़ापारा परियोजना	ताप्ती नदी	गुजरात
13.	तवा परियोजना	तवा नदी	मध्यप्रदेश
14.	नागपुर शक्तिगृह परियोजना	कोराडी नदी	महाराष्ट्र
15.	इंदिरा गांधी नहर परियोजना	सतलज नदी	राजस्थान, पंजाब तथा हरियाणा
16.	उकाई परियोजना	ताप्ती नदी	गुजरात
17.	पोचम्पाद परियोजना	गोदावरी नदी	कर्नाटक
18.	मालप्रभा परियोजना	मालप्रभा नदी	कर्नाटक
19.	महानदी डेल्टा परियोजना	महानदी	ओडिशा
20.	रिहन्द परियोजना	रिहन्द नदी	उत्तरप्रदेश
21.	कुण्डा परियोजना	कुण्डा नदी	तमिलनाडु

22.	दुर्गा वैराज परियोजना	दामोदर नदी	पश्चिम बंगाल तथा झारखंड
23.	इडुक्की परियोजना	पेरियार नदी	केरल
24.	टिहरी बाँध परियोजना	भागीरथी नदी	उत्तराखंड
25.	माताटीला परियोजना	बेतवा नदी	उत्तरप्रदेश तथा मध्यप्रदेश
26.	कोयना परियोजना	कोयना नदी	महाराष्ट्र
27.	रामगंगा परियोजना	रामगंगा नदी	उत्तरप्रदेश
28.	ऊपरी कृष्णा परियोजना	कृष्णा नदी	कर्नाटक
29.	घाटप्रभा परियोजना	घाटप्रभा नदी	कर्नाटक
30.	भीमा परियोजना	पवना नदी	महाराष्ट्र
31.	भद्रा परियोजना	भद्रा नदी	कर्नाटक
32.	जायकावाड़ी परियोजना	गोदावरी नदी	महाराष्ट्र
33.	रंजीत सागर बाँध परियोजना	रावी नदी	पंजाब
34.	हिडकल परियोजना	घाटप्रभा नदी	कर्नाटक
35.	सतलज परियोजना	पनामा नदी	गुजरात
36.	नाथपा झाकरी परियोजना	सतलज नदी	हिमाचल प्रदेश
37.	पनामा परियोजना	पनामा नदी	गुजरात
38.	कोल डैम परियोजना	सतलज नदी	हिमाचल प्रदेश
39.	कांगसावती परियोजना	कांगसावती	पश्चिम बंगाल
40.	पराम्बिकुलम अलियार परियोजना	8 छोटी नदियाँ	तमिलनाडु एवं केरल
41.	मुचकुण्ड परियोजना	मुचकुण्ड नदी	ओडिशा तथा आंध्रप्रदेश
42.	गिरना परियोजना	गिरना नदी	महाराष्ट्र
43.	शारदा परियोजना	शारदा, गोमती	उत्तरप्रदेश
44.	पूर्णा परियोजना	पूर्णा नदी	महाराष्ट्र
45.	बार्गी परियोजना	बार्गी नदी	मध्यप्रदेश
46.	हंसदेव बंगो परियोजना	हसंदेव नदी	मध्यप्रदेश
47.	दण्डकारण्य परियोजना	–	ओडिशा तथा मध्यप्रदेश
48.	शरावती परियोजना	शरावती नदी	कर्नाटक
49.	पंचेत बाँध	दामोदर नदी	झारखंड तथा पश्चिम बंगाल
50.	गंगा सागर परियोजना	चम्बल नदी	मध्यप्रदेश
51.	बाणसागर परियोजना	सोन नद	बिहार, उत्तरप्रदेश तथा मध्यप्रदेश
52.	नर्मदा सागर परियोजना	नर्मदा नदी	मध्यप्रदेश तथा गुजरात

53.	राणा प्रताप सागर परियोजना	चम्बल	राजस्थान
54.	जवाहर सागर परियोजना	चम्बल	राजस्थान
55.	सरहिन्द नहर परियोजना	सतलज नदी	हरियाणा
56.	तुलबुल परियोजना	झेलम नदी	जम्मू-कश्मीर
57.	दुलहस्ती परियोजना	चिनाब नदी	जम्मू-कश्मीर
58.	तिलैया परियोजना	बराकर	झारखंड
59.	सरदार सरोवर परियोजना	नर्मदा नदी	मध्यप्रदेश, महाराष्ट्र तथा राजस्थान

16. नदियों के किनारे बसे नगर

क्र.	नगर	नदियाँ	क्र.	नगर	नदियाँ
1.	आगरा	यमुना नदी	18.	अयोध्या	सरयू नदी
2.	बद्रीनाथ	अलकनंदा	19.	कोलकाता	हुगली नदी
3.	इलाहाबाद	गंगा, यमुना	20.	लखनऊ	गोमती नदी
4.	दिल्ली	यमुना नदी	21.	डिब्रूगढ़	ब्रह्मपुत्र नदी
5.	फिरोजपुर	सतलज नदी	22.	गुवाहाटी	ब्रह्मपुत्र नदी
6.	हरिद्वार	गंगा नदी	23.	जबलपुर	नर्मदा नदी
7.	कानपुर	गंगा नदी	24.	कोटा	चम्बल नदी
8.	कुर्नुल	तुंगभद्रा नदी	25.	कटक	महानदी
9.	सोकोवा घाट	ब्रह्मपुत्र नदी	26.	नासिक	गोदावरी
10.	पटना	गंगा नदी	27.	सम्बलपुर	महानदी
11.	श्रीनगर	झेलम नदी	28.	श्रीरंगपट्टनम्	कावेरी नदी
12.	सूरत	ताप्ती नदी	29.	वाराणसी	गंगा नदी
13.	विजयवाड़ा	कृष्णा नदी	30.	लुधियाना	सतलज नदी
14.	पंढ़रपुर	भीमा नदी	31.	हैदराबाद	मूसी नदी
15.	बरेली	रामगंगा नदी	32.	मथुरा	यमुना नदी
16.	ओरछा	बेतवा नदी	33.	जमशेदपुर	स्वर्णरेखा नदी
17.	उज्जैन	क्षिप्रा नदी	34.	अहमदाबाद	साबरमती नदी

17. भारत के पर्वतीय नगर

क्र.	पर्वतीय नगर	राज्य	ऊँचाई	क्र.	पर्वतीय नगर	राज्य	ऊँचाई
1.	गुलमर्ग	जम्मू-कशमीर	2651 मी.	22.	ऊटी	तमिलनाडु	2286 मी.
2.	शिमला	हिमाचल प्रदेश	2206 मी.	23.	पहलगाँव	जम्मू-कश्मीर	2195 मी.

3.	दार्जिलिंग	पश्चिम बंगाल	2134 मी.	24.	कोडाईकनाल	तमिलनाडु	2133 मी.
4.	लैंसडाउन	उत्तराखंड	2118 मी.	25.	डलहौजी	हिमाचल प्रदेश	2035 मी.
5.	मंसूरी	उत्तराखंड	2005 मी.	26.	कोटगिरि	तमिलनाडु	1981 मी.
6.	मुक्तेश्वर	उत्तराखंड	1974 मी.	27.	नैनीताल	उत्तराखंड	1938 मी.
7.	कसौली	हिमाचल प्रदेश	1890 मी.	28.	कुन्नूर	तमिलनाडु	1859 मी.
8.	गंगटोक	सिक्किम	1850 मी.	29.	मनाली	हिमाचल प्रदेश	1829 मी.
9.	रानीखेत	उत्तराखंड	1829 मी.	30.	रांची	झारखंउ	670 मी.
10.	मिरिक	पश्चिम बंगाल	1800 मी.	31.	श्रीनगर	जम्मू-कश्मीर	1768 मी.
11.	कोटलिम	तमिलनाडु	1676 मी.	32.	भुवाली	उत्तराखंड	1650 मी.
12.	अल्मोड़ा	उत्तराखंड	1646 मी.	33.	शिलांग	मेघालय	1496 मी.
13.	सोलन	हिमाचल प्रदेश	1496 मी.	34.	नंदी हिल्स	कर्नाटक	1474 मी.
14.	येरकार्ड	तमिलनाडु	1459 मी.	35.	महाबालेश्वर	महाराष्ट्र	1372 मी.
15.	कालिम्पोंग	पश्चिम बंगाल	1250 मी.	36.	धर्मशाला	हिमाचल प्रदेश	1250 मी.
16.	कुल्लू घाटी	हिमाचल प्रदेश	1250 मी.	37.	माऊंट आबू	राजस्थान	1219 मी.
17.	पंचगनी	महाराष्ट्र	1219 मी.	38.	मन्नार	केरल	1158 मी.
18.	पंचमढ़ी	मध्यप्रदेश	1067 मी.	39.	सपूतारा	गुजरात	975 मी.
19.	केमानगुंडी	कर्नाटक	914 मी.	30.	पेरियार	केरल	914 मी.
20.	मंडी	हिमाचल प्रदेश	709 मी.	40.	लोनावाला	महाराष्ट्र	620 मी.
21.	खांडला	महाराष्ट्र	620 मी.				

18. भारत के प्रमुख वन्य जीव अभयारण्य/राष्ट्रीय उद्यान

क्र.	राष्ट्रीय उद्यान/अभयारण्य	राज्य	प्रमुख वन्यजीव प्राणी
1.	पलामू (बेतला) अभयारण्य	झारखंड	हाथी, हिरण, तेंदुआ, सांभर, जंगली सुअर
2.	दाल्मा वन्य जीव अभयारण्य	झारखंड	हाथी, तेंदुआ, हिरण, भालू, जंगली सुअर
3.	हजारीबाग वन्य जीव अभयारण्य	झारखंड	चीता, भालू, तेंदुआ, चीतल, सांभर, जंगली सुअर
4.	कैमूर वन्य जीव अभयारण्य	बिहार	बाघ, नीलगाय, घड़ियाल, सांभर, तेंदुआ
5.	गिर राष्ट्रीय उद्यान	गुजरात	शेर, सांभर, तेंदुआ, जंगली सुअर
6.	नल सरोवर अभयारण्य	गुजरात	जल-पक्षी

7.	कार्बेट राष्ट्रीय उद्यान	उत्तराखंड	हाथी, बाघ, चीता, हिरण, भालू, नील गाय, सांभर, जंगली सुअर
8.	दुधवा राष्ट्रीय उद्यान	उत्तरप्रदेश	चीता, बाघ, सांभर, नील गाय, तेंदुआ, हिरण
9.	चन्द्रप्रभा अभयारण्य	उत्तरप्रदेश	चीता, भालू, नीलबाय, तेंदुआ, सांभर
10.	बांदीपुर राष्ट्रीय उद्यान	कर्नाटक	हाथी, चीता, तेंदुआ, हिरण, चीतल, सांभर
11.	भद्रा अभयारण्य	कर्नाटक	भालू, हाथी, सांभर, तेंदुआ हिरण
12.	सोमेश्वर अभयारण्य	कर्नाटक	चीता, जंगली कुत्ता, हिरण, तेंदुआ
13.	तुंगभद्रा अभयारण्य	कर्नाटक	तेंदुआ, चीतल, काला हिरण, चौसिंगा एवं पक्षी
14.	पाखाल वन्य जीव अभयारण्य	तेलंगाना	चीता, तेंदुआ, सांभर, भालू, जंगली सुअर
15.	कावला वन्य जीव अभयारण्य	तेलंगाना	चीता, तेंदुआ, सांभर, भालू, जंगली सुअर, चीतल
16.	मानस राष्ट्रीय उद्यान	असम	हाथी, चीता, भालू, एक सींग वाला गैंडा, लंगूर, हिरण
17.	काजीरंगा राष्ट्रीय उद्यान	असम	चीता, एक सींग वाला गैंडा, लंगूर, हिरण
18.	घाना पक्षी विहार	राजस्थान	सांभर, काला हिरण, जंगली, सुअर, मुर्गा, घड़ियाल और साइबेरियन क्रेन
19.	रणथम्भौर अभयारण्य	राजस्थान	चीता, बाघ, शेर, तेंदुआ, लकड़बग्घा, भालू, नील गाय, सांभर
20.	कुंभलगढ़ अभयारण्य	राजस्थान	चीता, नील गाय, सांभर, भालू, जंगली सूअर
21.	पेंच राष्ट्रीय उद्यान	महाराष्ट्र	तेंदुआ, सांभर, चौसिंगा, जंगली सुअर, चीतल
22.	तंसा अभयारण्य	महाराष्ट्र	तेंदुआ, सांभर, चौसिंगा, जंगली सुअर, चीतल, पक्षी
23.	वोरीवली राष्ट्रीय उद्यान	महाराष्ट्र	लंगूर, हिरण, सांभर, तेंदुआ, जंगली सुअर
24.	अबोहर अभयारण्य	पंजाब	जंगली सुअर, हिरण, नील गाय, काला हंस, कबूतर
25.	चिल्का अभयारण्य	ओडिशा	क्रेन, जलकौवा, पेलीवन, प्रवासी पक्षी
26.	सिमलीपाल अभयारण्य	ओडिशा	हाथी, बाघ, चीता, तेंदुआ, सांभर, हिरण, मगरमच्छ
27.	वेदान्तगल अभयारण्य	तमिलनाडु	जलीय पक्षी
28.	इंदिरा गांधी अभयारण्य	तमिलनाडु	हाथी, बाघ, चीतल, तेंदुआ, सांभर, रीछ, भालू, जंगली कुत्ता, लंगूर
29.	मुदुमलाई अभयारण्य	तमिलनाडु	चीता, हाथी, तेंदुआ, सांभर, हिरण, जंगली कुत्ता
30.	डाम्फा अभयारण्य	मिजोरम	कोबरा, चीता, बिल्ली, फीजेंट

31.	पेरियार अभयारण्य	केरल	चीता, हाथी, तेंदुआ, सांभर, हिरण, भालू, नील गाय, जंगली सुअर
32.	पराम्बिकुलम अभयारण्य	केरल	चीता, हाथी, सांभर, नील गाय, जंगली सुअर, हिरण, तेंदुआ
33.	कान्हा किसली राष्ट्रीय उद्यान	मध्यप्रदेश	बाघ, चीतल, तेंदुआ, सांभर, बाहरसिंगा
34.	पंचमढ़ी अभयारण्य	मध्यप्रदेश	बाघ, तेंदुआ, सांभर, नील गाय, हिरण, भालू, जंगली भैंसा
35.	डाचिगम राष्ट्रीय उद्यान	जम्मू-कश्मीर	तेंदुआ, काला भालू, लाल भालू, हिरण
36.	किश्तवाड़ राष्ट्रीय उद्यान	जम्मू-कश्मीर	काला हिरण, जंगली याक, तिब्बती गधा, पहाड़ी तेंदुआ
37.	बांधवगढ़ राष्ट्रीय उद्यान	मध्यप्रदेश	बाघ, तेंदुआ, सांभर, भालू, नील गाय, सुअर, तीतर
38.	नागरहोल राष्ट्रीय उद्यान	कर्नाटक	चीता, हाथी, तेंदुआ, सांभर, भालू, चकोर, तीतर
39.	पखुई वन्य जीव अभयारण्य	अरुणाचल प्रदेश	हाथी, हिरण, अजगर, सांभर
40.	सुलतानपुर झील अभयारण्य	हरियाणा	विभिन्न जल पक्षी
41.	रोहिला राष्ट्रीय उद्यान	हिमाचल प्रदेश	कस्तूरी हिरण, भूरा भालू, पहाड़ी मुर्गा, पहाड़ी तेंदुआ
42.	सुन्दरवन राष्ट्रीय उद्यान	पश्चिम बंगाल	बाघ, चीता, हिरण, मगरमच्छ
43.	भगवान महावीर उद्यान	गोवा	हिरण, चूहा, साही, सांभर
44.	नोंगरवाइलेम अभयारण्य	मेघालय	हाथी, चीता, बाघ, हिरण, सांभर, भालू
45.	कीबुल लामजाओ राष्ट्रीय उद्यान	मणिपुर	हिरण, जंगली, बकरी, विभिन्न जल पक्षियाँ

19. भारत के प्रमुख भौगोलिक उपनाम

भौगोलिक उपनाम	शहर	भौगोलिक उपनाम	शहर
ईश्वर का निवास स्थान	प्रयाग	त्यौहारों का नगर	मदुरै
पाँच नदियों की भूमि	पंजाब	स्वर्ण मंदिर का शहर	अमृतसर
सात टापुओं का नगर	मुम्बई	महलों का शहर	कोलकाता
बुनकरों का शहर	पानीपत	नवाबों का शहर	लखनऊ
अंतरिक्ष का शहर	बंगलुरू	इस्पात नगरी	जमशेदपुर
डायमंड हार्बर	कोलकाता	पर्वतों की रानी	मसूरी
इलेक्ट्रॉनिक नगर	बंगलुरू	रैलियों का नगर	नई दिल्ली

भारत का प्रवेश द्वार	मुम्बई	अरब सागर की रानी	कोच्चि
पूर्व का वेनिस	कोच्चि	भारत का स्विटजरलैंड	कश्मीर
भारत का पिट्सबर्ग	जमशेदपुर	पूर्व का स्कॉटलैंड	मेघालय
भारत का मैनचेस्टर	अहमदाबाद	उत्तर भारत का मैनचेस्टर	कानपुर
मसालों का बगीचा	केरल	मंदिरों एवं घाटों का नगर	वाराणसी
गुलाबी नगर	जयपुर	धान की डलिया	छत्तीसगढ़
क्वीन ऑफ डेकन	पुणे	भारत का पेरिस	जयपुर
भारत का हालीवुड	मुम्बई	मेघों का घर	मेघालय
झीलों का नगर	श्रीनगर	बगीचों का शहर	कपूरथला
फलोद्यानों का स्वर्ग	सिक्किम	पृथ्वी का स्वर्ग	श्रीनगर
पहाड़ी की मल्लिका	नेतरहाट	पहाड़ों की नगरी	डुंगरपुर
भारत का डेट्राइट	पीथमपुर	भारत का उद्यान	बंगलुरू
पूर्व का पेरिस	जयपुर	भारत का वोस्टन	अहमदाबाद
साल्ट सिटी	गुजरात	गोल्डेन सिटी	अमृतसर
सोया प्रदेश	मध्यप्रदेश	सूती वस्त्रों की राजधानी	मुम्बई
मलय का देश	कर्नाटक	पवित्र नदी	गंगा
सर्वाधिक प्रदूषित नदी	साबरमती	बिहार का शोक	कोसी
दक्षिण भारत की गंगा	कावेरी	वृद्ध गंगा	गोदावरी
काली नदी	शारदा	पश्चिम बंगाल का शोक	दामोदर
ब्लू माउण्टेन	नीलगिरि पहाड़ियाँ	कोट्टायम की दादी	मलयाला
एशिया की अण्डों की टोकरी	आंध्रप्रदेश	जुड़वाँ नगर	हैदराबाद–सिकन्दराबाद
राजस्थान का हृदय	अजमेर	ताला नगरी	अलीगढ़
सुरमा नगरी	बरेली	राष्ट्रीय राजमार्गों का चौराहा	कानपुर
खुशबुओं का शहर	कन्नौज	पेठा नगरी	आगरा
काशी की बहन	गाजीपुर	भारत का टॉलीवुड	कोलकाता
लीची नगर	देहरादून	वन नगर	देहरादून
राजस्थान का शिमला	माउण्ट आबू	सूर्य नगरी	जोधपुर
सुपर प्रसारित नगर	चेन्नई	राजस्थान का गौरव	चित्तौड़गढ़
कर्नाटक का रत्न	मैसूर	कोयला नगरी	धनबाद

20. भारतीय राज्यों एवं केन्द्रशासित प्रदेशों की राजधानी

क्र.	राज्य	राजधानी	क्र.	राज्य	राजधानी
1.	बिहार	पटना	16.	पश्चिम बंगाल	कोलकाता
2.	असम	दिसपुर	17.	आंध्रप्रदेश	हैदराबाद*
3.	ओडिशा	भुवनेश्वर	18.	उत्तरप्रदेश	लखनऊ
4.	कर्नाटक	बंगलुरू	19.	केरल	तिरुवन्तपुरम्
5.	गुजरात	गांधीनगर	20.	जम्मू-कश्मीर	श्रीनगर
6.	तमिलनाडु	चेन्नई	21.	त्रिपुरा	अगरतल्ला
7.	नगालैंड	कोहिमा	22.	पंजाब	चंडीगढ़
8.	हरियाणा	चंडीगढ़	23.	मणिपुर	इम्फाल
9.	मध्यप्रदेश	भोपाल	24.	महाराष्ट्र	मुम्बई
10.	मेघालय	शिलांग	25.	राजस्थान	जयपुर
11.	हिमाचल प्रदेश	शिमला	26.	सिक्किम	गंगटोक
12.	मिजोरम	आइजॉल	27.	अरुणाचल प्रदेश	ईटानगर
13.	गोवा	पणजी	28.	उत्तराखंड	देहरादून
14.	छत्तीसगढ़	रायपुर	29.	झारखंड	रांची
15.	तेलंगाना	हैदराबाद			
केन्द्रशासित प्रदेश					
1.	दिल्ली	नई दिल्ली	5.	चंडीगढ़	चंडीगढ़
2.	लक्षद्वीप	कवारत्ती	6.	पुदुचेरी	पुदुचेरी
3.	दमन और दीव	दमण	7.	दादर व नगर हवेली	सिलवासा
4.	अण्मान एवं निकोबार द्वीप समूह	पोर्ट-ब्लेयर			

नोट: * आंध्रप्रदेश की नई राजधानी अमरावती में प्रस्तावित है जो कि निमार्णाधीन है।

21. भारतीय जनजातियाँ

क्र.	राज्य	जनजातियाँ
1.	गुजरात	भील, बंजारा, कोली, पटेलिया, डाफर, टोड़िया आदि
2.	हिमाचल प्रदेश	गड्डी, स्वागला, कनोरा, लाहौली आदि
3.	जम्मू-कश्मीर	बक्करवाल, गद्दी, लद्दाखी, गुज्जर आदि
4.	केरल	कादर, उराली, मोपला, इरूला, पनियान आदि
5.	मध्यप्रदेश	भील, लमबाडी, बंजारा, गोंड, अबूझमरिया, मुरिया, बिशनहार्न, गोंड, खेरवार, असुर, वैगा, कोल, मुण्डा आदि

6.	महाराष्ट्र	बारली, बंजारा, कोली, चित्तपावन, गोंड, अबुम्फामड़िया आदि
7.	मणिपुर	कुकी, मैटी या मैठी, नागा, अंगामी आदि
8.	मेघालय	गारो, खासी, जयन्तिया, मिकिर आदि
9.	मिजोरम	लाखर, पावो, मीजो, चकमा, लुशाई, कुकी आदि
10.	नगालैंड	नागा, नबुई नागा, अंगामी, मिकिर आदि
11.	ओडिशा	जुआंग, खरिया, भुइआ, संथाल, हो, कोल, ओरांव, चेंचू, गोंड, सोंड आदि
12.	राजस्थान	मीणा, सहरिया, सांसी, गरासिया, भील, बंजारा, कोली आदि
13.	सिक्किम	लेपचा
14.	तमिलनाडु	बड़गा, टोडकोटा, कोटा, टोडा, (नीलगिरि की मूल जनजाति)
15.	त्रिपुरा	रियांग अथवा त्रिपुरी आदि
16.	उत्तराखंड	थारू, कोय, मारा, निति, भोट अथवा भोटिया (गढ़वाल और कुमायूँ क्षेत्र), खास (जौनसर बाबर क्षेत्र में) आदि
17.	पश्चिम बंगाल	लोघा, भूमिज, संथाल, लेपचा, (दार्जिलिंग क्षेत्र में) आदि
18.	असम	राभा, दिमारा, कछारी, बोडो, अबोर, आवो, मिकिर, नागा, लुसाई आदि
19.	आंध्रप्रदेश	चेंचू, कौढ़स, सवारा, गदवा, गोंड आदि
20.	अरुणाचल प्रदेश	मोंपा, डबला, सुलुंग, मिश्मी, मिनयोंग, मिरिगेलोंग, अपतनी, मेजी आदि
21.	झारखंड	संथाल, मुंडा, हो, ओरांव, बिरहोर, कोरबा, असुर, भूइया, गोंड, सौरिया, भूमिज आदि
22.	लक्षद्वीप	वासी
23.	अंडमान-निकोबार	औजें, जारवा, जरना, सेंटलीज, अंडमानी, निकोबारी